修订版
REVISED EDITION

感动力

人际互动与商业经营的神奇力量

林伟宸◎编著

中国華僑出版社

图书在版编目(CIP)数据

感动力:人际互动与商业经营的神奇力量 /林伟宸编著.
—北京:中国华侨出版社,2011.9(2015.7 重印)
ISBN 978-7-5113-1676-9-01

Ⅰ.①感… Ⅱ.①林… Ⅲ.①人群关系论(管理学)
Ⅳ.C93

中国版本图书馆 CIP 数据核字(2011)第 169353 号

感动力:人际互动与商业经营的神奇力量

编　　著 / 林伟宸
责任编辑 / 骁　晖
责任校对 / 孙　丽
经　　销 / 新华书店
开　　本 / 787×1092 毫米　1/16 开　印张/17.5　字数/278 千字
印　　刷 / 北京建泰印刷有限公司
版　　次 / 2011 年 10 月第 1 版　2015 年 7 月第 2 次印刷
书　　号 / ISBN 978-7-5113-1676-9-01
定　　价 / 31.00 元

中国华侨出版社　北京市朝阳区静安里 26 号通成达大厦 3 层　邮编:100028
法律顾问:陈鹰律师事务所
编辑部:(010)64443056　　64443979
发行部:(010)64443051　　传真:(010)64439708
网址:www.oveaschin.com
E-mail:oveaschin@sina.com

前言

你，曾经让别人感动吗？

还有，你多久没有被感动了？

在这个感性的时代，我们需要柔软的力量，就是“感动力”。

“感动力”是21世纪所需要的最柔软也是最强大的无形影响力，是人际互动与商业经营的成功心法。拥有感动力，就能产生共鸣力；有了共鸣力，才能创造你想要的奇迹。

“感动力”，简单地说，就是让人感动的力量，凡事先能让人感动，才能产生共鸣，有了共鸣才能被认同、接纳和拥有。

感动力可以让失望的人看到希望，让身处逆境的人拥有力量。更弥足珍贵的是，成千上万的失学儿童和残疾人，因为感动力改写了他们的人生；成千上万的企业，因为感动力转亏为盈；也有成千上万误入歧途的人，因为感动力得到感化……

感动可以激发人们内心最美好的愿望，它让人变得亲切，它可以化解固执与偏激，它让对立与矛盾消失于无形。

“感动”是情感的共鸣，是灵魂的震撼，是心灵的回应，是一种不可或缺的精神营养，更是人生的一种领悟，一种对生命的关爱。无论出于什么目的，只要所做的能感动他人，就一定能引起共鸣，从而创造奇迹。

千万别小看感动力的作用，只要你懂得挖掘人类的感动情绪，并为自己、为企业服务，那你所渴望的个人成功、企业所向往的繁荣进步会实现得更快！

感动力可以发挥奇迹般的力量。可以说，没有感动力，就没有共鸣力；没有共鸣力，就没有影响力！

就像总经理竞选者说的，一切为了公司的利益，所以他获得了多数的选票；慈善者说，为了那些挣扎在失学边缘的儿童，引得人们慷慨捐款捐物；营销人员说，不为你的荷包着想，也要为你的健康着想，于是引来人们的疯狂抢购；求援者说，因为那些你们这一生都不会遇到的遭难，我才向您伸手……于是朋友纷纷解囊相助；破产者说，只要生命尚在，我还会东山再起，于是，他获得了大笔的投资资金……

由此可见，不管是生活、社会还是商业行为，只要善于利用人类感动的情绪，善用自己的表现感动他人，那感动力就是创造奇迹的制胜法宝。

将感动转化成力量，让感动力转化成实事，让实事创造价值，是每个人、每个企业追求的终极目标，是现代职场竞争不可或缺的关键优势。

现在这个时代，感动因为“稀少”而变得极有价值。而且社会上追求感动的人太多，而提供感动的人却太少。当你感叹感动如此缺乏之前，何不让自己成为创造感动的中心？

做日常生活中“感动的创造者”，必定能在生活、工作中创造奇迹。

目录

上篇

善用感动力，才有共鸣力

——感动力的秘密

下　篇

改变人心的力量

——感动力的实践

GanDongLi

上　篇

善用感动力，才有共鸣力

——感动力的秘密

第1章 扭转一切的力量

感动就是触动感情，引起同情。早在古代的时候，人们就对感动给出了含义。汉代荀悦《汉纪·成帝纪二》："天尚不能感动陛下，何敢望，独有极言待死而已。"《新唐书·韦昭度传》："李昌符乱兴苍卒，昭度质家族于禁军，誓共讨贼，士感动，乃平昌符。"清恽敬《后二仆传》："瑞金处万山，民性悍，喜邪说，散视事期月矣，上下无所感动。"

共鸣就是大家的想法达成一种一致的态度。

人类明明很渺小，却可以拥有连自己也不可思议的力量，在人类的力量中，涵盖了许许多多的各种因素，这些因素相互作用，才造就了伟大的力量。这些因素就包括感动与共鸣。

第一节 一切来自于感动

你被别人感动过吗？回答是肯定的，那你是幸运的；你被别人肯定过吗？回答是肯定的，那你是幸福的；你感动过别人吗？回答是肯定的，那你是成功的。

我们都有自己的欲望或愿望，在它们满足和实现之前，我们把这种期待化为一个个具体的梦想。我们都有自己的需求，同时也在追求，而且都希望获得自己的所想，都渴望美梦成真！把梦想转化为理想，再把理想分解成目标，为了实现这些目标，我们都在用各自的方法和途径努力着。

我们一直在完成一个个目标，进而实现自己的理想，最终圆了自己的那些梦想。我们在人生的路上，一路走来，留下一串串脚印，印证着每个人成长的轨迹。

在人生的奋斗过程中，不论你曾制订过多少计划；不论你有过多少理想和目标；不论你想得到什么，希望自己的生活达到何种满意的状况，你都得依靠自己的努力去“赢得”；而赢得这一切的最根本方法和途径就是去感动。

能不能感动对方并让其心悦诚服是赢得一切的根本所在。

我们可以这么说，如果你能感动一切，就能赢得一切！

这就是感动商数。

“感动商数”这一新概念和理论的发现及提出，标志着人类自我进步和奋斗有了一个新的指导思想。

我们把感商 TQ(感动商数)定性为“赢得一切的根本”，这本身就是个史无前例的结论。

而“一切”、“根本”以及“赢得”等词的论证成立，感商 TQ 从而成为每一个人所有行动的终极指南。

我们说，不管你想得到什么，赢得这一切的根本就是去感动，与此同时，很多人立即就对“一切”提出了疑问。

上述疑问的焦点集中在，人的欲望或愿望五花八门，想要满足或得到的对象无奇不有，用“一切”来涵盖是不是显得太绝对了？因为这里头绝不仅包含了亲情、友情或者爱情等以人为主体的需要，还有衣服、食物、房子、汽车等物质的东西；亿万富豪、局长、总经理、艺术家等职位或社会地位；以及年收入在 100 万元以上、开发并占领全国某个市场等状态或境地，这些怎么“感动”？

大家都很明白，人(甚至于动物)是可以被感动的，也有可能通过“感动”来实现自己的所想。就像我们希望得到父母的爱，和朋友建立坚实的友情，得到心仪的人的爱情等。

可是那些物质的东西诸如职位或社会地位以及人们期望的某种生活和工作状态，在我们看来它们是“死”的，是没有“意识”的，也不具备“情感”，而我们想要得到或实现这一切，对于它们，谈何“感动”？

导致这些疑惑的根源是，我们忽略了我们人类社会的主体是“人”，是“人”在主宰这个社会。

“人”决定着自己的情感归属；

“人”决定和谁共事，包括决定谁来当自己的上司或下级；

“人”决定相关物质在“人们之间”的流动和分配；

“人”决定把自己的“钱”花到哪里——给谁赚；

“人”决定买什么商品、是谁做的商品、由谁销售的商品。

“一切”都是由“人”决定，既然“人”可以被感动，所以，我们通过感动“人”而赢得了“一切”。

我们知道，人与人之间除了情感上的交流之外，为了生存，人们之间还进行“物”的交换。这种交换的实质就是商品。比如说放羊的人不能每顿饭都吃肉，而种稻的人也不能天天光吃白米饭一样，放羊的和种稻的他们之间通过交换，满足了不同的需要，得到了双赢的结果。当成功交换后就实现了各自劳动的使用价值，否则，你的劳动成果交换不成功，那么你的劳动也不会被认可。

以上说到的交换并不是表面上“毫无情感”的“物体”间的交换，实质上是人们在交换自己的劳动。你要知道在通过劳动去创造价值物的过程中，你只有真心付出才可能得到收获。

但是，反过来想我们用不用心去劳动又怎么和赢得相关物质扯上关系呢？

从最具体、最现实的获得一定物质的手段来说，我们怎样才能得到自己想要的衣服、食物、房子、汽车、电视机等物质的东西呢？

大部分人的答案应该是“有钱”吧！

因为你有足够的金钱，你就可以“买到”上述物品。

那么不知道大家有没有想过，“钱”是什么？为什么它的学名叫“货币”呢？

有人就说了，“钱”不就是我们付出的劳动被社会认可的价值表现吗？

人类在物物交换的时期，人们各自劳动制造各自的物品，然后相互交换。后来渐渐发觉这种交换其实也不太方便，我要的东西你没有，而你要的东西我有，于是，就发明了货币。货币的好处在于流通起来方便了很多，比如你要的羊肉我有，我就把它给你，你就给我“那些羊肉”相应价值的货币；你是种田的，你的粮食我不需要，我需要的是衣服，于是，我拿着这“钱”就可以到其他人那里“买”回我想要的衣服了。因为这货币或者说“钱”，它代表我付出劳动创造的那些给你的羊肉的价值。

现如今，大家当然习惯了付出劳动后，都把创造的价值“换成”钱拿着，想买什么就买什么。

请注意，这个时候我们的答案已经推导到“赢得钱就能得到那些物质”了。

可是，这些“钱”又是怎么到你的口袋里去的呢？

“钱”是靠你付出所创造的劳动成果“换来”的。

别以为你辛勤劳作就可以“换来”相应的“钱”了，这里绝不能画等号！

如果你多注意一下那些工人们辛苦工作却难以维系、不得不倒闭的工厂，以及商场里堆积如山卖不掉的商品就明白了。

你付出劳动创造的有一定价值的商品，人家认可你的商品并且接受，才会将它买下来并付钱给你。

所以，你的劳动成果能否打动“人”，决定了你能不能得到“钱”。

如果你是老板，你的员工上班不用心工作，生产的产品偷工减料、粗制滥造、以次充好，顾客是不会埋你的单；如果你是员工，上班偷懒、假公济私，老板同样不愿意支付给你薪水。

我们把以上的整个过程串一遍就更清楚了：你想要自己喜欢的东西诸如衣服、食物、房子、汽车、电视机等，那你就得有足够的钱去购买它们；你要拥有足够的钱，就要认真努力地去工作，同时，你的付出必须“打动”相关的“人”，才会支付相应的薪水给你。

简单地说就是，能否“感动”你的“顾客或老板”是你赢得薪酬去购买自己喜欢物品的根本。

理解了上述的问题，那么理解如何赢得职位或社会地位这个问题就简单多了。

在某个企业，不是你想当总经理就能当上的，决定权不在你自己手中，这要经过一定程序，经过相关领导以及下属同事等同意才行。

假如你没什么本事，工作也不积极努力，不为企业着想，自私自利，谁能容忍你？谁会选你？谁又会让你得逞呢？

我们看看那些真正被人民认可的公仆和艺术家们，生前他们被人们拥护、爱戴、敬仰，在去世以后，人们对他们的崇敬之情依然不会改变。

我们敬爱的周恩来总理，为了中华人民共和国的崛起鞠躬尽瘁、死而后已，其人格魅力感动中国、感动世界。现如今，相信很多人依然难以忘记那"十里长街送总理"的感人场面。

同样受人尊敬的还有我们熟知的赵丽蓉老师。在某一届春晚上，她强忍着身体发病的疼痛为观众带来欢乐。作为一名普通的演员，赵老师用她的艺术和她崇高的人格魅力，感动了所有曾一起共事的工作人员，感动了所有观众。无疑，她的艺术人生是成功的。

简单来说，你赢得一定职位或社会地位的根本所在就得感动大家，赢得他们的认可和接受，进而获得支持。

那么对于发展市场的经商人士也是一样的道理：市场认可并接受你的产品，你才会实现目标赚到钱。

那么"市场"是什么呢？

在市场营销学中，一个成熟"市场"有以下 3 个条件：购买者、购买欲望和购买力。它的中心词是"人"。

1996 年，海尔品牌的第一代小小神童洗衣机面世，创造了洗衣机销售的"淡季神话"。

在当初，每年的 6~8 月是洗衣机销售的淡季。在这段时间，很多厂家就会把商场里的促销员撤掉。海尔人却不这么认为，他们考虑的是：夏天天气越热出汗越多，难道老百姓越不洗衣裳？经过走访调查发现，不是大家不洗衣裳，而是夏天里 5 公斤的洗衣机既浪费水又浪费电。于是，海尔的科研人员很快设计出一种洗衣量只有 1.5 公斤的小型洗衣机——小神童。因为张瑞敏认为上海人消费水平高又爱挑剔，所以"小小神童"投产后先在上海试销。结果，上海人很快认可了这种世界上最小的洗衣机。上海热销之后，很快又风靡全国，并已经大批量出口日本、韩国、美国等世界100多个国家和地区。

据统计，海尔“小小神童”洗衣机一直占据着全国各家电商场夏季洗衣机销售的榜首，尤其近几年，季节性优势更加明显。

是什么原因促使“小小神童”具有如此强的市场魅力呢？

对于以上的案例，有很多学者作了总结：首先，它完全解决了消费者夏天洗衣费水、费电的难题；其次，“小小神童”不仅对消费者的需求了解至深，而且此产品多年来不断进行技术升级，除了体积容量更适合夏季使用之外，它还具有杀菌、消毒功能等，尽量满足了消费者的夏季健康洗衣需求；最后，它还满足了现代家庭的一种洗衣新习惯——防止交叉感染的“分类、分开”洗。正是这种不断创新产品、不断关心消费者的企业精神造就了“小小神童”的持久魅力！

通过以上分析我们不难看出，无论是亲情、友情或者爱情等以人为主体的需要，还是诸如衣食住行等物质的东西，以及总经理、亿万富豪、局长、艺术家等职位或社会地位，甚至是开发并占领某一市场等状态或境地，得到这一切的决定权都在“人”。

人类社会的所有规则是人定的，所有的事是通过人控制并完成的。赢得一切的实质就是赢得“人”，赢得“人”的根本就是赢得人的“心”。俗话说，得民心者得天下！所谓“天下”，就是一切也。

第二节　消费力
——感动力的创造发明

顾客购买你的产品或服务，那是为什么？为何顾客不去买别家的这些东西，而偏偏向你购买呢？只有你感动了客户，是客户认可了你，才会达成交易的成功。

通俗来讲，感动力就是感动产生的经济效益。随着我们物质消费为情感消费所取代，感动力已经成了经济发展的决定因素，几乎所有商品、企业等都被烙上了“感动”的烙印。

已趋饱和的商品市场，同类商品越来越多，商家的利润缩水，创意缺乏的情况下，感动力就成为解决以上问题的关键因素，没有感动力，商家的故事就没法感动人，没法感动消费者的故事，就不具有说服力。由此可见，在故事中融入感动的情绪，让故事感动人，进而产生经济效益显得至关重要。

不少人以为感动只是人内心一时产生的情绪波动，说来就来，说走就走，跟经济没有一点关系。但事实上，人内心的某些情绪波动关系着他们最后作出的决定。

你要知道人是感性动物，易受外界影响而产生感动情绪。有些人就明白这一点并利用他人的这种情绪从而达到自己的目的，例如政党之间在竞选的过程中，总会用感人的事件和故事来感染群众，使群众产生感动情绪，从而让群众下定决心把票投给他，以此达到竞选获胜的目的；再比如一个演讲者如果他所讲的内容感染不了听众，听众的情感需求得不到满足，这场演讲将注定会失败。

我们都知道好的故事可以增加事情的说服力，进而产生影响力，而感动能让人快速地下定决心。因此，将感动力融入故事中，可以创造出更大的影响力。

随着生活水平的提高，人们消费理念的提升，我们更加注重精神层面的满足，那些一眼就能让人感动的东西，大多数可以得到大众的青睐。

如果企业、公司和营销人员，能抓住人们的这种心理，在自己的品牌和商品中融入感动的成分，进而让商品成为消费者情感寄托的媒介，使消费者不由自主地对商品产生感情，这样销售的目的就能顺利达成。

人们将以上这种营销方式称为情感营销，也就是通过心理的沟通和情感的交流，赢得消费者的信赖和偏爱，从而扩大市场占有率，最终获得竞争优势的绝佳方式。那么情感营销的价值到底在哪里呢？

1.情感营销激发消费者的感动力

大多数人这么认为，只要商品包含的内容或赋予的故事，能够让消费者心动，消费者就可以将此类商品当成情感的寄托，比如啤酒，人们与亲朋好友聚在一起，会想起不少往事，内心尘封的记忆会被一点点唤醒，在畅饮间，我们的情感会自然流露。

我们可以这么说，喝啤酒的人是透过啤酒来表达自己的感情，而所谓的情感需求，也在啤酒这个情感释放器中获得满足。再比如，逢年过节的礼品，不管是销售厂家为商品赋予特色，还是推销技巧中加入"健康"、"孝顺"、"团聚"、"好运"等关键词语，这些字眼都隐含着巨大的魔力。虽然大部分的消费者不知道商品是不是很健康，也不知道是否会带来好运，但逢年过节与亲人欢聚时，听到这些话，内心的情绪自然会产生波动，礼品传达了人们对亲朋好友的深情。消费者的感动情绪一旦被激发，消费购买力就会上升，商家的营销目的就得以达到。

随着经济的发展，我们正在步入情感经济时代。不论是各种琳琅满目的奢侈品，还是五花八门的营养补品，几乎所有的商品都被商家赋予了一种情感。例如关于几万美金的异国双人游，是为那些有钱人孝敬父母而准备的；一款限量版的品牌手提包，是专门为风度翩翩的公子最心爱的公主准备的。从这里我们可以得出这样的结论：一切普通的商品，有了健康、友情、亲情、爱情的字眼后，销售量便会一而再，再而三地提升。

请不要误会情感经济时代是单纯用广告刺激消费者的视觉与听觉，实际上是要用品牌文化渗透、刺激消费者的情感和心灵。

2.情感体验培育消费者的感动力

商家为商品投入感情，就等于赋予了商品生命力。商家投入时间、精力、心血和情感创造商品，最希望的就是自己经营的商品能被消费者接受。不过，消费者的消费喜好存在着很大的差异，消费理念也不相同，所以在看待同一种商品的眼光也很容易出现偏差。

针对以上的情况营销者可以通过创造不同的体验方式，让消费者亲身体验某件商品。比如“骆驼牌香烟”创始人理查德·雷诺兹在推销“骆驼”时，他首先用夸张的骆驼海报先吸引群众的目光，再用骆驼表演节目，使消费者对“骆驼”的印象加深，最后免费发放“骆驼”牌香烟，让消费者亲身体验。

让消费者自动体验的香烟的脉脉温情，进而渗透到消费者的每个感觉细胞，以致日后消费者看到这类商品，便会情不自禁地产生熟悉的情绪，这种感动的力量，会让商品渗透到消费者的内心深处。

当然，以上这些努力显然还不够，与此同时，商品研发者还应该借助有影响力的事件或故事，让消费者熟悉并了解品牌所包容的思想和情感，继而产生感动情愫。感人的故事包含在品牌起源中，品牌中包含着特殊的营销设计，都是培育消费者感动力的重要方式。

3.体验之后会创造出更具生命力的消费力

体验，能刺激消费者喜欢并重复购买商品，是品牌精神和消费者情感融合的过程，可以让消费者体验置身品牌中的经历和感悟。消费者在体验前对品牌的认知，体验过程中对商品的感受，体验之后所产生的感觉，都会持续影响其购买心理和购买行为。所以，我们这么认为，通过体验形成的感动力，可以创造出更具生命力的消费力。

第三节　共鸣力
——凝聚团队文化的力量

虽然我们是以个体生存在这个世界上，但是，某些时候我们少不了团队的力量，可是只有具有凝聚力的团队才可以真正发挥团队的力量，当然还要有团队的共鸣力。

在一次海难中幸存的5个人漂流到了一个小岛上，为了生存，他们必须尽快建造一栋房屋，以抵御野兽与即将到来的寒冬。由于之前可能这个小岛有人居住过，留有很多残存的建筑物，有一些石料可以使用。可是，这些石料都非常巨大也很沉重，需要4个人各抬一角才可以抬动一块，想把这些石料搬运到盖房子的地方实在不是一件简单的事情。这幸存下来的5个人，都相互推诿，不愿意去抬石料，即使是去抬石料，也不愿意使出全身力气，寒冬越来越近，可是盖房子的工作没有一点进展。

这时候，又有一位遭遇海难的幸存者漂流到这个小岛，当知道大家在为无法盖起房子而苦恼时，这个人先是在小岛上转了一圈，而后对大家说："我已经调查并计算过了，我们盖房子大概需要480块石料，每块石料要4个人抬，那么需要1920人次才可以抬完，我们是6个人，每人如果一共抬320次，那么每天每人只需抬32次石料，一天就可以抬48块，10天就可以全部抬完。用不了一个月的时间我们的房子就能盖起来，正好可以过冬，也不用担心野兽的袭击，等到第二年的春天就会有船经过，我们就都能得救。"

听到这里，人们都很兴奋。这个人接着说："大家的劳动付出是一样的，每天完成这个工作量就可以休息，但是，每个人在工作中都必须全力以赴，因为，搬石料时，4个人中如果有一个人不尽力的话，石料就很可能落地，砸伤其他人的脚，虽然受伤的不是你自己,但是打破了这个劳动分工的平衡,如果受伤的人超过两个,我们就完不成房子的建造,结果就是被冻死,或是被野兽吃掉,所以,为了自己,大家也要全力以赴。”大家都表示赞同。由于有了明确的分工,大家也就不在推诿,都抢着去搬运石料,也很卖力气,生怕同伴受伤,因为谁也不希望自己被冻死或者被野兽吃掉。

最后,10天时间石料果然全部搬运完了,不到一个月时间,温暖而结实的一栋房子便建了起来,他们顺利地度过了冬季,第二年有船经过,他们都顺利获救。

上面的小故事充分说明了团队的力量是何等重要。但是,当初他们之间的协作并不成功,甚至根本无法推进任务,是最后那个人唤起了团队成员的共识,才使工作得以完成。他找出大家共同的利益与目标,并且提出科学、公正的工作方法。这些要素让团队成员在思想上达成共识,接下来的合作就变得顺畅高效很多。团队合作包括的内容不只是相互关心、爱护、团结、唯命是从或军事化的绝对服从。实际上一个优秀团队的力量来源是以团队成员个体能力为基础,以成员间默契合作为核心。而核心的必须条件就是团队成员思想的相互理解、统一,最终产生共鸣。只有达到这个阶段的团队效率是最高的,合作也是最顺畅的,力量也是最强大的。

我们国家的企业团队有这样一个特点,在开会的时候对于团队领导或同事的提议与决策大多数人都是没有任何争议或者低头默许,往往每次会议都是在一片赞同声中通过一项项决议。难道真的没有任何问题和不同意见吗?肯定不是,只是大家都习惯于把问题与牢骚留在会后窃窃私语,或是消极对待,更或者把不满向客户倾诉,甚至把负面情绪发泄在客户身上,造成了很多不良的后果。

国内和国外企业的不同主要是因为东西方文化与习惯的差距而造成的。我们中国人受历史与文化的影响,当着别人的面总不愿意撕破脸,对于领导的言论更是十分赞成,有些对人不对事的味道。而西方人为人处世很直接,有问题就说问题,讨论到面红耳赤也要把问题解决,问题解决了,大家都会很开心,不会计较刚才的争吵,属于对事不对人。

其实,一个团队能够持久发挥强大的团队力量,依靠的应该是“共鸣”!一个优秀共鸣团队包括4项要素:

1.共同利益与愿景的寻找

寻找共同的利益与愿景就是找出团队中成员共同关心的东西，比如说共同利益、共同的远景与目标等。你要知道流于形式的理念很难让大家发自内心地认同团队价值，切不可只是为了团队领导者或团队自身目的，也不能停留在表面的口号或理念上。一个优秀的团队首先就应该满足团队成员的思想需求与物质需求，把大家这些共性的东西塑造、提炼出来，然后通过团队的协作，切实地达到大家的这些共同期望。当团队成员发现，原来大家的目标是一样的，价值观也相同，就有了一种同一条战线的兄弟的意识，当遇见内部矛盾时就会多一些理解与包容，遇到外部困难的时候也能同舟共济，而团队目标会在成员追求与达到个体目标的过程中自然而然地达成。

2.制订工作计划与规则是团队成员必须着手做的

如果工作计划是由团队成员一起协商制订的，大家也更容易理解与认同，从而使得计划一开始就能很顺畅地执行并拥有高度的默契。现实生活中通常都是高层领导制订计划，然后颁布实施，执行者大都不理解、不认同，这样团队效率可想而知就不高。如果一个企业在制订一个计划的时候，让所有的相关人员都参加到计划的制订过程中来，不止可以获得很多宝贵的建议与思想，更可以使团队达成默契，甚至是产生共鸣。

杰克曾经为一家分公司的员工做商务培训，这家公司的员工从未接受过正规培训，整体素质比较低，对培训不理解，有抵触情绪。因为他们基本上都有一套自己工作的习惯和经验，并且自我感觉不错，这种情况下培训效果一定不会很理想，于是杰克把培训材料收起来，与大家一起探讨，该如何开发与维护客户。这样大家都来了兴趣，各抒己见，踊跃发言。于是，培训内容中糅合了大家的很多方法建议，培训可以顺利地展开了，因为员工觉得这些培训内容是他们自己着手并参与制订的，所以在后期的执行上都一丝不苟并严格遵守。这种培训方法比起强行灌输上级的规定与工作方法要有效得多，同时团队成员的热情都很高。

3.团队领导者要具有奉献精神

一个团队要想达到思想共鸣的程度，必须所有团队成员共同努力，但是，尽管具备了以上两个条件可还是很难有效达成思想共鸣与默契协作。这是因为，还缺少一个共鸣型的领导者，简单来说就是这个领导者能不能发出引起共鸣的声音才是关键。

共鸣这个词汇来源于物理学，指的是两个或多个质量与频率相同的物体，当其中一个发出声音，旁边另一个相同物体也会跟随发出同样的声音。而发声物体能不能引起其他质量相同物体的共鸣，不只是要看彼此质量与形状是不是相同，更要看其发出声音的频率和波长。

这好比一个团队，虽然每个成员都有共同的目标和共同的价值观与利益，但是，领导发出什么样的信号，决定着其他成员是不是会产生共鸣。这其实是对团队领导者提出了更高的要求。除了团队领导具有高瞻远瞩的正确决策能力外，是否能为别人着想，以团队利益为重的自我牺牲精神，就成了其领导团队产生共鸣力量的关键因素。不妨这样设想一下，如果团队领导者凡事以自己利益为中心，或以强权支配其团队成员，那么是不可能唤起团队成员的共鸣。

可以说共鸣是一种领导与员工之间推心置腹的意见交换后的共识，共鸣更是爱心、信任交互的结果。

4.创造良性团队动力

一个优秀的团队需要领导者为团队打造一个良性的工作氛围，并为团队注入各种积极主动的工作动力。例如，领导要为团队营造一个良好的沟通渠道，让下面的声音能够上来，经过传递，让领导者听到并消化掉，然后将这些声音转化为具体行动再传递到下面，领导这样才能使决策正确有效，团队成员也会更积极投入工作。领导者切忌不听下面的声音，关起门来作决策，然后把思想、决策从上面扔到员工中等着追踪结果和考核执行情况。就是说声音要由下而上，执行应该从上到下，因为决策如果都能从领导层开始做起，那不会有太大的阻力，从而正确的决策可以顺利推行，这在一个共鸣团队中十分重要。

同时，领导者还应该制造一些良性的竞争，使团队中的士气与工作动力保持旺盛状态，这样对于提高团队的效率会有很大的帮助，久而久之当形成习惯后，更能使团队具有自我运行的良性动能。

一家汽车销售公司为了美化庭院的环境，打算建两座花坛景观，于是，从园艺公司订了800盆盆花，第二天，景观需要的铁架和花都运到了公司的院里，可能是公司与园艺公司方面的沟通出了一些问题，园艺公司把盆花卸下车后却不负责给摆放，协商了好长时间也没有结果。看着这么多的盆花，公司领导发了愁，为了不影响公司正常营业，必须尽快处理这些花。因为钱已经花了，不可能把花扔掉，那么处理办法只有一个——自己摆放盆花。可平白无故增加员工的工作量，而且又不是什么好的活儿，如果强行摊派的话，必然会造成员工的不满，尔后很可能把负面情绪带给顾客。

那么怎样才能使这些员工在干活的时候没有反面情绪呢？领导在员工吃完午饭后开了一个非正式会议，主要是大家各抒己见，设计盆花景观怎么摆放。大家的参与热情都很高，有建议摆成企业标识的，也有建议摆成字的，等等。领导把大家的意见制订成两套方案，有一方支持A套方案，另一方支持B套方案。两套方案各有拥护者，而后分成两组，就具体方案进行讨论。下午正常上班，下班后两个小组按照中午制订的计划开始着手搭建各自的方案景观，领导亲自上阵，大家干劲十足。这时候大家就产生了两股主观的动力：第一，景观是自己参与设计的，这样一来，把苦差事转化为一种有趣的参与活动；第二，就是战胜对手的竞争性动力。我们知道工作内容始终没变（摆盆花）但大家的想法变了（不认为是苦差事，而是有趣的活动、一种竞争力），工作的动力、效率、质量都发生了改变。因为事先参与了规划设计，在实施过程中对工作也都清晰明确，工作完成得很顺利，完工后，领导与员工在自己的"作品"前拍照留念，并请大家吃了一顿丰盛的晚餐，此事以皆大欢喜收场。

一个共鸣团队绝对不能出现"鱼缸效应"，就是存在很多看不见的阻碍，这样会慢慢消磨团队成员的斗志。一个领导者必须让团队中没有暗礁，一切的矛盾、问题、潜规则等都要使其浮出水面，因为这样即便不好，但对团队的危害也不是很大。相反，当团队在全力运转中遭遇困境时，很可能雪上加霜地发生触礁，使团队土崩瓦解。现在我国有很多知名企业的失败多在于此，因此，我们的团队可以不优秀，可以有很多缺点，可以存在重重障碍，尽管如此也要让大家都能看得见，否则，撞玻璃门的危害远比撞墙的危害要大得多。

企业的领导者要常常提问并鼓励团队成员用提问的方式激发思考力。提问，并不是责问，这样使得团队气氛融洽，更容易发现问题，同时也很容易发现机会。一个团队中如果没有了指责，也就没有了负面的怨气和消极能量，提问不仅开阔了团队成员的思维空间，同时也让大家能够发挥创意，这在一些创造性强的行业中显得尤为重要。你要记住责问，永远是团队头上的一片阴云，可能带来风雨雷电，也可能带来黑暗；而提问，永远是团队中开启智慧大门的钥匙。一个和谐的共鸣团队中，天空是没有乌云的，金光闪闪的金钥匙则随处可见。

总之，一个共鸣团队有很多良性的工作动力来源，我们应该根据企业不同的情况与特点，挖掘这些动力，充满整个团队，让团队成员工作起来积极有干劲。这样可以顺利达到目标，也会更加激励团队的工作热情，进入良性的循环轨道。

第四节　感动
——成功的根本所在

感动是什么？成功又是什么？感动和成功的关联在于，只有你感动了或者是你感动了别人，那么成功也就离你不远了。

我们知道，满足需求并且实现自己的愿望，有很多因素在起作用，也有很多途径可以选择。感商 TQ 强调，在相关因素和途径的背后，真正发挥作用的根本就是感动。

简单来说就是，各种因素或途径最终也是通过感动来发挥自己的作用。

市面上曾经流行过一些很好的书籍及理论，里面提到的相关思想也非常具有积极的意义。比如“性格决定成败”、“态度决定一切”、“细节决定成败”等，加上“一个人的成功，智商 IQ 只占 20%，情商 EQ 却占到 80%”的情商理论，以及被称为成功学大师陈安之的理论“一个人的成功，知识占 20%，而人脉却占到 80%”，等等。

不难看出，以上的理论和思想更多的是提出了一种因素或方法对成败有可能产生的影响。也就是说，它们告诉大家，某些因素或方法关系到成败，所以你必须吸取相关经验和教训作出正确的选择，但什么是正确的选择呢？为什么那样就是正确的？它是怎样发挥出正确作用的？这种作用根本来源在哪里，等等，这些问题我们还不是很清楚。

我们不妨对上面的理论或思想再进一步的探究：

态度和性格好坏的标准是什么？什么样的态度和性格才有利于成功？这些决定成败的态度和性格，其实质是什么？

是怎样的细节才决定成败？因为每一件事都包含着无数个细节，在把握细节时，我们以什么为原则？又以什么为准绳？细节决定成败的根本到底是什么？

利于成功的情绪智力是什么样子的？高情商的人驾驭和施展这一神奇力量的指导思想是什么？目的又在哪里？

所谓的人脉是什么？赢得人脉的根本又在哪里？

诸如此类，其他任何的理论你都可以照此问下去。

请不要怀疑这些理论，它们本身都没有问题，当然也是对的，只是，它们都是一种手段或战术。

事实上它们并没有解决赢得的根本问题：战略！那什么是战略？战略就是指导思想，就是方向，就是一切行动的最根本指南。

我们不妨设想这样一个场景：假如你要从南京去北京，你肯定应该向北走才对，可是你以为北京在广州附近，结果你一直向南走走错了方向。

这时你态度坚定，性格坚强，你很注意在行走中交通工具的选择、安全性、经济性等每一个细节的无瑕，你一直调节着情绪鼓励自己“只要坚持下去就一定能到达”，你利用一切人脉资源帮助你继续朝南走下去……

可是遗憾的是，你，离你的目标越来越远。

方向错了，战略错了，指导思想错了，你一切的努力和行动也就失去了原来的意义。

其实，赢得一切的根本就是感动，因为你得“去感动”让对方“被感动”，所以你

"赢得"了所想。所以,所有战术性因素都必须以"去感动"为前提和方向才具有重要的意义。

接下来你就会看到,只有能够感动对方的态度、性格、细节以及情绪能力才决定你的最终成败。

态度、性格、细节以及情绪能力的作用都是来自于感动。其实人脉的实质,就是被你感动后的人对你的一种认可和接受。我们通过"去感动"的态度、性格、细节以及情绪能力感动了相关的人,终于赢得了自己的所想。

请记住,任何一个"赢得"的根本都在于此。

第五节 尽量与客户达成高层次的共鸣

你与顾客因何成交?客户凭什么会相信你?你能给顾客的又是什么呢?只有达到一种高层次的共鸣,顾客才会真正认可你以及你的产品或者服务。

大家都知道朱自清先生的《荷塘月色》吧,其中有这样一句,"微风过处,送来缕缕清香,仿佛远处高楼上渺茫的歌声似的",读者可以和作者达成一种更高层次的共鸣,让我们在欣赏过程中产生身临其境、如睹其物、如闻其香、如聆其声的真切、深刻的感受。

就像是听到声音就感觉看到了颜色,看到了颜色又感觉能触摸到什么。例如当我们看到粉红色就会联想到少女……我们从小在很多文学上学到的修辞方法,运用类似于"通感"的手法,让客户自己去发现、自己去体会反而能得到更好的结果。

例如你们说到通货膨胀,再捎带着聊聊猪肉为什么会涨价?再过渡到为什么我们需要投资?应该采取怎样的投资态度?你感觉哪一位理财顾问的效果会好一些呢?

其实，现实生活中的很多例子可以帮助我们更深层次地向客户说明我们想要表达的道理。

随着消费市场的日趋走向成熟，消费者越来越不容易被打动。那么如何使自己的产品脱颖而出吸引消费者的眼球成为众多手机厂商长期面临的问题。于是产品差异化越来越多、价格战如火如荼、终端争夺硝烟弥漫。然而对于各种商家的种种营销手段，市场消费者似乎并不买账。最终是手机厂商则精疲力竭，消费者日渐麻木。而在这个时候，全球前三大手机厂商——LG站在一个更高的层面审视品牌建设和营销策略，开始尝试着通过情感营销与消费者进一步的沟通。主要表现在“巧克力”、“冰激凌”和“曲奇”等产品命名和产品设计上注入情感，赋予一定的感性色彩。接着推出市场后所激起的情感共鸣使这几款产品的销量一直居高不下。

作为LG手机对情感营销的试水之作，“巧克力一代”的人群发掘，曾令LG感到前所未有的激动。因为“巧克力一代”有着典型的人群特征，他们追求时尚，渴望受到别人的关注和认可，有强烈的炫耀心理，希望成为别人的羡慕对象。针对这样的情感需求，集时尚与个性于一身的LG“巧克力”手机的推出，不仅让众多消费者找到情感归属，也令LG今后找到了情感营销的金钥匙。

2008年的时候LG推出了“冰激凌”手机，造型可爱粉嫩、加之具有甜蜜幸福的文字以及BY2的代言，于是将甜蜜、时尚、可爱、幸福的产品形象播种在美少女心中，于是在各大商场中得到了抢购热潮。

如果说“巧克力”、“冰激凌”、“曲奇”这些名称代表了LG手机时尚、活力、向上的神韵，那么，手机本身所具有的功能特点则代表了手机的形态表现。不论在什么行业只有形神兼备的产品，才能真正获得消费者的最终认可。

从“巧克力”开始，LG手机时尚唯美的外形及其独特的产品功能，就征服了消费者的心。并且LG“巧克力”手机以高贵的钢琴黑为材质并进行了精工制造，光泽度很好，再加上那一触即红的动态显示触控键，更是带给消费者如同巧克力般浓郁魅惑的惊喜。

随后的“冰激凌”手机则以甜美可爱的风情打动了另一受众群体。粉嫩机身加之烤漆工艺后更透出光泽，让人有种细腻圆润的感觉；手机分为粉红“草莓”、嫩白“香草”和淡蓝色“薄荷”等多种颜色，可以让不同个性的“冰激凌”手机成为不同性格“冰激凌”女孩个性的代表。

“曲奇”的出现对于消费者来说代表的更是一种流行、一种时尚、一种追求自由、追求个性的自我表述。其独有的Flash操作界面，为消费者提供了一个便捷有趣的自由移动平台。这款手机分为“咖啡曲奇”和“草莓曲奇”两款颜色，从而带给消费者更多选择与展示个性的空间。不仅如此，此款手机还具有3英寸超宽屏幕给消费者更多手指舒展的空间；而它超薄机身，线条分明的时尚设计，则将消费者追求个性且富有内涵的性格特点充分展现。

每一个消费者，对品牌从陌生到认识，到熟悉，再到喜欢，继而认同接受，并不是自然形成的，它需要从各方面进行长时间的培养，比如品质，设计风格等。不管是“巧克力”、“冰激凌”还是“曲奇”，LG通过对不同消费者的个性、心理以及喜好等多层面的研究，深挖消费者需求，以及巧妙地将产品亮点与消费者情感敏感地带相契合，通过以形动人，以情感人的方式，凭借飞一般的成长速度验证了其情感营销策略的成功。

第六节 你的故事不仅要有说服力，同时也得感动人

既有说服力又可以让你成功的故事似乎并不多见，只是你别忘了，只有两者完美地结合，才会对你有至上的好处，你不妨试一下。

一个能够感动人心的品牌故事，不仅会引起客户的共鸣，也会带来意想不到的获利。

40多年前，有一位美国太空总署的科学家，在一场实验爆炸中脸部几近毁容，因

为烧伤比较严重，医院的皮肤科医生也无能为力，于是他决定自救。经过千辛万苦地寻找，终于在海底深处找到了海藻嫩芽，这位科学家经历了6000次的实验历时12年的时间，终于成功研发出烧烫伤乳霜海洋拉娜，最终治好了自己的疤痕。这是海洋拉娜的品牌故事。

《泰坦尼克号》在沉没80年后，科学家在一次勘探行动中，从海底打捞起一件富豪用过的LV硬皮箱，撬开一看，非常惊奇的是里面竟然连一滴海水都没有渗进去。这是LV的品牌故事。

鲍尔曼是耐克这一品牌的创办人之一，有一天他做烤松饼时，看着烘烤盘四方格上头的面糊热得起泡，灵感一瞬间光临，此后研发出坚固耐用，且避震性强的运动鞋，并且使之成为当时全美国运动鞋的销售冠军品牌。这是耐克的品牌故事。

以上说到的这些超级品牌，都是用独一无二的故事去和顾客互动，从而让顾客感受到企业与众不同。

我们在向顾客推销一种东西时，不妨先替品牌描绘一个动人的故事，先和消费者说故事而不是卖东西，让他们从聆听的过程中，慢慢累积对品牌的感觉，于是在无形中，就可以把品牌深植在顾客心底。事实上人们不见得能一直牢记一个品牌，但是会持续怀念一个好故事。

事实上，感动人心的故事，不仅会引起客户的共鸣，也会带来惊人的获利。具哈佛研究报告指出：说故事可以让企业获利高达8倍以上。

对此社会学家作出这样的解释，故事提供给人们快速的联想空间，它直通人的感情神经，感情让客户需要什么，决定如何满足自我需要。

因此，耐克公司相当重视品牌故事。每年不惜为品牌故事付出高额酬金，资深员工则卖力创造一个又一个的故事，借此把耐克的品牌价值传达给外界，让所有的合作伙伴与员工都知道这些故事。耐克的新员工会参与讲故事会；新员工听老员工讲当年创始人之一鲍尔曼如何把橡胶注入烘焙鸡蛋铁模中，用了多少时间，最后创造出耐克著名的底模版，此后耐克一直致力于提供高性能的运动器材，让运动员充满自信，发挥体能的最大极限。

不难看出，目前的情形是，每一个成功的品牌，背后都是由无数个感人的故事所构成的，没有故事的品牌就只是一个符号，是没有生命力可言的。

因此，世新大学公共关系暨广告学系副教授黄光玉说："说故事是打造品牌最有效的策略。" 美国 ZIBA 设计公司董事长梭罗·凡史杰指出："在全球化时代做出好质量、功能齐全的产品只是基本功，一个品牌之所以能够屹立不倒，就在于这个品牌会不会说故事。"

但是用说故事来打造品牌却不是件容易的事情。比如中国台湾地区一些中小企业正准备朝说故事打品牌之途迈进，但品牌故事不是太过就是不及。

那么究竟要如何讲故事?

首先我们得了解要传递什么讯息给客户。

对此，英国品牌顾问公司专家很精准地说，品牌故事基本上就是满足消费者所有的为什么，告诉消费者"我们是谁、来自何处、未来要往哪里去"。此外，品牌故事必须要呈现出品牌绝无仅有、无法被模仿的独特性格。

营销顾问业者"广告高手"合伙人米勒指出，"要说好一个故事，企业必须审慎思考自己的独特、与众不同之处。"

例如，一家暖气空调公司常常听到顾客的抱怨，顾客总是要等好几个钟头修护人员才姗姗来迟，于是针对这种情况，这家公司保证维修人员将会准时在约定时间一小时内抵达，如果迟到就免费给顾客修理。这个故事具有无比的震撼力，让这家"一个钟头暖气空调公司"获利良多，现在这一家公司已经成为全美成长最快的连锁加盟体系之一。

接下来我们要探讨的是说故事打品牌，要怎样打动人?米勒说，首先是诚心诚意说故事。故事之所以能够感动人心，是因为它是企业的肺腑之言，例如，"一个钟头暖气空调公司"对顾客作出的时间承诺。米勒强调，编故事每个人都可以做到，但只有在你的故事里让顾客感受到真诚，你的故事才会变成一项品牌讯息。

其次是你讲的故事能够得以实践。米勒解释，说个具有说服力的故事远远还不够，企业所做的每件事，都必须是这个故事的实践。

前几年美国A.O.史密斯热水器在进军中国市场的时候，遭遇前所未有的困难，并使得这家企业连亏3年。但是在不久之后此企业靠着一则使用者的故事，让它咸鱼大翻身，从此跳出了亏损的境地。这一则使用者的故事是这样的，一位客户在电视广告现身说法："我家的A.O.史密斯热水器已经用了50年。"令人不可思议的是一台热水器的使用寿命竟然可以长达半世纪，就是这句话把A.O.史密斯塑造成"美国热水专家"。也就是这句话使得A.O.史密斯电热水器的品牌成长指数和品牌忠诚度都直逼排名第一的海尔。

柯锐思是奥美公关国际集团亚太区行政总裁，他这样建议：品牌可从4个角度去考虑，角色、情境、奋斗过程及迈向成功的解决方案。

品牌故事需要有一个有趣、有故事的角色，在故事中必须说明故事发生的时间、地点等，可以使人们一边聆听，一边就可以在脑海描绘情境。在解说面对困难的奋斗过程，故事要有些跌宕起伏、峰回路转，才能引人入胜。最后说到如何解决困难的时候，必须创造与他人差异化的解决方案。

世纪奥美公关董事长丁菱娟说，企业领导人要率先成为品牌故事的"说书人"，要经常把品牌的创业故事、消费者回馈的难忘经验挂在嘴边，时时诉说有关品牌的各种故事；与此同时，还要让说故事在企业内部成为一项全民运动，让每位员工都变成企业打造故事营销的高手。

一个好的品牌故事，不太需要直指其商品的特色，而是应该站在听众的角度，让顾客去了解，品牌能为他们做些什么。例如英特尔和超微半导体两大中央处理器品牌，它们的广告就从未谈到产品规格，而是努力在营造消费者在体验商品过程中的情境故事，用故事让消费者了解，品牌能为他们做到哪些事。

比如说，在纽约街头一个乞讨的瞎子在脸盆前放了一张纸板，上面写着"我是瞎子"，一位创意人路过，看他脸盆内并没有多少钱，于是在纸板上加了几个字，没想到过了不久后瞎子的脸盆里竟装满了钱。这人人在纸板上加的字是这样的："现在是春天，而我是瞎子。"同样地，你说故事也要让消费者先感动而后才会有行动！

第2章 糖纸包裹的诱惑力

感动是一种感情同时也是一种做人的智慧。你被感动过吗?如果有的话,一定知道感动的瞬间心情是如何,是有一股暖流顺着全身蔓延开来还是眼中溢出的泪光?

感动是智慧,这里面包括两种,分别是感动力和感知力。

在生活中,我们可能经常会被感动或者感动别人,你感觉到了吗?经历过感动或被感动之后你有什么变化吗?或者说你的收获在哪里?

第一节 急功近利的后果

有目标是好的,有抱负也是好的,但是在追求的路上要把握好一个度,过度地追求,也就会变得急功近利,终会害人害己。

拿破仑说过,"不想当将军的士兵不是好士兵", 每个身处职场的人都该朝这方面努力。追求成功的过程并不是只有敢于追求就足够,而且还必须善于追求。职场中的许多人,为了在工作中能够迅速攀到"顶峰",往往会产生一种急功近利的错误想法,结果常常事与愿违。

职场中的人很多都喜欢急于表现自己,急功近利,以此想得到公司领导的重视。但这样常常会让事情变得很糟糕。其实每个老板和领导在考察员工能力的时候,并不是只注重员工此时此刻的表现,也不是考察员工的某一项表现,他们会通过一段时间内考察员工的综合素质。

事实上急功近利的人对成功的急切，会在工作上让他们失去应有的耐心和忍耐，还可能会在成功的路上不择手段。

何娟大学刚毕业不久，就在一家地方报社工作了，这份工作是何娟哥哥给介绍的。虽说报社不大，但也是很多同龄人都羡慕的工作，加之她是新闻专业毕业，能在报社工作也是专业对口，她为此不知多么引以为豪。这家报社的主任是她哥哥的朋友，所以，她在报社工作，也深受领导的喜爱与信任，每天的工作尽管有些忙碌，但和摸爬滚打也挨不着边儿。

一天，主任派她去一家公司采访一位劳动模范。她刚到这家公司还没见到这位劳模，就被公司的人事部经理拉去吃饭，其间对方说了一大箩筐恭维的话，赞美的言辞也能装一车，她长这么大，还是头一次受到别人这样恭维和赞美，最后在临行前对方还给她塞了一个1000元的红包，目的是希望何娟为他们公司一个即将上市的产品做一则小广告，她二话没说就爽快地答应了。

问题就这样出来了，由于这个产品是一个不合格产品，因此严重影响了报社的形象。她是新来的，加上又出现了这么严重的问题，社长知道情况后，一气之下让她离开报社，同时也是杀鸡给猴看，以此警醒报社里面其他人。

虽然何娟当初并不知道产品是不合格的，可为了区区1000元的红包，就毫不犹豫替他人打广告、办事情的行为，难免会让人产生几分厌烦。何娟的这种做法，真可谓是捡了芝麻、丢了西瓜。她因此而丢掉了工作，虽然有点小题大做，但也不会有几个人会怜悯她的无辜，也许更多的人会认为她是“自作孽不可活”。

像上述这种急功近利的“心绪”，正是患上了职场的“近视眼”的这种病。几乎所有患有这种病症的职场人士，似乎都喜欢与“五斗米”扯上某种关系，他们不会轻易放过每一个置于眼前的“五斗米”，而最后却往往要为自己口袋里可以装入这五斗米而费神费力。

当我们双眼专注于一个“快”字上时，心智就很容易被蒙蔽。没有足够的时间看看自己，不会问自己：我走的方向是正确的吗？路上会遇到坎坷崎岖吗？我准备好了吗？有没有充足的食物支持我抵达终点呢?中途休息时,有没有办法得到补给?是否有更快更便捷的路呢?结果往往却是加倍辛苦,却到达得更晚。

那些急功近利的人,看待事情往往是“一叶障目,不见泰山”,为了摆脱眼前的困境,不会不考虑未来的利益,这其实是一种错误的想法,求得了一时的痛快,而以长远的痛苦为砝码。这样做的话只会让你得不偿失。

有一个年轻人,十分羡慕一位富翁取得的成就,于是一天他跑到富翁那里询问成功的秘诀。

富翁得知他的来意后,什么话也没有说,只是从起居室拿来了一个大西瓜。年轻人很迷惑地看着,只见富翁把西瓜切成了大小不等的3块。

“我们来假设每块西瓜代表一定程度的利益,你会怎么选择呢?”富翁一边说,一边把西瓜放在他面前。

“当然是最大的那块!”他毫不犹豫地回答。

富翁笑了笑:“那好,请用吧!”

富翁把最大的那块西瓜递给青年,自己却吃了最小的那块。当这个年轻人还在享用最大的那块的时候,富翁已经把最小的那一块西瓜吃完了。接着,富翁拿起剩下的一块,大口地吃起来。事实上,那块最小的和富翁吃的最后一块加起来要比年轻人吃的最大的那一块大得多。于是年轻人便明白了富翁的意思:富翁吃的每块西瓜虽没自己的大,但加起来却比自己的那一块大得多。如果每块代表一定程度的利益,那么富翁得到的利益肯定比自己多。

最后富翁讲述了自己的成功经历,最后,对年轻人语重心长地说:“你要想成功就要学会判断,千万不可急功近利,这样才能获得长远的利益,这就是我的成功之道。”

有人说,世上其实只有两种人,把他们区分开来的方法是用一个简单的实验就可以。假设给人们同样的一碗小麦,有一部分人会首先留下一部分用于播种然后再考虑其他问题;而另外一部分人则会把小麦全部磨成面,做成馒头吃掉。

如果你想要获得真正的幸福,就要有长远的眼光,学会从全局上把握问题,不可为了暂时性的利益,破坏今后人生发展的大局。在纷繁复杂的现实生活中,要想获取长远利益，或者过上幸福美好的生活，就要时刻保持清醒的头脑，克服眼前的诱惑；同时还要懂得不拘泥于小节，要从宏观上把握问题。

成功需要我们不断地储备，我们仓库里的东西越充足，成功的机会就会越大，也才可能走得更远。成功的路永远是遥远与艰辛相伴随，每一个跃跃欲试的年轻人，都对这条路的尽头有着无限的憧憬。口袋里的馒头虽然可以令他们在刚起程时跑得飞快，不过吃了眼前的，恐怕就没法吃到下一顿了。

第二节 远见
——放长线才能钓到大鱼

远见，是一个人事业成功的思想基础。只有有远见的人，才能作出英明的决策；那些鼠目寸光的人，总是缺乏长远的打算。我们要为职业发展制订一个长远计划，才能获得事业的成功，否则，一生难逃碌碌无为的境地。

现在越来越多的职场人士愿意“放长线，钓大鱼”，他们不止关注自己所选择职业目前的发展状况，还关注该职业的发展前景。

凡是有长远规划的人，都知道放长线钓大鱼的道理。一个有胸怀远见的人，就不会为微薄的眼前的利益急着作决策，不会为眼前的好处放弃更多机会，更不会偏执、钻牛角尖，吊死在一棵树上。这些人为了实现最大的利益，成就最终的职业梦想，可以忍辱负重，懂得审时度势，情愿做一些看起来吃亏的事情。他们既不张扬，也不炫耀，更不会为一点成就而沾沾自喜、四处宣扬，他们知道，只有能笑到最后的人才是最终的胜利者。

为了实现远见，就一定要作出牺牲，其中必然会面临到选择。人不可能一边追求梦想，一边保留着其他的选择。但对于想取得成大事者的人，有时必须要放弃一些小选择来换取那个唯一的梦想。这好比一个人来到岔路口，面临前进的选择。他可以选择一条能通往目的地的路，他也可以哪一条都不走，不过这样的话永远达不到目的地。

王明是那些大电器公司工程的承包商，他经常会对这些公司的重要人物施以小恩小惠，更重要的是他不仅奉承公司要人，还对年轻的职员也殷勤款待。

王明公司的人都知道，他们这位董事长并非无的放矢。比如说在事前，王明总是想方设法将电器公司一些员工的学历、人际关系、工作能力和业绩，作一次全面的调查和了解，如果分析结果是认为这个人大有可为，以后会成为该公司的要员时，不管这个员工有多年轻，王明都尽心款待，其实他这样做的目的，是为日后获得更多的利益做准备。因为王明明白，10 个欠王明人情债的人当中有 9 个会给王明带来意想不到的收益。虽然王明现在做的算是亏本生意，但不保日后会利滚利地收回。

当王明所看中的某位年轻职员升职为科长时，他会立即跑去表示庆祝。而年轻的科长，自然非常感动，这样无形中就会产生感恩图报的思想意识。王明却说："我们公司能有今天，完全是靠贵公司的抬举，因此，我向你这位优秀的公司员工表示谢意，也是应该的。"

这样一来，当有朝一日这些职员晋升为处长、经理等重要职位时，终不会忘了这位董事长的恩惠。因此，在商场竞争十分激烈的时期，许多承包商倒闭的倒闭了，破产的破产了，而王明的公司却仍旧生意兴隆，其中很大一部分原因是由于王明平常关系投资多的结果。

综观这位董事长的手腕，确有"姜还是老的辣"的意味。这也揭示求人交友要有长远眼光，要注意有目标地进行长期感情投资。同时，放长线钓大鱼的策略，还必须能慧眼识英雄，才不至于将心血花在中看不中用的庸才身上，日后收不回老本。

能够放长线钓大鱼的人，当看到大鱼上钩之后，不会急着收线扬竿，把鱼甩到岸上。他会不慌不忙地收几下线，慢慢把鱼拉近岸边；如果大鱼挣扎的话，便又放松钓线，让鱼游窜几下，再又慢慢收钓线。就这样一收一弛的举动，时间久了大鱼就会筋疲力尽，等到大鱼无力挣扎，才将它拉近岸边，用提网兜拽上岸。其实对人情操纵也是一样的道理，如果追得太紧，别人反而因为受不了而一口回绝你的请求，只要你耐心等待，才会有成功的喜讯来敲门。

生活中有许多人因为过于计较自己的利益，老是争取种种“好处”，时间久了难免惹起同事们的反感，无法得到大家的尊重，而且他们总在无意或有意之中伤害了同事，最后自己变得孤立起来。

事实上，那些人争取的种种好处未必能带给他们自己多少好处，反而弄得自己不仅身心疲惫，而且也失去了良好的人际关系。如果我们能对那些细小的，不太影响自己前程的好处，多一些谦让，这种处世态度一定会赢得人们的好感，也会增添你的人格魅力，会给你带来更多的“回报”，俗语所说的“吃亏是福”和“吃小亏占大便宜”从一定程度上说明了这个道理。

没有远见的人，总是只看到眼前的、摸得着的东西，而有远见的人心中装着整个世界。远见跟一个人的职业是没有一点关系的，他可以是一个农民、工人、货车司机、普通职员、银行家、大学校长。从另一种意义上说，世界上最穷的人并不是身无分文者，而是没有远见的人。

人生的很多时候，我们常常被眼前的利益所迷惑，从而忽视了其他利益。我们总会将眼前的利益看成最大的、最好的利益，因此花费大量的精力和时间去得到它。然而，等事成之后，却发现如果当初用同样的精力和时间去做别的事情，虽然暂时没有这么大的利益，可是当事情做成之后，加在一起的利益却比我们看到的认为利益最大的那件事所带来的利益多得多。

例如销售。销售人员万万不可贪恋眼前小利而进行不利于客户利益的活动，这样会导致客户对你的不信任，即使之前你的客户对你已经拥有了99%的信任，但仅仅这1%的不信任就会使接下来或者以后的沟通出现重大逆转。

如果你对一位客户有一次欺骗和伤害，就可能影响这位客户周围的一大片潜在客户，而且这种不好的影响是很难通过其他手段来挽救的。美国“汽车销售大王”乔·吉拉德有这样一个统计，平均每个人周围有250个熟人，如果使一位客户受到伤害，那么就很可能会失去潜在的250位客户。因此，销售人员一定要谨慎衡量其中的利害得失。

我们要知道眼前的利益终是短暂的和有限的。有时候，一个很简单的道理，却可以给人意味深长的生命启示。一个人或是一个企业不能只顾眼前的利益，不要被眼前的利益所迷惑，做任何事情都要有长远的规划，制定一个高远的目标。

我们知道，目标的制订不能脱离现实，要把近期利益与长远利益相结合，把理想和现实有机结合，这样才有可能取得真正的成功。有时，我们要学会放弃，放弃眼前的微小利益，会获得长远的大利。

第三节　忠诚不要愚忠

忠诚不是一个简单的概念，更不是一句口号。员工对企业的忠诚并不是单纯地为企业效命，更不是盲目地"忠诚"于企业和老板。真正的忠诚是首先忠诚于自己的职责和事业，并且把自己的职责、事业与企业的发展真正地有机结合起来。

员工对企业的忠诚，就可以更好地认可企业的目标、文化、环境，相信企业可以为员工提供发展的机会和应得的物质回报。在忠诚心态的指引下，员工会全心全意地投入到工作中去，努力把自身的发展融入到企业发展中去，渴望保持在企业中的成员身份。

所谓员工忠诚于自己，主要是员工对自己所从事职业具有认真负责态度和为企业奉献的精神，同时对事业有执著追求的责任心和使命感。忠诚于职业的员工，可以很好地权衡自己的优劣势，选择适合自己的职业，将目前的工作看作今后工作能力的一个跳板与自己人力资本积累的一个过程，致力于达到此职业的最高境界。他们全心全意地投入到自己喜爱的职业中，充满激情地迎接挑战，在工作上尽情发挥所长：熟知工作范围，并且始终在寻找完成工作的最佳途径。

一个员工对老板忠诚，就会让老板感受并拥有一种事业上的成就感，同时增强老板的自信心，使公司的凝聚力得到增强，从而公司可以一直发展下去。因此，很多老板在用人时不仅看重员工的个人能力，更看重个人道德，而忠诚也是一个人道德素质的最好体现。每个老板都看重那些能力和忠诚都突出的员工。

人们都会有这样一个误区：忠诚于老板就是“一切行动听指挥”。因为“听话”，员工的行为表现得中规中矩，很符合上级领导的意愿。因此，行为的服从就成了判定员工忠诚度的标准。而对于那些行为奇怪、难以服从的员工，人们往往会将他们当作不忠诚的员工来看待。

事实上，行为的服从并不意味着员工忠诚。国外的一项研究指出，忠诚有一个等级体系，也分为几个档次级别：底层的是对个体的忠诚，处于中间的是对团体的忠诚，而处于顶端的是对一系列价值和原则的全身心奉献。研究者表示，行为服从只是一种明确的表现状态，这是一种浅层次的忠诚，而就是这种忠诚实际上反映了员工对上级领导的盲从。

员工行为上过度地服从难免会造成管理层决策的难度，如果不论领导说什么，都去执行，虽然执行力很高，其实已经阻碍了员工创造力的发挥。这种表层上对个体行为的服从，从而反映了员工高层次上的不忠诚。

而对于老板的忠诚，不应该盲目地听从老板，按老板的吩咐行事。员工对老板的忠诚，首先要知道老板值得你去忠诚于他。对于老板的一些吩咐，比如缺少信义的事情，缺乏诚信道德的事，就应该明确自己的态度并予以拒绝。如果员工为了忠诚于老板而失去了自己的道德，这样的忠诚是不可取的。所以，在遇到以上情况时，就要果断地拒绝或者选择离开。

所谓真正的忠诚就是员工以企业利益为主的全方位考虑，这样的忠诚才是现代社会保持组织优势的根本基础。只有充分理解了上级意图，才能在工作中发挥高度的创造性，正确执行上级的决策，才是对企业忠诚的真正高层次体现。

简单来说，忠诚并不是盲目的绝对的服从，当老板向你下达指令时，首先要学会分辨是非，冷静思考问题，不要因为老板的威严就被吓倒，也不要被老板的甜言蜜语所迷惑，要学会权衡利弊，别在未经思考之下干出一生后悔的事情来。

第四节 懂得舍弃眼前的诱惑才能笑到最后

所谓舍得，就是有舍有得，没有舍弃，也就没有得到。在生活中，我们要学会适时地舍弃那些小收获、小利益，这样才会得到更多的、更好的。

一个人如果只顾眼前的利益，也许会得到短暂的欢愉，但在不久的将来会遭受失败的损失；一个人的目标不论有多么的高远，同样也要面对现实的生活。我们只有把理想和现实有机地结合起来，才有可能成就一番事业。

随着经济的快速发展，人们的物质生活日益丰富，所以面对的选择与诱惑也越来越多。从柴米油盐的居家过日子到发财致富的秘诀心得，都在成为自己获取的对象。于是，不断索取成了一种普遍的社会现象，贪大求全成了一部分人的流行病，人们唯恐遗漏任何一个关于赚钱的机会，似乎只要是抓住了眼前的就等于抓住了一辈子的成功。生活中无数的诱惑就像鱼饵一样等待着人们上钩，并一直在考验人们的内心。

这个越来越看重金钱名利的社会，诱惑人的往往都是利益。利益像是一把双刃剑一样，既能让人得到满足，也能使人痛苦。追逐财富的过程如同是在跑一场马拉松，我们注重的不应该是眼前，而是终点。在追逐利益的过程中，如果只顾眼前的利益，也许能得到短暂的欢愉。但眼前得到的利益并不一定是最好的，也有可能它潜藏着危险，也许它挡住了我们长远的视线，最终导致了我们失败的结果。古往今来无数的事实告诉人们，眼前的诱惑无论多么吸引人，但总不能接近，一旦接近的话就会妨碍了更多的获得，忍得了一时才能更快乐地生活。

1846 年 10 月，一个家族的 87 人在前往加州的路上，突然被大雪阻隔，他们的马车被风雪困在关卡里无法前进。

然而，他们一直在这种环境在坚持了一个多月的时间。在这段时间里有一半人因为疾病和饥饿而相继离开人世。按照这样的速度推算的话，如果他们再不能走出去，那么剩下的人也将无法生存。于是有两个人决定出去求援。他们很快就到达了一个小村庄，并带回了一支医疗队，剩下的人全部获救了。

你知道那么多人为什么他们不早点去求援吗？答案很简单，就是他们不愿意放弃马车上载着的财产。

在这一个多月的漫长等待中，他们一直在不停地试图前行，想要将马车和财物一起弄出关口，结果却因为风雪太大而没有成功，最后他们只能放弃。就这样他们任由大雪围困在关口，直到耗尽所有的食物和供给。

以上这样的事情虽属特例，但是生活中却有同类的悲剧在不断地上演，有很多人都陷入到这种“关卡”里不能自拔。他们有的是贪图眼前的利益，有的是为了更高的社会地位、更丰厚的收入以及握在手中的权力，最终将自己推到更危险的境地。

在人的一生中，有太多的诱惑，如果不能理性地看待诱惑，选择适当的放弃，只会在诱惑的旋涡中渐渐迷失自我，久而久之就会在人生十字路口偏离方向，在苦苦挣扎中耗尽生命。

只有放弃那些次要的、枝节的、不切实际的东西，我们的世界才会变得晴空万里，才能懂得放弃也是一种美丽的收获，同时也会有一个更美好的结果。生活中有些东西如果舍不得放弃的话，会形成一种负累。印度诗人泰戈尔有这样一句名言：“当鸟翼系上了黄金，鸟儿就飞不远了。”

现实生活中，我们的工作、生活等方面有时需要“面面俱到”，有时却需要适当地舍弃。善于舍弃，包含着审时度势的智慧、当断则断的勇气，反映着一个人的素质和能力。

总的来说，我们为了全局利益舍弃一些局部利益，为了长远利益舍弃一些眼前利益，从某种意义上讲，是尊重客观规律，是对自己的事业负责。在人生的很多时候，我们适时地舍弃远远胜于盲目的执著，因为这样可以让人腾出时间和精力去做更有价值的事情。就像我们把拳头收回来，准备再一次出击是一样的道理。

第五节 要有把“冷板凳”坐热的耐心

漫漫人生路，我们会经历各种各样的事情。低迷的时候，也要勇敢地抬头以及耐心地坚持，风雨之后的阳光会更加的灿烂。

在人生的旅程中，我们总会遇到诸多困难和挫折，难免会陷入“枯井”的困境当中，我们也会被各种各样困难的“泥沙”倾倒在我们身上。这时我们既不必自暴自弃，也不必怨天尤人，应该以一种正确而积极的态度去面对。

在篮球比赛中，除了球场上的10个队员外，场下通常还有几个做替补的队员，他们不见得都会有上场的机会，所以人们称他们为“板凳”队员。很多情况下，他们一直将冷板凳坐穿也没能在观众面前露面。但是，相比于那些无缘于球队的人，即使只有冷板凳，也算队中的成员，只要是队员也就一定会有上场的机会，只要耐心等待时机的到来。

在人生的很多时候，我们都会遇到坐冷板凳的情况，比如得不到上司器重，没有施展才华的舞台。处在这样被冷落的位置上，很多人通常都会自怨自艾、沮丧失落。面对这种局面，一时的低落也是很正常的，但如果想更快地从中走出，最重要的是去冷静思考，寻找原因。我们不妨借此机会，调整好自己的心态，养精蓄锐，暗中积蓄力量厚积薄发，把冷板凳坐热，当时机成熟时，就能有突破性的成绩。

在职场上，我们都希望成为公众注目的焦点，可以呼风唤雨叱咤风云，谁也不希望被罚坐冷板凳，但是有没有想过，这样的我们是不是太急于成功了？不得不承认的是，在特定环境里，不可能所有的人都能成为职场的主角，这时候我们可以把冷板凳看作是一次机会，借此机会可以让你避开内部钩心斗角的最大风险，与其急于表现自己，不如暂时敛锋收芒，把一时的孤寂当作老板或上司有意地考验我们的表现。

古人不是有这样一句话："天将降大任于斯人也，必先苦其心志，劳其筋骨，饿其体肤。"想要成就一番事业的人必须要有接受挑战的勇气，同时也要具有解决困难的魄力，以及身处孤寂的耐力。判断一个人是不是可塑之才，除了看他的为人处世之外，还要注意考察他被放任无所事事时的表现。

要以谦逊的态度来建立良好的人际关系。或许我们在遭受困难的时候无法避免遭到别人落井下石的可能，所以我们坐冷板凳的时候要处处小心，如果有人巴不得你永远不要站起来，那我们就要注意了。我们要谦逊，广结善缘，虚心向他人求教，不要总是提起从前辉煌的成就。因为这样对你来说根本于事无补，还会使你感到怀才不遇，增加自己的苦闷，并且给人留下谈资话柄。

保持容宽的心态。在言谈举止中，要表现出自己的风度，注意培养自己把冷板凳坐热的耐心，把它当作一个休养生息、养精蓄锐、提高个人能力的机会。

有一天农夫的一头驴不小心掉进一口枯井里，农夫十分伤心，因为他绞尽脑汁想办法想把它救出来，但是好几个小时过去了，农夫还是没想到好的办法，驴在井里痛苦地哀嚎着。最后，这位农夫只能无奈地决定放弃，于是请来左邻右舍帮忙一起将枯井中的驴埋了，以免除它的痛苦。大家说动手就动手，开始将泥土铲进枯井中。

当大家铲进井里的泥土落在驴子的背部时，驴的反应意外的冷静和理智，它没有让泥土将自己掩埋，而是将身上的泥土抖落在一旁，然后站到铲进的土堆上面，将这些泥土踩实。就这样，驴将大家铲在它身上的泥土都全部抖落在井底，然后再站上去。最后，这头驴成功地上升到井口，因为泥土的帮忙而重新获得了自由。

我们又何尝不和故事中的那头驴一样呢？我们在漫漫的生命的旅程中，会遇到诸多困境和磨难，难免会陷入"枯井"的境地当中，可能还会被各种外在施加的泥沙覆盖在我们身上。这时的我们不可自暴自弃，也没有怨天尤人的时间，而是应该以一种正确而积极的态度去面对。即便是在"枯井"里面，我们也不要哭泣，如果想要摆脱困境，只有将身上的泥沙全部抖落掉，借此作为成功路上的垫脚石，这样才可以在困境中重生。

处于低谷中，把自己的工作做到出色，几乎是优秀工作者对自己的一致要求，而对于这个要求，不是所有的工作者都能认可。一个人在工作中做到出色要付出更多的时间和精力，薪水和待遇却很可能暂时并不比别人好。但是，如果将目光放长远，我们就会得到另外一个答案。实际上来说，一个人热爱自己的工作，将每件事情都做到出色，主要是为了自己的今后发展，为了自己以后的成功。人生的低谷期也是一个人成功路上的某个重要阶段，既不能回避也不能小觑。因为我们的很多成绩和机会正是从低谷中而来的，也是从坐冷板凳的过程中得到的。无数成功者证明过这样的道理，通过耐心地把板凳坐热，通过出色的工作，总会为以后的成功打下坚实的基础。

第六节　轻装上阵，甩掉欲望的包袱

世间众生都在为各自的欲望而跋涉，佛家说：无欲无求。虽然我们达不到佛家的境界，但为了简单和快乐也需要适时地放弃一些欲望。放下了，你才有可能会轻松，轻松地去努力追求。

我们可以让自己简单，然后活得快乐；也可以让自己变得复杂，然后开始痛苦地生活。

在人生旅途中，我们总感觉太累、太痛苦、太乏味，甚至有时候，眼里仿佛都是忧色、伤心痛苦的景致而没有半点阳光美好的点缀，于是开始悲观、失望、迷茫，最终让自己陷入一个走不出的怪圈中而受尽折磨和痛苦。所谓的简单，并不是贫乏或者贫穷，而是繁华过后的追求，是去繁就简的境界。

滚滚红尘路上，我们虽然摆脱不了世俗的纷争和烦扰，但我们可以尽量远离。在这个世间，有多少的人，一头扎进名利的路上而越陷越深不能自拔，从此卷入世俗的纷争和烦扰，并且以此为乐。

有多少人在名利的路上，在世俗的纷争中，不惜抛去亲情，抛去友情，抛去爱情，抛去人性中本应坚守的诸如善良、友爱、公平、正义等美好的情怀，有的甚至搭上自身的健康以及生命却始终无法回头，这其中，有些人最终功成名就，有些人却失败了，有些人因得到一些小利而得意扬扬，耻笑他人，有些人因这些小利，而哭天抹泪，失去自我。

这个世界其实很简单，只是我们的心会随时变得很复杂。人心本来也很简单，只是在各种欲望的驱使下变得复杂。

人，简单了也就快乐了，可这个世界上真正让自己快乐的人又有多少呢？

人，复杂了也就开始了痛苦，痛苦的人却如此之多而数不胜数。

人的一生，从来就有许多的诱惑：功、名、利、禄、物、色……面对那么多诱惑的陷阱，小说家陈染曾这样说："为了逃避黑暗，我们闭上眼睛。"但是即便我们真的"闭上眼"，也无法"逃避黑暗"。

我们的心中少一些杂物，是处世的一种态度，是生命的一种境界。整天为自己的得失、名利斤斤计较、牵肠挂肚的人，只会被各种各样没完没了的诱惑和烦躁所困扰，而享受不到人生的快乐和生活的美好。

我们的心中少一些杂物，才能在失败面前不灰心不气馁，在成功面前不骄傲不自满；心中少一些杂物，才能用一种悠然的心态对待眼前的一切，不以物喜，不以己悲，不被名利所控制，也不为各种搅扰、牵累、烦恼所左右，使自己的人生不断得以升华；我们的心中少一些杂物，才能在当今社会的物欲和世相百态面前平心静气，坚守自己的精神家园，正确追求自己的人生目标；我们的心中少一些杂物，才能抛开一切功名利禄的束缚，让人性回归到自然的状态，从而获得心灵的充实、丰富、自由、纯净。

简单地做人，是一件很开心很自然的事情。于生活，于人生，会少却种种的纷扰和纠缠，随之得到就是种种的轻松和愉快。

人做得简单，事情也就不会太复杂。人心若是少却诸多欲望，也就没有了不必要的顾虑和权衡,更没有了钩心斗角。把这些思想的负担甩开,人就会如释重负,心灵就会长出翅膀,飞翔也就变得自由自在和无牵无挂。

相反,如果人做得复杂了,其他的一切也就变得复杂。复杂的人,凡事总会要个结果,求个利益,思前想后和平衡得失。这样一来,精神时刻在紧张中度过,思想难得一时清静。时间久了,就会越陷越深,陷入痛苦,最终无法自拔。快乐对于这种人来说,也就成为天方夜谭。

一位老师曾给班上的同学讲过这样一个故事:

在森林中有3只猎狗追一只土拨鼠,土拨鼠钻进了一个树洞,这个树洞只有一个出口,可不一会儿,从树洞里居然钻出一只兔子,兔子飞快地向前跑,并爬上另一棵大树。兔子在树上爬啊爬的,仓皇中没站稳,掉了下来,却正好砸晕了正仰头看的3只猎狗,最后,兔子逃脱了。

这个故事讲完后,老师就问大家:“大家觉得这个故事有什么问题吗?”同学们说:“兔子是不会爬树的;一只兔子不可能同时砸晕3只猎狗。”“还有呢?”老师继续问。直到同学们再也找不出问题了。

老师才说:“大家说了这么多,可是谁知道土拨鼠哪儿去了呢?”

是啊,土拨鼠哪去了?老师的一句话,一下子将同学们的思路拉到猎狗最初追寻的目标上——土拨鼠。

因为兔子的突然出现,让同学们的思路开始打岔,土拨鼠竟在同学们头脑中自然消失。

在追求人生目标的过程中,我们有时也会被途中的细枝末节和一些毫无意义的琐事分散了精力,扰乱了自己原先追求的目标。这时候要不断地提醒自己,土拨鼠哪里去了?自己心中的目标哪里去了?

人类想要的东西越多,自己就越觉得自身匮乏;越是为自己着想,越觉得孤单寂寞;如果思索太多关于未来的事,就会忽略了目前的喜好。在这纷扰的尘世中,要学会发现自己和生活,找到自己的方向。

俭朴的生活,可以让自己更能贴近生活,可以让自己用另外的眼光去打量生活和发现生活中其他的乐趣。生活中如果少了物质的隔阂，人与人之间、心与心之间、人与自然之间的沟通交流就容易更简单也更多了，这样我们更能感受自然生活的快乐，心不再向外追逐，而是回归自然，回归自己。刘禹锡的这篇《陋室铭》道出了生活的真谛："山不在高，有仙则名。水不在深，有龙则灵。斯是陋室，唯吾德馨。"

第3章 真诚、付出、感恩是感动力的三大要素

在《蜀志·诸葛亮传》中提到关于真诚："开诚心，布公道。"人们常说真诚能够使人笑口常开，好运连绵，祥和社会温暖人间。可见真诚是我们立身处世的不二法门，其力量无远弗届，源源不绝。任何对立与冲突，都能在真诚的言行中化解；任何怨恨不满，都能在真诚的关怀中消融；任何困顿厌倦，都能在真诚的互爱中消逝；任何猜忌误会，都能在真诚的交流中消解。

付出是一种快乐，我们享受其中。懂得付出的人是最懂爱的人，也是最幸福的人。

感恩是一种处世哲学，也是生活中的大智慧。一个智慧的人，不应该为自己没有的斤斤计较，也不应该一味索取和使自己的私欲膨胀。学会感恩，为自己已有的而感恩，感谢生活给予你的一切。这样你才会有一个积极的人生观，才会有一种健康的心态。

第一节 真诚
——修炼一切的基础

曾国藩先生曾给“诚”下过定义：一念不生是谓诚，故“诚于中，必能形于外”，真诚在内心就是纯净无染，表现在外就是真实不虚、率真自然，如此，则自然心怀坦荡，正直无私。

“君子贤而能容罷，智而能容愚，博而能容浅，粹而能容杂。”俗话说得好，有人在的地方就是江湖，身在江湖难免发生各种利害冲突。有君子的地方，就有小人的出现，有温情的时候，也就有冷漠。人与人交往贵在以心交心，你真诚待人，别人才会真诚待你。对方心有成见，你肝胆相照的真诚也能使对方畅所欲言。

卡耐基在训练大中华地区负责人黑幼龙时说：“人生最大的驱策力就是想成为好人，当你成为好人以后，最大的受惠者就是好人你自己，他周围的人也必定受惠，可以达到双赢的效果。”

印度一位哲人曾经说过这样的话，如果某个人在路上发现有人中了箭，他不关心箭从哪个方向飞来，也不会关心这支箭是用什么木头做的，箭头又是什么金属，更不会关心中箭人属于哪个阶层，他不会问这么多，只会努力去拔出那人身上的箭并对其进行施救。这就是善意的力量，也是人之最本能，这种力量是最原始的一种善意，正是这种善意使人类得以一代一代地传承到今年。

我们在与人相处的时候要有一种求真的态度。这种求真的态度就是心怀善意，真诚待人。善意和真诚是浓缩了几千年人类真善美的精华，没有人会拒绝别人的善意和真诚。

基督教《圣经·新约》有这样一句话，后来成为人际关系中的一条黄金法则：“你想人家怎样待你，你也要怎样待人。”这是一条做人的法则，又称为“为人法则”，几乎成了人类普遍遵循的处世原则。古希腊伟大的哲学家柏拉图曾留给我们这样的一句名言：“一定要善意地待人，因为你遇到的每一个人活得都不容易。”法国伟大的文学家、思想家卢梭也说：“对别人表示关心和善意，比任何礼物都能产生更大的效果，比任何礼物对别人都有更多的实际利益。”

美国最有影响的演说人之一和最受欢迎的商业广播讲座撰稿人托尼·亚历山德拉博士与人力资源顾问、训导专家迈克尔·奥康纳博士研究的成果中包括这样一项，那就是人际关系的一条白金法则。这条法则的精髓就是“别人希望你怎样对待他们，你就怎样对待他们”，我们从研究别人的需要出发，然后调整自己的行为，尽量运用我们的智慧和才能使别人过得轻松、愉快。不论是在社交中还是处理人际关系时，都要懂得尊重人，待人真诚，公正待人。

我们的立身之本，在某种意义上说就是真诚对人。人与人之间，只有真诚相待，才是真正的朋友。那些算计朋友的人，无异于在自己欺骗自己。人类和动物的一个根本区别就在于人是有社会性的，就是不论怎么样，人都要在社会上立足、生存、发展，都要结成群体，不可能永远独来独往。在交往的过程中，真诚可以减少双方猜忌的机会，降低彼此误解的概率；真诚可以减少那些不必要的“算计”对方，较容易集中重点，讨论问题并达成共识；真诚的人不会表里不一，待人处世自然容易与人沟通。从这个意义上说，缺少真诚的人都绝于人群。诗人萨迪说过：“无论你是一个男子，还是一个女子，待人温和宽大才配得上人的名称。”

1969 年，美国著名心理学家约翰·安德森在一张表格中列出了将近 500 个描写人的形容词，他邀请近 6000 名大学生从中挑选出他们自己喜欢的做人品质。调查结果显示，大学生们对做人品质中给予最高评价的是“真诚”。在 8 个评价最高的候选词语中，有 6 个和真诚有关，它们分别是真实的、诚实的、真诚的、可靠的、忠实的和信得过的。大学生们对做人品质给予最低评价的形容词是“虚伪”。在 5 个评价最低的候选词语中，有 4 个和虚伪有关，它们分别是做作、说谎、假装、不老实。

约翰·安德森的这个调查结果在社会上具有普遍意义。现实生活中我们总是喜欢真诚信得过的人，不喜欢说谎不老实的人。一个真诚的人，尽管他有其他的缺点，但是同他接触时心神就会感到很愉快。这样的人，一定能幸福，在事业上也会有一定的成就。这是因为以诚待人，别人也会以诚相待。一个人只要真诚地待人处世，就容易获得他人的合作。真诚做人，坦诚相待，则容易让人接纳，能交到更好的朋友。

美国著名的总统林肯生活中也非常注意培养自己说话的真诚情感。他说："一滴蜂蜜比一加仑的胆汁能吸引更多的苍蝇。人也是如此，如果你能赢得人心，首先让他相信你是最真诚的朋友。这样，就像有一滴蜂蜜吸引住他的心，也就是一条坦然大道，通往他的理性彼岸。"1958 年，林肯在一次竞选中说："你能在所有的时候欺瞒某些人，也能在某些时候欺瞒所有的人，但不能在所有的时候欺瞒所有人。"

在这个社会待人从来都是对等的，人心从来都是相互的。正所谓是"这个世界没有无缘无故的爱，也没有无缘无故的恨。"你对别人真诚，别人对你也就不会再欺瞒；你对别人欺诈，别人对你也会不老实。真诚的人会得到人心，对同志、上级、下属、同事，真诚意味着谅解、体贴、信任、爱护。"人察无徒"，人与人的坦诚相待，不但赢得了尊重和友谊，而且通常是加倍的。一个圆滑、虚伪的人可得一时，但不可得一世。

古人有云："心静生智能，行善生福气。"我们的心就像一粒种子，生长在天地中间，喜怒哀乐的情感造就了善恶之心。拥有一颗充满善意的心，行为和语言就会不一样，那么情怀和境界自然也就会不同。心怀善意，真诚待人的人，人生的路必将越走越宽，也必将获得常人难以企及的成就。

第二节　以真诚为前提的付出

每个人都会经历付出和被付出的过程，在付出的时候，关键是你是真诚的还是虚情假意的。不过，只有以真诚为前提的付出才可以打动顾客的心。

当我们有了崇高的愿望，还需真诚地为此去努力，通过一定的行动才有可能收获，这个过程就是付出的过程。

感商 TQ 所讲的“付出”是这样的：光“想”不“动”不是付出；动机不纯的行为不是付出；自不量力不是付出；有所保留也不是付出。

感商 TQ 的 3 大特征包括真诚、付出、不求回报，而排在第一位的就是“是否真诚”，因为真诚是“魂”，是一个人内在修为的根本，是其后一切行为的前提。

不真诚，就不会有崇高的愿景，也就不会全力以赴去为此愿景付出；假如你不真诚却有付出，那一定也是出于不够崇高的愿景。

这就好比是一个只把顾客当作“钱包”的老板，要求员工不择手段地去实现销售以获取利益，很难会对顾客产生“我要好好服务，一定要让顾客满意”的念头，也不会为了实现这个“目标”而努力奋斗。

做老板的人，可能会经常遇到一些看似积极努力，但却明显感觉到员工只是为了获得某个职位或某项奖励而如此表现。我们不能说这样的员工不好，也不能说这样的员工就是人品有问题。如果从企业的角度来说，这些员工对企业的发展是不真诚的，他们的愿景出发点不够崇高，因为他们只把企业作为获得报酬的一个途径而已。对这样的员工来说，在哪一个企业工作性质都一样，之所以选择这个企业工作，可能仅仅是因为这里待遇比其他的企业要好而已。

“企业的成败是老板的事和员工是没有关系的，这家倒闭了再换一家就是”、“干的活多就是为了多拿钱”、“哪儿待遇高就到哪儿去”是这类人的基本特征。

有这样想法的人往往具有一定的实力，因此，有很多老板们也喜欢使用这样的人。但是也有很多看透了这一点的老板，绝对不会对这样的人“委以重任”，把企业的命脉交到这些人手上，尽管他们的职业能力超强。

也同样，老板们大多会把这样的人看成获取利益的一个途径——你有本事、想多赚钱，我就给你这个平台，你多给我赚钱我就多给你报酬，一种你情我愿的公平交换关系，仅此而已。

尽管有不少人提倡，碰到这样的员工，老板们也应该用感商去感化他们和企业成为“一条心”，为了今后的发展一起努力。但有人反驳说，这些人从内心就不会对企业认可，他们的愿景自然就不会有多么崇高和真诚，正所谓是人各有志，“志不同不相为谋”。

最后你就会发现，最终成为企业“接班人”的，往往是那些对企业绝对真诚、也许在能力上并没有上述那些人优秀的“可靠之人”。

付出，就是为真诚的愿景而努力。

如果对某个人或某件事怀有极度的真诚，同时也愿意为了那崇高的愿景去付出努力，可如果这只是停留在“心里”，没有付诸行动的话，去“感动一切”就成了一句空话。

就像是你爱上了一位姑娘，每天对着“心中的影像”一遍遍地说：“我爱你，我此生最大的愿望就是让你幸福！”如果你说的这些都是真的，可是，你一直都没有行动，你不敢去找她，不敢向她表白，甚至无意间的碰面你也不敢抬头正眼看她，于是你只是整天沉浸在自己的幻想之中。

几乎是每天早晨一醒来就开始想，“她睡醒了吗？昨晚她睡得好吗？早饭吃什么呢？能吃得好吗？上班路上会不会堵车吗？赶得上车吗？……”你越想越焦急万分……终于，你不得不起床了，否则，除了早饭没时间吃以外，你上班都有可能会迟到。

因为你从来都没有想尽办法去创造与她接触的机会，利用一切手段向她暗示、表白，更没有在某天一大早，顾不上自己吃早饭，赶好远的路去为她买来“经过千辛万苦才了解到的、她最爱吃的”的早点，怕她吃不到热的，你脱下自己的外套把那早饭包裹严实，然后，跑到她家门口，拿出手机，调出通过“不正当手段”获得的她的手机号码，用由于紧张而颤抖的双手为她编辑信息：“该起床了，早饭在你家门口，今天有点儿凉，出门时多穿点儿，我在路口等你，送你去上班。”然后，鼓起勇气按下发送键。

其实，很多人之所以没有“赢得”自己的所想，主要是因为他们仅仅把那美好的真诚愿景留在了心里没有去付诸行动。

所以，当你毫不犹豫地肯定了“是否真诚”的问题之后，应该经常问自己我付出了吗？以及我真的毫无保留并全力以赴地为了那个崇高的愿景而付出一切了吗？

第三节 拥有感动力需要付出真感情

情感是我们一种无形的资产，如果能够巧妙地运用这种资产，会收到意想不到的回报。人情主要来自于你以前的积累，来自于你以前对情感的“投资”。

很多人认为求人是一种短平快的交易，用不着花那么多那么长的时间去搞马拉松式的感情投资？这种想法是不对的，古人有曰，“平时多烧香，急时有人帮”，“晴天留人情，雨天好借伞”。

只有拥有了良好的人际关系，才会求得他人的帮助，可是良好的人际关系不是一时半会儿就可以建立的，必须从点滴做起，依靠平日里的情感积累。

古人曰：“积土成山，风雨兴焉；积水成渊，蛟龙生焉。”只有通过不断的构建和巩固，人际关系才能牢固。情感投资，聚少成多。当你有了“铁”关系垫底，又何必愁求助无门呢？

社会的快速发展，现代生活越来越忙碌，很多人没有时间进行过多的应酬。时间久了，许多原本牢固的关系就会变得松动，朋友之间逐渐变得有些陌生。这种结果是很可惜的。我们大家多么希望人们珍惜人与人之间宝贵的缘分，即便再忙，也别忘了沟通感情。否则，“临时抱佛脚”，关键时刻用人帮忙不免会后悔。

在当今社会，人们在过分追求精神生活的同时，往往忽视了根本的生活准则。社会学家在分析亲戚关系弱化时曾指出：家庭纽带关系在现代大城市中不断变得松弛，主要原因除了生活节奏比较快的原因外，人们还往往在亲戚以外寻找自己的社交圈，从而导致人们的亲戚圈萎缩。

现代社会我们的个人生活空间在现实世界和网络世界都得到无限扩充。亲戚是我们的血缘纽带，而朋友是我们的业缘、地缘纽带，在扩大的人际交往中，无形中使我们与亲戚逐渐疏远。实际上，亲戚关系在人们的人际关系中也是必不可少的，它也会帮助你提高事业的成功。

古人有云：“衣人之衣者，怀人之忧。”意思是说，穿了别人的衣服，怀里就会装着别人的心事或隐忧。简单来说就是，收下了别人送来的礼物，就得为别人办事。所以，我们可以这么说，要想求人办事，首先学会给别人送礼。与别人建立良好的关系不是一下子就能做到的，它需要日积月累的过程，需要不断地培养感情。

求人办事时，送礼也是有很多讲究的，如果你送礼送得好，方法也得当，自然收礼的这个人也会帮助你达到你的目的。如果你的礼送得不好或者不适当，就会被人家挡回来，会觉得窝心。求人送礼的事情也是不能临时抱佛脚的，最好的机会是在逢年过节的时候，或在对方过生日时，或在对方生病时，这些时候送去的礼物，就名正言顺，对方没有拒绝的理由，自己的目的也容易达到。其实这求人送礼也要讲究策略，比如说有的时候送对方本人喜欢的东西，倒不如送其家人喜欢的东西，更能加强对方对您的好感。特别是像这种针对家人的送礼方式，有时会使你和对方之间的交情发生很不一般的变化，起到意想不到的效果，进而建立亲近度较高的私人情谊。求人送礼，不能盲目鲁莽，一定要了解对方的兴趣，有的放矢，有创意的巧妙安排，对方易于接受的礼物，办事也就没什么问题了。

虽然我们平时可能并没有什么事情需要别人帮忙，也要多注意感情的投资。在一本《小政治家必备》的书中，教导那些想在仕途上有所作为的人，必须收集 20 个将来最有可能做总理的人的资料，对他们的兴趣、喜好、性格等都要了如指掌。然后有规律有计划地按时去拜访这些人，和他们保持良好的关系，这样，在将来这些人之中的任何一个当上了总理，自然就容易想起你来，很有可能请你担任一个部长的职位。

老金在退休之前曾担任某公司的总经理，到了逢年过节的时候，下属们都会来看他，满屋子都是下属送来的礼物。过了几年等他退休之后，那些下属就很少有人来看望他了。前几年是门庭若市，现如今却是“门前冷落鞍马稀”。然而，其中有一位下属却不像那些人那样势利。每当这位老人心情寂寞的时候，这位下属经常带着礼品来看望他。其实，老人在没有退休的时候，并不重视这位职员，可是现在经常来拜访他的正是这位当初不被重视的职员，老人万分感动。

后来不久，这位老人被原来公司返聘为顾问，他很自然地就重用提拔这位职员。不仅如此，老人还在工作方面给予这位职员很多的支持和帮助，这使得他在公司获得了长远的发展。

由此可见，求人办事送礼最好要送在平时，不能怀着“临时抱佛脚”的想法，这样的话就很难得到别人的帮助。因为没有人愿意去帮一个势利的人。

送礼最好是选择对方在家的时候。因为把礼品交给邻居转收的话，是不太礼貌的。有时候，对方也不希望别人知道他收了礼品。

不管怎样，送礼求人都有一个过程，“临时抱佛脚”的方法是行不通的，同时也是送礼求人最忌讳的。尤其是你刚与对方认识就送礼物给对方，然后提出你要办的事，很明显你是在用这些东西来换取他的帮助。这样一来他很大的可能会拒绝你的礼品，即便收下了也不会马上帮你办事。

朋友之间也是一样的，关系好的就要平时多走走，到了需要帮忙的时候不用送礼对方也会帮你的忙。如果平时就不来往，有事的时候则抱着礼品来求情，对方虽然不太好意思，但是同样不会买你的账。

我们要了解，人的感情既有无私的优点，也有自私的缺点。对方都是希望你只喜欢他一个人，只想他一个人得到你的礼品。如果别人也得到了同样的礼物，他就觉得不满足也不被重视，从而会对你有意见，也就不太珍惜你的礼品了。

美国大亨洛克菲勒曾感慨地说："与人相处的能力，如果能像糖和咖啡一样可以买得到的话，我会为这种能力多付一些钱。"而美国人更有这样一句名言："20岁靠体力赚钱，那30岁靠脑力赚钱，40岁以后则靠交情赚钱。"其实以上的两句话讲的都是一个意思，就是朋友多则赚钱的机会多。

那么所谓的朋友关系如何培养呢？卡耐基认为："完整的人际关系包含三阶段，发掘人脉、经营交情、出现贵人。"现在看来，建立人脉已经不是过去所谓的"拉关系"那样简单了，这其中包含了很多深层的东西，需要我们用心去经营。

很多人都会认为：经常在一起吃饭喝酒的只是酒肉朋友，不见得有多少真心。然而，这却是发展人脉关系的出发点，然后再从这些酒肉朋友中挑选可重点发展的对象，慷慨对待别人，同时也得让别人感受到你的真诚与大气。这样，你的感情投资就算是成功了一半。

第四节　不求索取的真诚表达

只有以不求索取为出发点，你的表达才会是真诚的，这一条规律在任何方面都是适用的，不论是亲情、友情、爱情还是商业交易。

有一个聪明人和一个老实人，同时被无常招去。他们俩到了阎王殿，阎王向他们道："你们俩现在可以转到下一世了，但在转世之前每人必须选择一种做人的方式，谁先选呀？"

聪明人一听，急忙向前一步说："啊啊，亲爱的阎王爷我选吧。"他想我先选，我的机会就多一些，我肯定能选个好的。

阎王道："现在有两种人供你们选，一种是只求索取不需奉献的人，另一种是只愿奉献而不求索取的人。你选哪种呀？"

聪明人不加思索地答道:“我选第一种,只求索取不需奉献。”

阎王看了看聪明人又问:“你不反悔?”

聪明人想:只索取不奉献多舒服呀,傻瓜才反悔呢。就坚决地回答到:“我绝不反悔。”

阎王又转向老实人:“现在你是没得选了,只能做后一种只愿奉献而不求索取的人了。你愿意吗?”

老实人这时才开口道:“我愿意,不管您怎么安排,我都愿意,而且世上总归得有人去奉献呀。”

于是阎王就命他们俩去转世投胎了。后来,聪明人做了乞丐,一生都在索取。老实人做了富翁,一生都在奉献而无怨无悔。

这个问题的关键是人们没有把“要”和“索取”区分开。“要”的主要含义是“希望得到”的意思,它表达了一种主观的意愿,比如说,我要努力赢得你的爱,我要娶你等;而“索取”的重点在“索”,它表达了带有“用客观的行动去强求得到”的意思。

我们强调,盼望得到,但绝不索取。就像你爱上一个姑娘,你真诚地为了“让她幸福”而毫无保留地付出后,你的真情终于打动了她,她最后爱上了你,也接受了你,并且答应嫁给你,这个时候,除非你不想娶她了,否则,只有“脑子生锈了”的人,才会“崇高”到不要这个“美好的回报”!

不索取回报的意思,就是不能因为你付出了,便要求对方给你相应的回报。你能做的只是在真诚的付出中去“等待”这一刻的“自然”到来,你不能够动不动就去“索取”。这就好比是你“追求”了人家一段时间后,便去问对方“我对你这么好都这么长时间了,你怎么还不答应我啊?”或者“我十年如一日地这般对你,你怎么就没有一点表示呢?”“你到底要我怎样才肯答应我?”“我要等到什么时候你才会答应我啊?”,等等。

如果你不断地索取那最终的形式,我就会怀疑你对爱的真诚,你到底是为自己幸福着想还是为了对方幸福?

歌手周蕙在她的代表作之一《约定》中所唱出这样的境界:我会好好地爱你,傻傻爱你,不去计较公平不公平。

真正爱一个人的时候,是不会觉得“累”或者“不值”的,因为他(她)享受着爱的过程，感受着每一次的付出带给对方的幸福和快乐。就是你快乐所以我快乐！

你要明白，表明立场为了愿景而去实现目标的愿望，和索取目标的达成是完全不同的。

就像在爱情的追求过程中，向对方“示爱”是很正常的事情。你告诉对方“我喜欢你、我很爱你、希望你能嫁给我、我会给你一辈子的幸福”，甚至“嫁给我做我的老婆吧”的求婚等，都没有什么不妥。

它们和索取的区别主要是，前者只是表达某种美好而崇高的愿望，是一种期望或盼望；而索取就是等于在强求，是通过一定的行为要求对方给予。

人们愿望的表达通常在祥和、融洽的气氛中进行；而索取，常常夹杂着抱怨、质问等，并有可能出现尴尬甚至争吵等局面的发生。

表达愿望的人姿态一般都比较低，很尊重对方，比如“我真很爱你，我一定会让你幸福，嫁给我好吗?”与表达愿望相比，索取时往往是属于居高临下，比如“我那么爱你，相处了这么久，为你付出了那么多，你为什么还不答应和我结婚?我到底怎么做你才肯答应我?”很显然，索取会让对方在心理上产生不舒服的感觉。即使情况确实就像你说的那样，也理应答应这件事，但如此索取的方式，总会让对方感觉是在“被逼无奈”之下的“迫不得已”，其实质是让对方感觉不到被尊重，即使答应了，也不会有什么“成就感”。

这样一种“出力不讨好”的感受，相信没有人会愿意接受。所以，要想赢得，就首先要尊重对方，去真诚地表达出愿望，然后虔诚地等待对方“给予”你。

如果你一直“得理不饶人”，觉得“顺理成章”的事情就该是你的，“一意孤行”地去索取，反而会弄巧成拙激起对方的“斗志”去维护自己的“尊严”，其结果往往不会是你期望的那样。被接受从被尊重开始，被尊重从去尊重而来。

第五节　感动力是一种人品的境界

感动有很多种方式，其中就包括用人品去感动别人。这也是人品的境界。路遥知马力，日久见人心的事情果然不假。

判断是不是真的真诚，看你的付出是不是纯粹就知道。

很多人嘴上一套，行动一套。平日里称兄道弟的，可到了关键时候，所有情谊、人品便暴露无遗。

人们常说，日久见人心、危难之时见真情。当在一件事情面前，和自己利益相关的时候，一个人的行为最能反映他人品修为的高低。

古希腊有一个年轻人叫皮西厄斯，因为一时大意触怒了皇帝奥尼休斯被推进监狱即将处死。皮西厄斯临终最后的请求是希望可以回家乡一趟向他热爱的人们告别。暴君嘲笑他说我怎么能够相信你会遵守诺言呢?你只是想骗我逃跑吧?!这时候，一个名叫达芒的年轻人站出来表示皮西厄斯是一个守信之人，自己愿意代替他关进监狱，如果皮西厄斯没有回来，自己情愿替朋友一死。时光过得飞快，行刑的一天到来了，达芒作好了死的准备，他对朋友的信赖依然坚定不移。就在狱吏带他去刑场时皮西厄斯出现在门口，原来是因为暴风雨来临，船只被耽搁了。

试想，我们在现实生活中碰到这样“死都愿意”的真挚友情难道不会动心吗?

故事的结局是国王也被深深地感动了，于是他们俩都被释放了。

还有什么故事能比这更能震撼人心的付出吗?

非亲非故，却愿意为朋友“两肋插刀”拼死担保、肝胆相照的情谊谁能不感动?!

当我们在为每一个人做每一件事的时候，是不是怀着最崇高的愿景去以诚相待的呢?

真诚是一种良好的素质和品德，一个人或一个单位的文化中最本质的自然体现也应该是真诚；它显露的不是“一时”而是“一世”。假如我们发现，相关个体在不同的时间对不同的人或事时，其基本的行为准则有所不同而区别对待，那我说，一定是不真诚的。

人们在感知对方是不是真诚方面似乎有着与生俱来的超凡能力。就像一个表演艺术家一样，它是在“演”戏还是真正“进入了角色”观众都会一目了然。

佛家讲究对待一切不能有“区别心”，意思就是让我们真诚对待每一个人和每一件事。“真诚”如果是装出来的话只会招致人们的反感和厌恶，只有发自内心真正的真诚才能感动一切！

我们常说的“以小见大”，就是体现了“细微之处见真情”的道理。

2007年9月，挪威西部的一个城市桑纳讷市，在全国大选的前一天。这一天皮尔先生把一张已填好的选票委托邮局寄到80公里外的一个小镇去，他特意嘱咐邮差工作人员“一定要将选票在选举结束之前送到”。

这张选票被正常寄出后的第二天，也就是选举当天的上午，桑纳讷邮局接到了皮尔先生的那张选票被错误地寄到另一个小镇邮局的电话。而从错寄地邮局再邮寄那张选票的话，时间上来说根本不可能按时送达。

这个邮局中不论是员工还是局长，一致认为这件事十分严重。

尽管挪威的法律没有规定说邮局在邮寄工作中不允许出现失误，但是选票不能如期寄到，就表示皮尔先生就将失去他的选举权。

那么这件事要怎么处理呢，这将体现邮局是不是在真诚地为顾客服务。

情况如此危急，究竟该用什么办法来补救？

最后桑纳讷市邮局作出了最终的决定：不管花多大的代价，也要把顾客的邮件准时送到！

紧接着，邮局立即求助快递公司，并由其租用了一架民用航空公司的直升机，在距离投票截止时间还有25分钟的时候，皮尔先生的选票被按时投进了票箱里。

得知选票顺利到达的消息后，邮局的所有工作人员才松了一口气。

为了这张小小的选票，他们支付了相当高昂的费用，而这张选票，也成了邮递史上邮寄成本最高的邮件。

随后，桑纳讷市邮局的做法引起世界上的不少争议：包专机运送一张选票，是否值得呢？

从本质上来说这件事说明了什么？

我们可以看到，即使他们不用花如此大的代价，去纠正自己“偶尔”的一个“小失误”，连法律也不会拿他们怎么样。

那么，是因为他们有什么顾忌吗？是形象？是品牌吗？只是一张没按时寄到的选票，只是一位普通的顾客，能有多大影响力去毁灭一个企业？

我们的生活中会遇到这样让人气愤的事。当你的邮件寄出了好久，按照正常的日期就到了，可对方还是没有收到，你便去邮局咨询并进行查询，工作人员不耐烦地敷衍着你，于是你更加生气，大叫着要“找你们领导”、要去“告你们”、马上去媒体“投诉”时，人家也没见得紧张，邮局的领导也没有“屁颠颠”跑出来求你手下留情，甚至媒体接到你的投诉后也没有给你“主持公道”，更没有记者或编辑语重心长地劝你“再等等”；或者是要你“再和他们沟通一下，让他们给你催催”。

你，只是一个普通的不能再普通的公民，还能怎样去实施你有限的“影响力”呢？去他们门口“大闹”吗？问题是，有多少人会关心“你这点儿小事”？同情心大家肯定是有的，顶多有人稍作停留，听明白是怎么回事后，摇着头赶紧去办自己的“正事”了。

你知道那“摇了摇头”代表了怎样的意义吗？

因此，留给桑纳讷市邮局做法的解释就只能说明，他们是真的发自内心真诚地为每一位顾客服务，他们不允许自己犯哪怕看起来是多么“微小”的错误。因为他们知道，这种失误率在邮局一年的工作量中，可能只是占到万分之一或几十万分之一，但它对于这个顾客所造成的损失却是百分之百！

最终，桑纳讷市邮局对顾客服务始终如一的真诚感动了所有的人！

第六节　失去也是一种升华

有成功就会有失败，失败的时候也不要气馁，不是说失败是成功之母吗？在失败中学会提炼有用的东西，这样看来，失败也是另一种的得到，至少你在失败中得到了教训。

有一年的春天去郊外踏青，远远看见一对年轻人，他们正试图将挂在树上的一只漂亮风筝弄下来。那男孩尽管很努力但还是没能爬上树去，李潇走近仔细观察后提醒他，即使你到了树上也不见得可以把风筝取下来，因为看起来细小的树枝被线缠绕得很结实，晃动解决不了问题。

很明显，就目前的状况大家很难让它"全身而落"。没想到的是，后来那小伙子竟然抓起地上的石块不断地向它砸去，而且气急败坏地喊道："我得不到，别人也休想拥有它！"

李潇被惊得目瞪口呆的同时，那美丽的风筝已经千疮百孔。

我们再来看另外一个情境：在行驶的火车上，一个老人把刚买的新鞋不小心从窗口掉了一只出去，周围的人都觉得很可惜，没想到老人立即把另一只鞋也从窗口扔了下去。这令在场的人都大吃一惊。老人却轻松地解释说："这一只鞋无论多么昂贵，对我而言已经没有用了，如果别人可以捡到一双鞋子，说不定他还能穿呢！"

两个故事，两种做法，成就了两个截然不同的结局。

这两个故事中，谁会被人鄙视、谁又会被人尊重应该一目了然了吧。

想起曾经看到过这样一则报道：某男孩因女友提出分手，气急之下便用硫酸将女友毁容，这样内心的狭隘理念竟然和那砸风筝男孩如出一辙。

演讲的老师都会在演讲的时候提到了对无法赢得爱情时的反思，那么大家不妨现在去思考：假若你"要让对方幸福"的话，此时你会怎么想？怎么做呢？

在如此崇高的愿景之下，你应该会明白，她不爱你，只能说明你还没有感动对方。这说明不了你不优秀或者对她不好，也有可能是你的价值观念、为人准则甚至是某一行为习惯和她没有产生共鸣，或者和她原有的潜意识中的“白马王子”的形象有些差距，简单来说就是有些对不上号或还不是很满意，而通过你们交往的过程中，你的感动力也未能改变她对此的“标准”。

不要说像上述例子中那极端的做法，就是你想到这么久对她的付出却“换来”如此的“下场”而指责、质问她几句，或者抱怨几句，我们都可以肯定地告诉你，她此时一定在想：“瞧瞧，他果然就是这样一个人，他根本不是真的爱我，也不希望我得到幸福，而只是想得到我的‘人’，幸亏还没答应嫁给他，否则后果不堪设想，现在看来这决定非常正确。”

接着我们去想象另一番情境：如果你希望她幸福、快乐，那你就一定能想到“强扭的瓜不甜”，这种情况下，即使她出于同情、报答或其他非她本意的心理而嫁给了你，她也一定不会快乐。

于是，你尽管心里特别的痛苦，但还是要告诉她，你依然爱她，也不会怪她，她之所以作出今天的选择是自己做得不够好，你也很遗憾不能让她感到幸福快乐，最后你祝愿她能找到一个称心如意的人并真诚地祝福她永远幸福、快乐！

“在你没有找到‘白马王子’之前，我依然会追求你，”你含情脉脉地对她说，“我会等你！”

当现场听讲的女孩子听到这样的话时都对此无不动容，台下立刻一片骚动，议论四起。

这时候，演讲的老师会停下来一会儿，让她们尽情地去和身边的同伴感叹。

确实也曾有女孩在散场后和演讲的老师说：“您说的这么好的男人实在太少，我要是现在提出分手，我男朋友非‘吃了’我不可。”其他女孩子也随声附和着，有一个女孩插嘴喊道“要真碰到这么大气的男孩，我可能反而回心转意去爱他了。”

著名歌手刘若英有首歌唱道：“很爱很爱你，所以愿意舍得让你，向更多幸福的地方飞去……”

这就是感商的境界。

爱情尚能如此，何况一物。

第4章　真诚是感动力的法宝

你是被怎样感动的？你怎样感动了别人？

你在做一件事的时候是真诚的吗？

你是在真诚地为你的客户着想吗？

如果，你的回答是肯定的，

那你的顾客被你感动了吗？

如果顾客没感动，只能说明，你不真诚或者是不够真诚。

只有处于真诚的心，顾客才会认可你的产品或者服务，就像唐僧取经，凭借的就是取经的诚心，于是才会不远万里地艰苦跋涉，最终取得真经，得到如来的认可。

请记住，要是想打动顾客，那么还是先奉献出你的真心来吧！

第一节　你真诚吗

真诚即真实诚恳、真心实意。俗话说，以诚学习则无事不克，以诚立业则无业不兴。真诚可以让人广结善缘，使人生立于不败之地，能够缔造幸福美满的人生。

不管你想做什么，想赢得什么，当你准备为此努力的时候，你必须首先让自己回答这个问题：我真诚吗？

小刘曾经在商业流通企业工作过多年，非常明白销售业绩对店家来说意义着什么。在这个行业很流行的一种“理论”是，每天早上你的商店一开门，就等于先把大盆的金钱像水一样泼到大街上去（泼出去的水是收不回来的），然后全体同人齐心协力、全力以赴地去销售，想尽一切办法把那空盆用销售额填满，并且尽量保证一天的销售额要比泼出去的金钱要多。

知道经营是有成本的，店家每天店门一开，不管今天有没有顾客、有没有销售，房租、人员工资、水电等费用是必须支付的。于是，我们企业的管理部门眼中便只有“销售、销售、再销售”，这种压力传输到每一个营业员心中的也只有“推销、推销、再推销”，所有的人都明白，没有销售，大家就无法生活！

虽然说经营者获得利益是天经地义、无可厚非的，但我们今天谈论的不是这个问题，在这里我们要强调的是，在销售领域有多少人真正明白利益到底靠什么来赢得的？

如果觉得小企业、小店家不值得一提，那我们就一起回顾那些国际国内超级大公司的沉浮：你知道世界500强著名的“安然”公司是如何倒闭的吗？最近中国著名乳品龙头企业三鹿公司“三聚氰胺”事件说明了什么？当年连续几年拿下央视黄金时段广告“标王”而红极一时的“秦池”酒业，受到广告的宣传而大卖特卖，被他们收购的当地周边一些酒厂以及代理商，夜以继日地勾兑酒精也难以给市场充足的供应的时候，你知道已经购买、准备购买或还没打算购买的消费者此时的心情以及其后对此公司的态度吗？

这些企业把消费者当成了什么？是提款的机器，还是被用来肆意骗取利益的“傻瓜”？

企业一直在高喊着“服务”于顾客的口号，要努力提高“服务”质量，可在做的过程中真的用“心”了吗？

在推销的过程中我们考虑过顾客接受我们“服务”时的感受了吗？体察过顾客消费我们产品时的感觉了吗？在乎过顾客使用我们产品之后的效果了吗？

我们真的是在以“为顾客服务”为宗旨吗？我们真诚吗？

人们常说现代企业的平均寿命只有几年的时间，可我们为什么不去想想那些“百年老店”屹立不倒的奥秘呢？

有一位外国顾客在意大利某名牌鞋店买鞋时，不巧店里的鞋子尺码卖得已经不全，适合这位先生的鞋码正好卖完了，这位顾客因为非常喜欢这款鞋就让店员拿一双再小一号的出来给他试穿，结果是有一点紧。他觉得来一趟这里也不容易，就笑着自己安慰自己说“反正鞋穿穿会松的”，于是决定要买这双鞋。

奇怪的是，售货员却拒绝卖给他，理由就是鞋子的尺码明显不合适这位先生的脚，并且在试穿时发现顾客的表情有些不对劲。

“我不允许自己把顾客买了后却享受不到快乐并且有可能会后悔的鞋子卖出去。”他如此解释。

看到上面这个故事你还认为商人都唯利是图吗？

店员并没有向这位先生“推销”，也没有用一些“折扣”等利益来诱惑，是这位先生自己认为“还行”坚持要买，而且，他还是个“外国人”，这一切意味着什么呢？

也许很多店家会这么想，我们又没有强迫这位先生要买，是他自愿想购买，理论上也说“消费者要对自己的购买行为负责”；甚至还有的人会说“你穿着嫌小可以送人啊”。商家们最会说的一句话也是底气十足的一句话就是“我的商品质量又没有任何问题”，意思就是，无论如何“我都没错”啊，你回国之后的事和我已经没有了任何的关系，再说了，“外国人”离我们这么遥远，中间隔着“国界”，你事后不满意又能怎样？

通过对比我们就会一目了然，什么才是消费者真正认可的“名店”，之所以被称为“百年老店”的根本是什么。

因为他们不是仅在嘴上认为、而是从心底也把顾客当“上帝”来看待；他们一心一意要让顾客满意；他们明白，赚一笔钱是很有限的，而赢得一个人的认可、好感和信赖可能使他眷顾你一辈子，并且这种良好声誉的效应还会以好多好多倍的速度被传播扩散。

只有那些并不专注于紧盯顾客的钱包，同时真诚地专注于为顾客服务的企业，从根本上感动了顾客，赢得了顾客。

太多的老板把销售业绩作为考核员工的最重要也是唯一的指标，并且聘请培训专家，不断训练员工的技巧去引导、说服顾客“产生购买意向”，最后达到掏钱成交的时候，我们是不是应该有些反思？

这样的商店是很可怕的。从你进入店面的那一刻起，就开始感受到店员对你的推销、推销、不断地游说，即使你试穿的衣服多么的不合适，店员也一个劲地会说“真是太合身了”等的夸奖词语，假如这一招对你不奏效，那么就再用“打折”等手段继续“死缠烂打”，直到你买下这件衣服或者是受不了落荒而逃。

这些眼睛只盯着顾客的钱包、只想着如何赚钱的商店，即便在商品上没有做什么手脚，可因为他们在最根本的“服务于自己还是顾客”的实质上对消费者不够真心诚意，顾客一旦发现就会害怕被“宰”，正所谓吃一堑而长一智，下一次顾客再来光顾你的店面你觉得可能吗？

故事中的“意大利某名牌鞋店”，如果你是那位被拒绝的外国顾客会怎么想？当你深切地感受到他们是真心实意地为你着想，一心一意要让顾客满意，你又会怎么想有什么反应？下次当你有同类物品需要购买时，你一定会首选这家店不是吗？并且你还会介绍给周围的亲戚朋友，拉着你的朋友一起来体会、感受。

商家是不是优秀，不是那些评比专家说了算的，你对顾客是否真诚，顾客心里一清二楚。

如果你能真心实意地为顾客着想，顾客当然也会心甘情愿地掏钱给你。

不只是在《圣经》和《道德经》里面，古往今来的许多伟大经典著作都告诉我们，我们初来到这个世上，人人本都非常干净、纯洁，就像一张白纸，后天在上面画什么将来就成了什么。

《三字经》中的“人之初，性本善”，使我们相信一个从小到大一直耳濡目染着真诚、善良、美好的人，是不会莫名其妙地突然去作恶的。

因此，良好的环境对我们保持纯真是何等的可贵。有的人在听了“感商”理论之后感叹，如果人人都具备感商的素质，那不就像歌里唱到的那样，“世界将变成美好的人间了吗？”

可是，现实生活往往不尽如人意，之所以会事与愿违，就是因为还有许多许多的人不具备这样的意识和素质。

据《长江商报》介绍，2008 年 5 月的一天上午，一位女乘客带着 6 岁的女儿上了武汉市42路公交车。孩子身高超过1.2米，当班司机沈利发现了这个问题，要求女乘客为其补票时，被女乘客一口拒绝，并称："她才6岁半根本没有超过这么高，我每次带她坐车，从没补过票。"

沈利告诉女乘客，车门边就有儿童标尺，可以带着小孩到门口测量一下就知道了。此时，小女孩劝说自己的母亲："阿姨说得对，我们就买张票吧。"令人不解的是，那位女乘客突然很生气，一巴掌打在了小女孩脸上，小女孩号啕大哭。沈利见状，只好作罢。

据42路调度室工作人员介绍，第二天一大早，这个小姑娘独自一人来到调度室，在此等候当时的司机2小时，并掏出1元钱投入票箱。她说："阿姨，这是我昨天的车票，我用零花钱补给您。"

感动的同时我们真的很欣慰母亲那一巴掌没有打掉孩子的真诚——那孩子感到骄傲。

为什么大家会鄙视那"聪明"的母亲，而感动于孩子的"天真"？不知道大家作何感想？

我们说的真诚，既不是挂在嘴上说的，也不是在心里想的；真诚，就是一个人内在本质最崇高的具体表现。

"我真诚吗？"——每个人都有必要时时问一问自己！

第二节　崇高的愿景就是真诚

当你的目标不在眼前或者你的目标不再单纯地为了自己的时候，你就离真诚不远了。怀有一个崇高的愿景就是真诚，不知道我们可否做到呢？

不久前安妮与一位当"官"的朋友谈起"害人之心不可有，防人之心不可无"的古训时，他表白道：我是善良的，也没有过"贪污"等为己私利的念头，一直踏实本分地做好自己分内的事情。你也知道"官场险恶"，身在官场我也得生存，要想保持现有地位，就必须学会"察言观色",什么时候该做什么、不该做什么,什么话该说、什么话又不能说都是必须时刻注意的问题。

最后他突然问安妮说:"我这样做也不是害人,我只是自保,在这个官场多留个心眼没有什么坏处,同事都说我工作认真努力,做人也不错啊,你觉得我这样是真诚吗?"

出于真诚,安妮便直接告诉他说:"你不真诚!"

真诚是什么?

最简单的解释就是真实、诚恳、真心诚意地为了一个崇高的愿景。

知道了这个定义我们不妨来套用上面的意思,你的愿景崇高吗?你去"做官"难道只是为了那个地位?权力,荣耀,还是待遇?

正是由于太多太多的人没有搞清"为官"的本质,只以为那是个"受人尊敬"、待遇不错的差事才打破头去挤那条路。

既然这个好位置得来不易,那么更应该好好保住它。我们不想怀疑也不去怀疑这些人对工作的认真和踏实的程度,但问题的关键是,他们仅仅是为了岗位而工作,他们忘了自己为什么叫做"公务"员。

假如你没有"一心为民"、"为人民服务"的崇高愿景,大伙儿绝对可以想见,当你深刻了解了百姓的疾苦,准备提出一个"救民于水火"的方案时,这时候你的顶头上司却先给这个事情定了和你提案相反的"道理",结局就是你会"欲言又止"。

你也许会说,我只是一个小官,领导说了才算数,现在不也提倡"执行力"吗?我得服从领导的大局安排啊。

这理由表面看似乎顺理成章,实际上是,你作为了解第一手资料的人,在明显感觉到领导的决策有问题时,你完全可以向他重申你所掌握的真实事实让他作为依据再作参考,也可以向他建议你认为的最有利于百姓的方案,这些你为什么不去说呢?你可能都没有胆量去暗示、提醒你的上司,因为百姓与你的前途相比还是你的"前途"重要而绝非百姓的安危。这就是你的愿景不够崇高的表现!

晋平公在做国君的时候,有一个叫南阳的地方缺一个官。晋平公便问祁黄羊:"你看谁可以当这个县官?" 祁黄羊说:"解狐这个人不错, 他当这个县官是再合适不过了的。”平公很吃惊，他问祁黄羊：“解狐不是你的仇人吗？你为什么要推荐他呢？”祁黄羊笑着答道：“您问的是谁能当这个官，没问我谁是我的仇人呀。”平公觉得祁黄羊说得很对，就派解狐去南阳做县官。解狐上任后，为当地百姓办了不少好事，受到南阳百姓普遍好评。过了一段时间，平公又问祁黄羊：“现在朝廷里缺一个法官，你看谁合适担当这个官职？”祁黄羊说：“祁午能当好这个官。”平公又觉得诧异：“祁午不是你的儿子吗？”祁黄羊说：“祁午确实是我的儿子，您问的是谁能做好这个法官，而没有问是不是我的儿子。”平公很满意祁黄羊的回答，于是又派祁午当了法官，后来祁午果然成了能公正执法的好法官。

古语有云“伴君如伴虎”，祁黄羊为什么却不怕得罪国君，不怕被人误解而又敢于说真话呢？

他之所以能理直气壮做到“举贤不避仇”、“举官不讳亲”，就是因为他赤胆忠心、大公无私，没有任何私心杂念，一心为国。

只有在这种崇高的愿景之下，才会有如此坦荡的心胸！

“做贼心虚”的道理大家都应该知道，心若不诚，有自私的企图心，不光自己难以“心安理得”、“面不改色”，而且，“群众的眼睛是雪亮的！”迟早会发现你的企图。

老百姓需要的，领导所认可的，绝不是那些一心只为安稳“做官”而愿景不够崇高的人！这些人一心想做官、把这个位置坐稳，可就是忘了你首先得做好官。

很多老百姓对这样的人都表示非常的鄙视和强烈的愤怒。因为这些人一旦碰到决策时的反对意见、冲突和矛盾，就会选择回避、退缩，因而不会为他们“做主”。

这种人对任何事物取舍的原则是：对自己的仕途是否有利。

同样，很多官员也不会喜欢这种人做下属，更不会提拔他们高升。

老百姓欢迎和拥戴的，是那些敢于为民请命，一心为他们争取利益的“像自己父母一样”的官；当权者“喜欢”的，也绝不会是几句奉承话，他们所需要的，同样是那些能帮自己干出老百姓欢呼认可的真正“政绩”的人。

于是我们就不难理解愿景的含义，一个人期望在目标达成时，通过它真正想要体现或实现的目的就是愿景。

简单说来就是，为了满足最初的欲望或愿望而设定了具体的目标，而完成这一目标是为了最终的愿景实现。

第三节 真诚在现实中的考验

我可以说自己很真诚，你也可以说你自己很真诚，那么真的是这样的吗？在未经历世事之前，谁也无法下这个结论，那么，就把是否真诚交给社会来考验吧。

现实中，关于真诚的一系列的问题无时无刻不在考验着每一个企业、单位、部门和个人。

如果你爱上了一个人，想去追求他（她）的时候，你真诚吗？你的愿景崇高吗？你是只为找一个陪伴你度过下半生的人呢，还是真的是因为爱所以一心只想让对方幸福快乐呢？

作为企业的老板，当你设计一系列福利、奖励制度，希望改善劳资关系，让员工认可并激发其努力工作时，你是真诚的吗？真的没有其他自私的企图心，以期用此来笼络、刺激员工并让他们为你拼命干活，还是你只是想让员工幸福地生活并快乐地工作呢？

作为员工的你，每天起早贪黑、超负荷工作时，你是真诚的吗？你的愿景崇高吗？你是出于真心想让企业先发展，并诚心诚意地为此目标奉献，还是有别的企图？

作为国家机关的领导干部，当你利用人民赋予你的权力，利用纳税人的资金，决定上马一些需要投入的“惠民”政策和项目时，你是真诚的吗？你的愿景是崇高的吗？你的目的中真的没有自私的成分吗？

还有父母对子女，我们对朋友，我们对祖国，我们对……

世界这么大，每个人所处的环境不同，面对的事情也有太多的差异，那么，在付诸行动之前就各自扪心自问吧：我，是真诚的吗？

那么我们如何去认知真诚呢？在对人待物上，真诚又是怎么体现的？真诚会有什么样的结果？我们又应该怎样去感知、理解和品鉴真诚，并以此来提高自己呢？

人们对一个人是不是认可，并不只是从这个人行为的最终结果而得来，有些人在工作中兢兢业业刻苦努力，即便最后的结果不尽如人意，只要大家感觉得到你的真诚，能够看到你为了大家的利益而付出的努力，你同样可以得到认可；而生活中很多人曾经劳苦功高，在掌握一定权力之后，似乎也做过一些重要的“大事”，但如果老百姓感觉到他们“为己多过为公”，或是在表面看来“为人民”的背后完全是在“自私自利、唯利是图”，其最终会遭到人民的唾弃甚至法律的审判。

愿景是不是崇高，是不是真诚，是被大众认可的基础，被认可才有可能被接受、被尊重。这一点是一个人自我价值得以最终实现的基石和起点。也许那些依靠投机取巧、耍手腕、小聪明等不真诚手段，可能会“成功”一时，但这种成功绝对不会长久。

以下介绍的6个问题就如同一面面明镜，我们都有必要时时对照、事事反思。

1.为己还是为别人？

例如一个政客，首先要明确的就是“我和老百姓的利益谁放第一位”，这个决定会确定你职业努力的方向；而不同的答案，显示你职业目的是不是崇高，决定你最终作为的两个极端。

心里装着百姓一心为百姓，自然崇高伟大，即使没有“丰功伟绩”，老百姓也一样会认可你为官为民的真诚。

现实中我们处处能看到很多官员变味了的“真诚”，他们心里想着的是如何能尽快“升官”然后“发财”。例如地处西部欠发达地区的陕西省咸阳市，虽然大部分地区已经摆脱了贫困，但是在一些偏远的村镇仍然没有完全摆脱贫困，有的村民连吃水难、行路难问题还没有解决。然而，这里的有些领导出于政绩冲动，在一些乡村热衷于建广场、立雕塑、修花坛、栽大树，花费巨资“打造”了新农村“示范村”，甚至有的乡村为了应付高层领导参观建仿古门、毁良田、挖果园建新村。更有甚者，一些乡村出现扶贫资金“扶富不扶贫”的现象。

试问这样的“官”老百姓能认可吗？试问这些“官”他们为百姓谋福利是真诚的吗？

2.你的心里有别人吗?

这个问题测试的结果很有意思,如果有怀疑的话,你可以自己去尝试着问你熟悉的某个人同样的问题:“你的心里有别人吗?”或者“你时常会在不自觉中关照到别人吗?”

之所以说这个问题很有意思,是因为大家对这个问题的回答几乎都是“我当然会啊”、“我不会这么自私吧”、“我怎么可能不……”

纽约的一家电话公司曾经做过这样一项调查,人们在打电话中最常用到的是什么字,答案就是人称代名词中的“我”,对在500次电话谈话中的调查显示,曾用了3990个“我”字。人们不厌其烦地重复着“我”,“我”,“我”……

所有的人际关系大师们都一而再、再而三地告诫我们,要想被别人认可,就要做一个真诚的“倾听着”,并且不断地通过“你最近……”“你上次……”“你好像……”等来引导对方充分地表达自己。

重点是要以别人为中心而不是自己!

当我们抱怨别人不理解自己、不接受自己的时候,我们有没有对自己反省一下,曾几何时,我们真诚地把别人放在心里了吗?

3.冷漠、胆怯的背后是什么?

每天通过媒体的报道,我们感受着来自现实生活中的各种感动和愤怒。

例如在不久之前重庆晨报曾报道了当地一名11岁的四年级小学生,在公交车上面对小偷的扒窃行为,进行大声呵斥、制止小偷行窃,遭到小偷卡脖子、扇耳光报复,当时在车上的30多人竟然无一人敢出声或相助,其实事发时售票员就在其身边不远。

毫无疑问在这种公共突发事件面前,每一个人都“毫无保留”地把自己做人的最本质的素质展示在了世人面前。

我们暂不去说那正直勇敢的小朋友,也把那十分可恶的小偷扔到一边,就是想问问除此以外的其他人……

那些所谓“当时没在意”的乘客们,是不是觉得“多一事不如少一事”呢?

而且,“又不是我分内的事,”于是就“事不关已,高高挂起”?那么,司机和售票员干什么去了？以及那个因此而免遭被窃损失的乘客呢？

这事儿，难道真的都跟你们一点儿关系都没有吗？

我们再进一步深化这个问题：“假如那勇敢的小学生是你的孩子呢？”

4.自己把自己放在什么位置？

在你自己的意识里，一旦确定了自己的位置，也就表示决定了别人在你心目之中的地位，这种理念一旦形成，无形中言谈举止便会暴露你对人对事是不是真的真诚。

道理其实很简单也很容易做到，难道不是吗？可为什么这么“卖乖”的举手之劳，这么大的公司就没了这样的“觉悟”呢？这背后的实质又说明了什么呢？

难道那些“服务承诺”只是用来当口号喊的吗？

这样的事情还真是不少见，很多企业都在标榜着这样一句话：我们的宗旨是——真诚地为每一位顾客着想、服务！

呵呵，真的吗？

别说其他人了，自己的员工相信这些吗？

5.真把工作单位当成了自己的“家”？

那些“以企业为家”的口号，提倡的是管理者经营企业就像照顾自己的家一样尽心尽力、尽职尽责，那一定真诚。

可如果也有人把它理解成，企业里面的东西就是自己家里的东西，可以随意挥霍享用，那么结果就该把你送到那个“不愁吃、不愁穿”的地方去“反省、改造”了。

6.一切都是为对方好吗？

生活中细心的人或许通过很多实例可以得出这样的结论，都是因为他们有一个看似绝对善意的前提，那就是：一切都是为了你好！

扬翔集团是一家强调竞争的企业，在某一年组织新来的大学生聚会时，公司领导让这些刚走出校门的员工拼酒，一名男大学生一口气连喝了10杯2两装的白酒，当场倒地，其他有10多名应届毕业生也陆续在酒后出现呕吐、昏迷等症状。公司立刻将15名醉酒者送往医院抢救，可是不幸的事情还是发生了，其中一名大学生当场死亡。

有这样一个报道：某妈妈为了小女儿在将来能成为有用之才，主张并逼迫其“选修”各种乐器,“深造”各门课外功课,“陪同”小女儿学习至深夜,并不时对孩子灌输“头悬梁、锥刺股”的古训来“激励”孩子。孩子最终不堪压力,在没有力量反抗的情况下,选择了一种永远都无法挽回的解脱。

在法庭上,这位妈妈伤心欲绝地一再表白:我是真心为孩子的将来好啊!

现在的家长,很多人都是不断“总结自己的过去”之后,想用孩子来弥补自己曾经的失误或不足。但是,家长们有没有想过,每个人是不同的,孩子和我们的智力、性格、兴趣、专长等都不一样,已经“时过境迁”了。

还有我们关于学校教育的问题,大多数人都非常赞同这样一种观点:

教育如果千人一面、大同小异,将是人类的末日。

好的教育是用100种方法教1个学生;

差的教育是用1种方法教100个学生。

我们不必怀疑这位母亲对孩子未来的担心和期待,可有没有一些家长在“一切都是为你好”的幌子下,肆意地对孩子们进行着另类的心灵“摧残”!

我们只想呼吁那些家长,如果你真的爱她,真真切切的、足够的真诚的话,那么请你记住,她还只是个幼小的孩子,并且俗话说“强扭的瓜不甜”!

作为家长的你,假若你足够的真诚,你就一定能“想方设法”让她“愉快地”成长。那样的话,你一定是个伟大的爸爸或妈妈!

那些企业主也是一样的道理。

第四节　发自内心的尊重是最大的真诚

哪怕是再卑微的人也希望得到别人的尊重，尊重他人的同时也就是在尊重自己。那么如此好的事情，多做一些又何妨呢？请注意，你对人的尊重要发自内心，真诚地尊重。

发自内心的尊重就是你想让别人怎么对待你，你就得先怎么对待别人。

塞斯顿是位成功的魔术家并在国际上拥有很高的声誉，40年来他走遍世界各地，他以惊人的魔术绝技，风靡了无数的观众，有将近6000的观众看过他的表演，从而他的收入也相当的丰厚。我们要明白，塞斯顿先生成功的秘诀，并不是他有高人一等的魔术知识和造诣，而是他对观众的真诚。

他说，有很多的魔术家，看着观众而对他自己说："这些傻瓜、乡巴佬，我要好好地骗他们一下。"可是塞斯顿完全不这样想，每次当他上台时，必先对自己这样说："我要感谢这些捧场的观众，是他们让我有了舒服的生活，我要尽力去做好这场表演。我爱我的观众！我非常爱他们！"

真诚是不需要去表白的，更不需要刻意去表现，因为那就是一种不真诚的表现；也永远别试图去怀疑别人看不出你的真诚，因为那也是一种不真诚。

其实，真诚只要发自内心，一切都会随之而变。我们都知道凡事"由内而外"、"由心而发"的道理。

将心比心，以心换心！

真心实意财富来，比如商人的趋利性是无可厚非的，否则为什么要经商呢。

俗话说得好：君子爱财，取之有道。

有多少商人一门心思只想着“赚”钱，为了“来钱”便不择手段，他们忽略了经商获利的本质在于让顾客满意。

俗话说“赚钱要靠回头客”，其实赢得客人的“回头”靠的就是你对他服务的真诚，这就是所谓的“道”。

从前有一个商人叫陈策，他的生意做得非常成功。有一次他买到一头不能加鞍使用的骡子，因为不忍心把它转卖给别人，便吩咐下属在野外的草房里养着，等着它自己慢慢死掉。后来有一位死了马的官人恰好路过这里，陈策的儿子就把骡子卖了出去。陈策知道后，追上那个官人，把骡子不能加鞍使用的事一五一十地告诉他。那个官人觉得陈策是舍不得卖这骡子才会说出那样的话，于是就把骡子关起来不让陈策看见。陈策劝说无奈请求用鞍子试一试，骡子的脊骨高得一整天都不能加上鞍子，官人这才道谢并退回了骡子。

还有一次，有一个人到陈策的店里买银器和罗绮（疏薄有花纹的丝织品），陈策拒绝卖给他罗绮。那个人很不解地说：“前些日子我还看见您的库房里有罗绮，现在为什么吝惜不卖呢？”陈策说：“是这样，在很早以前有个人拿罗绮抵押借钱后而死，因为罗绮放置的时间很久了，丝力碎脆不耐用，听说您想要用罗绮陪嫁女儿，我觉得不能够用这种东西使您忧虑啊！”

那些想赚钱却没赚到钱的人应该好好向陈策学习做人。

其实，那些一心只想赚钱，想方设法捞钱的人，永远都发不了财；那些一心只为客户，全力满足客户各种需求的人，不发财都难。

真诚，可以感动人性。

我们知道人与人之间的交流主要是依靠语言来完成，而赢得情感的共鸣却是靠你的真诚来实现。

其实我们虽有国家、民族之分，但人性都是相通的。

所以我们可以这样认为：真诚是这个世界上唯一一种没有语言障碍、最能被接受、最会被传染的崇高品德。

第五节　真诚，简单得让你无法伪装

群众的眼光都是雪亮的，你任何一个不真诚的举动都难逃群众的法眼，哪怕你拥有与生俱来的表演能力。即便如此，也会露馅、出丑。

卡耐基是20世纪伟大的人生导师，他认为，真诚同虚情假意有着截然不同的区别。真诚是无法伪装的，也是无法使人拒绝的。其实分辨真诚就像判定赞美和阿谀奉承一样简单，赞美是由心而发，阿谀奉承是出自唇齿；赞美也是不自私，阿谀奉承则包含自私。

另外表现真诚就如同表现微笑一般简单，如果你这样做了，你很快就能相信自己；而后，真诚的感觉将随着你的行动而跟随，完全表现你的真诚，那么你最终都会走向成功。

如果你的行为缺乏真诚，不管你有多好的“表演才能”，最终你都会“露馅”、“出丑”。

第二次世界大战中有位好大喜功的盟军将领叫道格拉斯·麦克阿瑟，有一次，道格拉斯·麦克阿瑟将军率部队浴血奋战，从日本人手中夺回了菲律宾群岛，这一胜仗让这位将军当时激动不已，决心要借助镁光灯一展威武雄姿。

在举办欢迎会的那天早晨，大家站在菲律宾雷特岛海滩上等待着记者和观众的到来，一直等到中午时分才盼来了麦克阿瑟的专机，可是飞机却没有直飞岸边，却在半空中顿了一下，最后落在了离岸近百米的海面上。

伴随着人们的惊恐声，舱门开启，这位将军的身躯露了出来。嘴上悠然地叼着那著名的玉米秆烟斗，肩上的将星熠熠生辉，麦克阿瑟将军在蔚蓝海面的映衬下显得越发自信和神秘。他似乎没有把足下海水放在眼里，徐徐走下舷梯。等他站定后，海水已没过他的腰际。这时候，他嘴角嚅动了几下，本来微笑的表情忽然僵硬起来，露在水面的上身开始雕塑般地移向海岸。他脚一踏岸，便双手举过头顶高呼："胜利的彼岸，我们到了！"人们如梦方醒，欢声雷动。

这就是麦克阿瑟的杰作：把飞机降在没膝深的海面，穿着高筒皮靴涉水登岸，此次证明在他的率领下，美军已从海上保卫战转为向日本本土的进攻战。

麦克阿瑟的这一表演确实令岸上的人备感意外。当大家激情消去，人们很快发现将军半身湿透的样子十分可笑，就像是一个打了败仗的逃兵。麦克阿瑟窘迫地站着，心理一直懊恼自己百密一疏，被大海戏弄了一把。原来，潮汐的变化已使预先测定的没膝深的海水涨到了腰部。

哗众取宠，就像你突发奇想蹦上钢丝去跳舞，因为心里没底，脚下便失去了平衡，这时的欢笑和掌声往往来自你狼狈地跌落。如果你不是杂技演员而只是个名人，即便只是和大家一起，在地上围个圈、手拉着手，学着别人的样子笨拙地扭动，人们一样会为你真诚的亲和力而感动。

大家都认为，在人的天性中有自私自利的成分，主要表现在为自己做事、对自己有利时就会格外用心、尽心。

抛开这些不说，我们知道有些人之所以伟大，就是因为他们对人、对事都会像对待自己一样真诚。

有个老木匠年岁大了准备退休，他对老板说要离开建筑行业，回家与妻子儿女享受天伦之乐。老板舍不得让他走，问他是否可以帮忙再建一座房子，老木匠最终答应了，但是答应得很勉强。同事们都看得出来，老木匠的心已不在工作上，他用的是软料，出的是粗活。不久之后房子建好了，老木匠临行前老板把大门的钥匙递给他，"这是你的房子，"他接着说，"就当是我送给你的礼物。"老木匠听后震惊得目瞪口呆，同时也羞愧得无地自容。

我们设想一下，如果当初他知道这是在给自己建房子，他会这样做吗？

只是，"如果当初"是过去时，永远都不可能出现，也永远回不到当初了。

那么，人们为什么还要去耿耿于怀于那不可能，而不去真诚地对待面前的每个人每件事呢？

第六节　尊重不分贵贱，真诚在最平凡处

如果你尊重别人的话，别人也会尊重你。人们交流相处都是相互的，所以不论是什么样的人、什么种族、什么地位、什么身份都要给予相同的尊重，记住，尊重面前无贵贱。

我们知道人脉就是被认可，被认可就得被人尊重，被尊重就要从去尊重开始，如果别人能感知到你真诚的尊重，那么也一定会尊重你。

大家对诺贝尔奖并不陌生，这个奖项的颁奖仪式可谓是盛况空前，它的举办地叫做"蓝厅"，在瑞典，这儿是最引人注目的建筑之一，同时它也是斯德哥尔摩的市政厅。

人们在进入"蓝厅"之前，必须经过旁边的一个厅。首先看到的是位于墙面高处的一个小伙子的雕塑头像，你也不知道他是谁，因为在四周找不到任何介绍性的文字。这时候大家就开始猜测着这是哪个"大人物"的时候，细心的你最后会发现，他就是一个地地道道的工人原型。原来在"蓝厅"建成之后，人们都觉得有必要为建筑者留个纪念，于是以其中一个干活最卖力的年轻人为模特，雕成塑像镶在墙上。再往后走，就可以看到一幅巨大的人物肖像油画，这幅油画中的人物也不是什么达官贵人，而是一个当年给"蓝厅"建筑工地送啤酒的搬运工。人们为了表达他在每天下班后及时送来啤酒、给人们带来了欢乐的感激之情，人们请了一位名画家为他画了这张肖像。

所以说，尊重是不分贵贱的。

从上面我们了解到，同时让我们震撼的是瑞典这个国家以及人民。

在如此的高贵殿堂上为“小人物”塑像画像，可见瑞典对普通百姓的尊重。进入“蓝厅”的人，不管是瑞典国王、王后和政要，还是各国精英，都要先瞻仰这两位当年普普通通的劳动者，缅怀他们的功绩。

我们可以这么认为，真诚是一种朴素的内在修为表现，那些把人分为三六九等来区别对待的人，一定不是高尚的人。

美国著名的总统老罗斯福受到人们的广泛欢迎，这和他不分贵贱地真诚对待每一个公民的品德是分不开的。

老罗斯福对白宫里所有的旧役用人，都能叫得出名字并且做到打招呼问好，难怪连他的仆人们也都那么地敬爱他。由此可见，他是真诚地喜欢那些底下人。

爱默士是总统的侍从并且是黑人，他和他妻子住在罗斯福总统牡蛎湾住宅内一所小房子里，有一次，他妻子问总统，你知道美洲鹑鸟是什么样子的吗？罗斯福总统微笑着不厌其烦地告诉了她。后来有一天，爱默士家里的电话响了，原来是总统打来的，总统在电话里告诉爱默士的妻子，此时此刻你的窗外正有一只鹑鸟，如果你向窗外看的话，就可以看到它是什么样子的了。

罗斯福是一位非常平易近人的亲民总统。后来爱默士在他的书中写道：无论什么时候，当总统经过我们屋子外面……有时看不到我们，仍可听到总统“你好……爱默士”、“你好……安妮”那亲切的招呼问好声。

朴素而真诚的人，是所有人都喜欢和尊敬的人。

第七节　真诚用心在每时每刻

三心二意的做法不叫真正地用心，面对顾客的时候，推销员要拿出一心一意的心来为顾客着想，同时再加上真诚。这样，顾客才不会“半路逃跑”。

乔吉拉德是美国汽车推销之王，人们都在关注他成功推销的一个个案例的时候，却很少有人知道他是如何一步步走到今天的成长过程。在最初入行的几年里，他为尽快成交而只顾拼命推销，由于缺乏对顾客购买行为最基本的真诚，也受到过非常严重的打击。

有一次，乔吉拉德向一位名人推荐成功，其实这位顾客已经对车很满意并已经掏出大把的现钞准备付款的时候，却突然变卦。

乔懊恼了一下午，始终不明白这是为什么，在百思不解之后决定求助于别人，于是他在晚上11点钟打了电话给那人。

对方很恼火不是因为乔的打扰，而是为今天的事情，他说：你根本没有用心听我说话！

那人接着说，就在签字之前，他兴致来了突然提到了引以为荣的儿子，当他兴高采烈地述说他的儿子如何优秀时，乔却毫无反应。

你看，乔失败的原因其实很简单，乔真的不记得对方曾说过这些事，因为对方在说话的时候他根本没有注意听。乔觉得已经谈妥了那笔生意，他不但无心听对方说什么，而且还在侧耳倾听办公室内同事在讲笑话。

从上面的例子中我们得出这样的结论：你不尊重别人，何来指望别人尊重你自己！

太多的时候，我们总是在看重技巧和技术，往往忽略了真正起作用的最本质的“心”。

很多人之所以会患得患失，主要是因为他们对待事情时的真诚度不够，这直接表现在他们对待此事时的出发点和对结果的着眼点是自私的。

你对所从之事的愿景是否崇高，可以反映你个人修为的境界高低。

罗伯特·德·温森多是阿根廷著名的高尔夫球手，他在一次赢得比赛并领到支票后，从记者的重围中冲出来并直接来到停车场取车准备回俱乐部。就在这个时候，不知道从哪里走来一位年轻的女子，她首先向温森多表示祝贺，然后又说她可怜的孩子病得很重……很有可能会死掉……而她却无法支付得起昂贵的医药费和住院费。

最后温森多被她的讲述打动了。他什么话也没说，掏出笔在刚赢得的支票上飞快地签了名，然后塞给了那个女子。

其实这个女子只是个骗子，然而，温森多并不知道这件事。一个星期后，当有人告诉他这个“坏消息”的时候，温森多只是长吁了一口气。

“这么说，就是根本没有一个小孩子病得快死了？这可是我一个星期来听到的最好的消息。”温森多说。

不崇高便只关心自己的收益，不真诚便用心于形式。

耶稣说，不要将善事行在人的面前，故意叫他们看见。如果是这样的话，就得不到你们天父的赏赐了。

或许，真正高尚的人才能进天堂吧，因为他们只留心于是不是救助到了别人。

世界上最让人感动的是人性；人性中最让人震撼的就是真诚。

一次，当荀巨伯到十分遥远的地方去看望生病的朋友时，正赶上胡人进犯这座城市。友人对荀巨伯说：“我马上就要死了，你离开这里吧，这里太危险了。”荀巨伯说：“我这么远赶来，就是来看望你的病的。如果遇到危险我就扔下你自己跑了，这样的事情我是不会去做的。”

过了不久，胡兵攻破城池，来到荀巨伯的朋友家，看见荀巨伯说：“当我们打破城池的时候，这个城里所有的人都跑光了。你是什么人？怎敢留在这里？”荀巨伯说：“我的这位朋友得了重病，在这个时候我怎么能将他一个人扔下不管呢？请你们不要伤害他，我愿意代替他去死。”胡兵听了这话后非常震惊，相互议论说：“我们是不义之师，侵占了有道德修养的国家。”于是胡人悄悄退出了这座城市。

赢得一切的真正强大的力量，都是来自无形的伟大人性。

由此我们知道，凡事真诚是一切修炼的基础。

第5章 付出是感动力的核心

真诚是你的前提，付出是最重要的也是最核心的部分。

试想，如果你是爱一个人的，你的心是诚的，可是如果不表现出来，对方能知道吗？对方没有那么的神通广大，不用语言和实际行动就可以明白你的心，那是不可能的事情。那么，如何让对方知道你是爱他（她）的呢？除了付出，别无他法。只有付出，更多的付出，对方才会感受到你的爱，继而对你有所表示。

商业上也是如此。你只有努力地为客户付出，顾客才会感受到你的诚心，继而被你的诚心所感动，决定购买你的产品或服务。

第一节 你付出了吗

人们都说付出永远要比索取快乐。那么，你是在付出吗？你付出了多少也就决定了你有多少的快乐。假如你认为不快乐的话，那么可以尝试一下更多的付出。

对于付出，我们先从爱情说起，比如，当你爱上了一个人，并真诚地希望能让对方幸福快乐，在漫长的追求过程中，在成功追求到之后，你是真的一直毫无保留并全力以赴地捍卫着那崇高的愿景吗？

为了他（她），你情愿远走他乡，放弃自己安定并且最喜欢的工作？放弃了一切对方不喜欢的爱好？忍受了对方的任性？改变了自己生活习惯？并心疼他（她）每一次的流泪？

中途你曾犹豫过吗？是否怀疑过自己的这一行为的对错以及是否值得吗？甚至在展望结果之后，感觉“要追到他（她）似乎很难”，或者“这事好像有点儿‘悬’”了吗？

如果你有过这样的念头，哪怕只是“一闪而过”，大家可以这么说，你还是不真诚，因为你在乎的是结果而不是过程，你的着眼点是“自己是否能有所获得”或者“是否会有所失去”而并不是“只想让她幸福、快乐”。

如果你的愿景不崇高伟大的话，就会在怀疑、担心之后你的行动减弱，你会“边走边看”，而不是“全力以赴”！

你只是畏首畏尾，有所保留地在付出，又怎能让人满意呢？

所谓的“全力以赴”就是在真诚地为了某个崇高的愿景之下，一心一意地期待着那愿景的实现，然后心无杂念地一往无前、全身心去为此努力。

接着我们要说一说那些企业主们，如果你是真心想让你的员工幸福快乐地工作，那么你设计的所有规章制度，都一定是以此崇高的愿景为出发点吗？你真的尽全力改善员工的工作环境和劳动条件了吗？你减轻了员工们的劳动强度吗？你减少了自己的所得并同时增加了他们的劳动报酬了吗？你有没有减少应酬、放下架子、深入基层去体会他们的生活了吗？你真的发自内心地尊重每一位员工了吗？

还有员工们，当你决定要为企业的发展作出贡献的时候，你真的放弃了自己的所有时间，起早贪黑、不计报酬、真心实意地为企业努力工作了吗？

最后再提醒一下领导干部，当你真诚地希望为百姓谋福利，在决定投入的市政的一个项目之前，你确定这是老百姓最需要的吗？你深入基层调研过吗？亲自听过百姓的心声和意见了吗？在工程开始建设后，你持续在关心原材料的货真价实、工程的质量和进度吗？当工程建好之后，你问过百姓对此是否满意吗？

接下来，相信每个人都会有很多需要反思的地方。

如果还想不清、思不明，那就接着看下面的问题，来一步步领略感商 TQ 思想的“付出”境界吧。

第二节　必须竭尽全力地付出

只有竭尽全力地付出，才会赢得更多的精彩，才会有丰收后的更加喜悦。这样才会无愧于自己的心。只有竭尽全力地付出，才会有意想不到的收获，奇迹也是在这个时期出现。

为什么我们要在已经提到要“付出”之后，还要不断地强调“毫无保留、全力以赴、付出一切”吗？

因为如果你做不到，我们可以认为你不真诚；如果你有所保留，我们会认为你为那愿景付出的决心不坚定；如果你一味地瞻前顾后、缩手缩脚又怎么会激发出最大的能量去赢得一切？在北京2008年残奥会男子52公斤级举重比赛中，埃及选手乌萨马用尽全力，在成功举起167.5公斤的重量后，当场晕倒。

幸好，他很快就苏醒过来，最后他以同样的成绩而体重略重获得银牌。

作为专业运动员，难道他不知道如此付出会有危险吗？

他当然知道，既然知道那他又为什么会去这样竭尽全力、奋力一搏呢？

对于这个问题的答案，我们看一下“潜能开发”的课程就会知道。

导师在台上热情似火地讲解、激励过后，接着为了证明自己所说的“坚定信念、相信自己、全力以赴”就能够激发出自己不可思议的潜能，他指着放在两张桌子中间的一块木板问大家：“你们认为，我可以用手把它击碎吗？”台下的学生高声附和“能！一定能！”于是，导师摆好姿势后一声大喊，举手向那木板劈去。

结果是令在场的同学遗憾的，木板还是保持着原样，导师抱着那只手显出非常痛苦的表情。

但是他并没有气馁，在一片加油声中，一次次举手劈下，最终，木板断了。

紧接着，一个看上去弱不禁风的小淑女被导师喊上了讲台，导师问她："你相信我吗？"女孩点头表示相信，当导师得到肯定的答复后，他再一次提高声音问道："你真的相信我吗？"那女孩也大声说："绝对相信！"导师向不远处的助理招了招手，走出两个助手，他们手拿一块同样的木板，每人各持一头举向那女孩。

导师说："那我现在肯定地告诉你，如果你集中全部力量，一心一意地一拳打下去，就完全可以将它打碎并且自己不会受伤，你准备好了吗？"

那女孩显然没有料到导师之前的问话就是这样的目的，她一时张着嘴愣在了那里。

台下的听众也霎时没了喧闹声。

"去吧，去打碎它！"导师对这一切变化没有什么反应，不失时机地大声催促，"快去，打碎它！"

那女孩迟疑着不肯动身。

导师转而向台下的观众问道："你们相信我吗？你们不相信她吗？你们为什么不给她鼓励、加油的掌声呢，难道你们不希望她战胜自己吗？"

台下传来了一片呐喊声。

最终那女孩咬咬牙拉起了姿势。

那两个强壮的助手似乎怕被这一拳的冲击力殃及，赶紧重心下移，双腿分立前弓后蹬，两臂随腰向前挺举，为了不让自己的脸受伤，他们远离木板而各自歪向两边，就这样准备迎击。

在观众一片"打碎它！打碎它！"的呼喊声中，女孩抿着嘴、皱着眉冲了过去……

木板毫发未损。

台下顿时响起一片失望的声音。

在导师大声的鼓励和台下"再来！再来！"的鼓动下，那女孩又一次向木板冲去。

这一次仍然没打碎。

现场的气氛开始尴尬。

在一片沉寂中，导师对着女孩失望地摇着头。他声音很低、像是自言自语地说道：

“你不是相信我吗?绝对相信我吗?那为什么不全力以赴呢?”

突然,他一遍遍地大喊:“下去吧!下去吧!赶紧下去吧……”并严厉地瞪着那女孩。

女孩有些下不了台,似乎是完全被激怒了,她气喘如牛、咬牙切齿、怒目圆睁,她一声长啸,不顾一切向那木板冲去……

节目到此结束。

导师接着宣布,培训圆满成功。

那么结果呢?

当那女孩睁开眼时发现,自己的手没断也没破,那块板子已经套在了自己的臂膀上——她竟然一拳打穿了它!

回过头来想想,如果那女孩真像她自己说的,对培训师是“绝对信任”,那她就应该坚信那句“非常肯定地”告诉她的话,“只要你……就可以……并且不会受伤。”

导师当然不会骗人,更不会让她去冒“断手”的危险,因为那“木板”是精心准备的,只是非常安全的道具——任何人只要稍微用力都可以击穿它而不会受伤。

很明显,那女孩嘴里所谓的“相信”并不纯粹和真诚,在自己付出时她便开始怀疑和犹豫,“你虽然说得肯定,可你有什么把握保证我不会受伤呢?万一……”如此担心之下,她在即将接触到木板之前的刹那,为了免受伤害,她一定会“收敛”自己的行为而减弱力度。

由此可见,我们之所以不成功,就是因为我们对自己的愿景不够真诚、坚定,如果信心一旦动摇,对得失有所顾忌,便不能全力以赴地去付出。

第三节　付出既要量力而行也要尽力而为

付出不是不要一个限度的，假如超出自身能力范围之外的话，就会变得力不从心；就是说在付出的时候要量力而行，这样才会自己也安心，他人也放心，也会有一种愉悦的心情。

对于真诚之下的“全力以赴”，老师在一次给大学生的讲座之后有很多同学问了这样的问题，比较有代表性的是：“我没有经济能力，也没有其他可以利用的资源，但我相信只要是凭着‘为他’的崇高愿景，并且真诚地为此而付出，可是，像我这种境况如何能‘全力以赴’？拿什么去‘全力以赴’？”

要知道，“全力以赴”当然也要“量力而行”，简单来说就是在你“力所能及”的范围内去“竭尽全力”。就像我们上面说到的在北京奥运会当场晕倒的举重运动员乌萨马一样，他在平时就知道，自己能举起的极限重量应该在167.5公斤左右，才会尽全力一搏，他肯定不会毫无根据“想当然”地要个267.5公斤，然后尽力去拼。

以上学生理解上的偏差主要是，他们把“为他人的付出”想象成了“给予对方一定的物质帮助”。

很多的人都不会提倡也不会支持，那些每月仅仅靠父母供给的500元钱维持当月生活和学习开支的学生们，为了表达自己所谓的“爱心”去向他人借来5000元全部投入募捐箱，从某种意义上说，这是一种不真诚的行为。

据说在一次募捐中，很多小学甚至幼儿园都“倡议”学生捐款，更让人不能接受的是，老师清楚地告诉每个孩子要捐款的金额，并根据所捐款的金额盖上不同数量的“大红花或红旗”，并且年级之间的名次也是由捐款的金额来决定的。

可想而知这些孩子自然都会把这一“光荣使命”都转交给父母。捐多少是次要考虑的,而留给父母们的难题则是:要不要给孩子争这个“面子”?

这些学校的所作所为,到底是在鼓励什么?希望弘扬什么?我们的愿景到底是什么?我们的目的又在哪里?

后来听说,有一个小学生一下子捐出上万元……

可想而知上大红榜第一位是非她(他)莫属了,后来听说作为“典型”用来教育其他孩子并让大家向其学习……

令我们深刻思考的是学校为孩子们幼小的心灵成长导演了怎样的一出戏?

戏中的孩子们在扮演着什么?

那些家长花巨资为孩子“买”回来的到底是什么?

孩子们从中又收获了什么?

……

很多老师都会接着反问这些学生:“如果你们真诚地想为同学们作点贡献,那可不可以在上课之前早点到教室,然后擦黑板、扫扫地、抹抹桌子呢?”

事实上,当你在走路过程中顺手捡起地上的垃圾、帮忙推一把正在上坡的三轮车、放学时把教室里的窗户和电灯都关上等,这都是“力所能及”范围之内的付出,只要一切发自内心,真诚地“尽力而为”就很好。

第四节　要积累而非索取

虽然积累的过程是漫长的，可当积累到一定程度的时候就会有质的飞跃。在积累的时候我们要怀着一颗平常的心来对待，而不应该是以一颗索取的心来积累。

有了行动的话，还要看你的“动机”是不是真诚。虽然动机不纯，也会有相应的行动，但只是为了实现自私的目标而缺乏崇高的愿景而已。现实生活中即使是表面的付出，有很多的人也会因为没有真诚而不愿意投入太多。因为目的性太强的话，做事往往会变得急功近利，突出的表现就是坚持不了多久就开始“索取”。

有一个人特别想快点升官发财，他见其他同事都很信佛，于是，他也每天按时上香祷告，希望佛祖保佑他能早点升官发财。这样的日子坚持了一段时间后，他发现自己不但没有高升，连工资的增长速度和别人相比也差距越来越远，于是便来质问佛祖。佛祖反问了他 3 个问题：

1.你是因为信佛才来念佛呢，还是因为想升官发财才来求佛？

2.你只是上了几炷香、念了几天经就要佛祖显灵，但是你在世上做了多少善事、布施过多少回？

3.修佛之人得到的回报不一定是直接的，也许是富贵又或是长寿；也许是父母又或是子孙；也许是今生又或是来世。如果你可以去除杂念、潜心修炼，又怎知不会修成正果？

这个故事正好是感商 TQ 三大特征的集中体现。

也就是说，你想升官发财就装出一副“全心全意为人民服务”的样子；平日到基层视察工作的时候只是象征性地走走过场，装模作样地高喊几句口号，根本就不实实在在地为老百姓办实事；就是这样，也没能坚持下来，便开始历数出那些个曾经的“花架子”来索官要官，并要依此加薪酬，试想，谁又能接受呢？

只要有索取，就证明你对崇高愿景的付出不够真诚，你追求自私目的的实质就会全部泄露出来，其结果就是你根本不能赢得这一切。正所谓是“瞒得了一时，瞒不过一世”。

事实上，做事就是做人，我们把目标变成为崇高的愿景，随后就去真诚地付出，在此中间不要指望投机取巧，也不能患得患失，更不能因为有了些许付出便去索取回报，这样你才会实现真正的目标。

接着就有这样一个问题，那就是，当我真诚地为了某个崇高的愿景全力以赴地付出之后，不管付出多少也没有索取过回报，那么，我们要这样持续地付出多久？这其中的时间如何界定？什么时候才能赢得我们所要的“目标”呢？

“直到赢得的时候”你就会不用再付出，可是谁也无法将它具体到某个时刻。

在看过《孤独的科学之路钱德拉塞卡传》这本著作后，人们就会对感商 TQ 思想中的“付出后不可索取回报”的原则有了更加深刻的理解。书中这样写道：

钱德拉塞卡是个有点羞涩的印度青年。19 岁的钱德拉塞卡，由于成绩优异获得政府奖学金，并且只身乘船前往英国剑桥求学。在漫长的航行中，他初步计算出一个结果：当恒星质量超过某一上限时，它的最终归宿将不会是白矮星。要知道在当时，恒星的白矮星阶段被认为是一切恒星演化过程的最终阶段。

后来钱德拉塞卡在剑桥的学习，逐步完善了自己的发现。1935 年皇家天文学会的会议如期举行，在这次会议上年仅 24 岁的钱德拉塞卡终于得到宣读自己论文的机会。

爱丁顿是当时天体物理学界的权威。当钱德拉塞卡在会上宣读完自己的论文后，爱丁顿走上讲台，他当着众人的面把钱德拉塞卡的讲稿撕成两半，告诉他你的理论全盘皆错，原因是这个理论得出了一个“非常古怪的结论”。在场的所有人顿时爆发出笑声。会议主席也没有给这位年轻人答辩的机会。

就这样钱德拉塞卡与爱丁顿的争论持续了好些年，在这些年里没有一个权威科学家愿意站出来支持钱德拉塞卡。最后，钱德拉塞卡终于决定放弃这个研究课题。1937 钱德拉塞卡来到芝加哥大学，在这里他把自己的理论写进了一本书里，此后再也不会去理会这个理论。

时光荏苒 30 年后，这个后来被称为“钱德拉塞卡极限”的发现最终得到了天体物理学界的公认。又过了 20 年后，钱德拉塞卡登上了诺贝尔奖的领奖台。1983 年，当他从瑞典国王手中接过诺贝尔奖章时，已是两鬓斑白的老人。

钱德拉塞卡每天至少工作 12 小时，每周工作 7 天，用了 10 年左右的时间，得到了“某种见解”以后才罢休。也就是说，他的研究直到宇宙的某一个方面已经完全简约到一组方程时才罢休。然后，他将自己的研究结果写成一本书，至此就不再关注这一领域，接下来他去研究天体物理学中另一个完全不同的课题，进入下一轮的研究。值得我们称奇的是他直到 60 多岁，仍能定期把精力转向以前从未涉足的新领域。

钱德拉塞卡的一生是孤独和寂寞的。他远离故土只身在国外，研究不被人们认可，甚至还因肤色的问题遭受别人的歧视，尽管这样他并不在意，他只是始终如一地用优雅默默回应一切。在 1999 年，一只以“钱德拉塞卡”命名的天文望远镜升空。

在 20 世纪 40 年代中后期，钱德拉塞卡每星期从叶凯士天文台亲自驾车数百英里到芝加哥大学为只有两名学生的班级上课。在 1957 年的诺贝尔物理学奖的获得者就是这个班级仅有的两名学生，他们就是杨振宁和李政道。

读了上面的故事之后不知道大家有没有意识到，其实感动智慧最后一个特征的最高境界就是，只有崇高的愿景而没有世俗的目标，或者是把目标和愿景合二为一，它们没有彼此，都无比崇高、伟大。

就像钱德拉塞卡，最初他的研究并不是为了诺贝尔奖或者其他什么“目标”，在他的心里只是单纯地想着要解决这个未知的问题而别无他求，甚至我们看不出他的“崇高愿景”。一切都是那么的自然和朴素，他只管辛勤地付出，但是最终，他却取得了多少伟大的成果，并最终站上了科学的最高领奖台。

如果当年钱德拉塞卡就自己多年的付出而得到的结论争执下去，那么还会有今天如此成就的钱德拉塞卡存在吗?!

钱德拉塞卡的境界不得不令我们佩服!

这样说来，索取相应回报是不是就一定很不道德呢?比如那些在工厂干活的工人们?比如劳动薪酬?

从“付出了，理应得到相应回报”的角度看，这种做法并没有什么不对，于是，就有很多人“理直气壮”地去“索要”。

你因此得到了相应的“报酬”，但只是对方对你付出的一种“了结”罢了，这时候就变成了一种“按质论价”的“结算”。

正所谓是你干多少就给你多少呗！

你也许有些不服气：“我付出了那么多，难道就不该拿那么多吗？”

肯定是应该的。问题是，这样就会变成一种交换或交易。

我的意思是说，或许，你可以得到得更多，但并不一定是金钱。

你对付出的“索取”，让别人对你的真诚产生了疑问：

“他(她)是真的认可这个企业才来这里发展的吗，还是只想多挣几个钱而已？”

从感商TQ本身的角度看，这样的想法也不见得高尚到哪儿去。

感商TQ恰恰是提倡每个人都应该从自我做起，努力去修炼这三大原则，却绝对反对以同样的眼光去要求别人。

如果没有赢得对方的“心”，很有可能得不到对方“真心的回报”，这里面包括的不只是金钱，还有友情、尊重，甚至是更大的发展机会。而后者，也许远远大于单纯的“付出对价”。

所以，不管是吃亏还是在享福，我们应该学着把这结果抛诸脑后，真诚付出的同时不去索取回报。你这样的付出相信总有一天会被人发现并得到认可。

我们要向钱德拉塞卡一样，只管用心去做就好。

我们要切记，急功近利的最大危害，就是只想着眼前利益而不去放眼未来。

感商TQ特别强调“崇高的愿景”，比如，我们把愿景设定为“让自己幸福、快乐”，即便是这样的前提，很多人还是难以实现，因为他们为一时之快而放弃了一世的幸福。

就像是生活中的某些人因为某种欲望一时难以达成，就不愿意再去继续努力，一定要去以身试法，期望通过种种不合法的“快速”手段来满足自己，最终自己把自己送进了监狱。

那么正确的做法就是感商所倡导的，用“真诚、付出、不索回报”去“慢慢地、自然地”赢得你的最终目标。

这个时候的你其实已经开始了人生的修炼，在这时，你的愿景也变得崇高了起来。因为你懂得，害人就会害己，周围的人如果不幸福不快乐了，你也不会幸福快乐到哪儿去。

别人在幸福快乐的时候，你不一定能感觉到幸福快乐；但是，如果别人的幸福快乐是因为你的付出而给予的，你应该也会感到无比的欣慰和自豪，因为你证明了自己存在的价值，你的种种行为得到了人们的认可和赞许，你因此受到了尊重。

所以我们可以这么说，施比受更快乐！

如果没有这样的觉悟，你就只能在磕磕绊绊中去自己体会，自己去不断总结，去自我完善，再自我进步。

孟尝君是齐国的著名相国。有一次一个叫冯骥的食客到薛城去收债，临行前，冯骥问孟尝君："我回来的时候给您带些什么东西呢？"孟尝君说："你自己看着办吧，我家缺什么就买什么回来吧。"

冯骥到了薛城后，把欠债的百姓召集到一起，核对完他们的债券之后，假借孟尝君之命，把全部债息赐给百姓，并当场烧毁了那些无力偿还者的债券。

冯骥回来后把这一消息告诉了孟尝君，孟尝君听说后很生气，冯骥解释说："我觉得您这里吃的用的穿的什么都不缺，唯一缺少的就是老百姓的情义，所以我就把情义买回来了。"孟尝君听后也拿他没有办法。

不久，孟尝君被免去相国职位，便带着冯骥回到自己的封地——薛城。令孟尝君备感意外的是薛城老百姓知道他的到来后，大家都扶老携幼，置酒备饭，奔波于百里之外前往迎接。

孟尝君这才恍然大悟说："你过去给我买的情义，我今天终于看到了。"

正所谓危难之时见真情。孟尝君就是靠着冯骥当年给他积累的这份"真情"才得到了今天的礼遇。

其实在很多宗教里也都提倡这样一种境界。大家都知道"吃亏是福"这句话，可有多少人知道，这"亏"是如何变成"福"的？

在佛学中，你为别人的付出都是你的"功德"，比如布施、援手、放生等。很多信佛的老人也常说"积德"二字，你"吃了亏"就有人因此而"得利"，久而久之你的"亏"就都积成了"功德","功德"是因,"福报"是果,有因才有果,有果必有因,这就是所谓的因果报应啊!

简单地说就是你付出得越多,功德就积累得越多,得到的福报自然也就越多。

不回报,你再怎么索取也没用,那只能说明你"积"得还不多,还不够。

俗话说得好,"是你的跑不掉,不是你的得不到"。

感商 TQ 所提倡的,就是先做人后做事,做事也就是在做人。如果你以崇高的愿景为前提和方向的话,并且可以不顾个人得失去努力下去,或许有一天你会惊喜地发现,那些你一直梦寐以求的东西已经在不知不觉中都渐渐向你靠拢过来。

感商不就是提倡"真诚、付出、不索回报"地去等待那自然而然到来的回报吗?

第五节　预先取之,必先予之

不是有这样一些谚语吗:"舍不得孩子,套不住狼"、"不入虎穴,焉得虎子"。这些不就是要告诉我们想要得到某件东西或者事物的时候,首先是要付出。

不知道大家有没有"不见兔子不撒鹰"的理念?

因此,人们往往陷入两难:不投入就没回报,如果投入了又怕没回报。

这种博弈的实质就好比是播种,明明知道不播下种子来年就不会有收获,但也不会有多大的损失,因为种子还在,地也是空着的;如果要想获得好收成就只有先把种子撒向大地,但是也可能来年颗粒无收、血本无归。

我们可以这样算这笔账:

不投入,种子还是那些种子,既不会增多也不会减少,这其中也会有过期的可能以及还可能变质,就是拿种子充饥也不能维持很久;田地虽然一直都在,可是荒了一年,没有产生任何的效益,再肥沃也没用。

把种子播撒大地，来年颗粒无收、血本无归，但是也有可能来年获得大丰收而丰衣足食。

不付出只有“等死”这一条路可走，付出却有可能获得新生，你会怎样取舍？

人都是为了某种期望而活着，只有付出才会有希望，不付出连希望都没有。

古时候有一个国君愿意出千两黄金去买一匹千里马，然而3年的时间过去了，他始终没有买到，这样又等了3个月，好不容易发现了一匹千里马，于是国君派手下带着千两黄金去购买千里马，等国君的人到了目的地的时候，马已经死了。可国君的手下仍然用五百两黄金买来一匹死了的千里马。

很快，这一消息便在全国传开，人们纷纷议论着国君“舍得花五百两黄金买死马，更何况活马”的事，过了没几天的时间，就有人送来了3匹千里马。

你知道之前为什么国君用了3年时间都没有买到千里马吗?那是因为先前人们只是“听说”有意愿买马而没有见国君有所行动，谁也不知道国君“葫芦里卖的是什么药”，大家只是怀疑是不是只是说说而已呢。

大家都知道眼见为实的道理，就是当人们看到了你的行动，体会到了你的真诚，别人也就放心跟进了。

有的人双方都指望对方先付出，便都不会付出，结果是大家都没有了收获。

在电视上我们经常看到企业主们叫屈，好像都在表示自己多么的重视人才，只要是人才，他们绝对肯花大价钱一用，但往往是“一才难求”；而在招聘会现场，往往又会听到求职者抱怨自己的“怀才不遇”，抱怨企业不识人给那么低的待遇，不值得自己投身，感叹现实中伯乐太少。

俗话说得好，是骡子是马，拉出来遛遛就知道。

又说，舍不得孩子，套不住狼。

我们不妨自己体会。

如果把一切的“赢得”现象的外层拨开，不断深入地探究它真正起作用的核心因素时，没有什么例外，它们共同都是由“真诚、付出、不索回报”这三大特征所形成的一个核心品质，也就是不论在表象上看来这次“赢得”是由什么造成的，比如说“善良、诚实、踏实、努力、勤劳、认真”等，这些因素最终都是在“真诚、付出、不索回报”的三大因素之内。由此可见，真诚、付出、不索回报是感商TQ的核心特征。

如果双方不付出，你也不会有回报。

很多的演讲老师在演讲过程中都会碰到这样的提问：我想真诚付出，如果对方感觉不到怎么办？加上别人把我的付出看成是“天经地义”的事情，然后“心安理得”地接受并没有什么表示怎么办？在很多事情中我这样付出是否值得？付出的意义又是什么呢？

这问题其实质还是对感商TQ“付出”原则特有的含义没有理解透彻。

这种想法的后果是很严重的，有人一旦表现出这种明显的倾向，就会传感给下一个人，然后大家谁都不想“吃亏”，都不愿先付出，最终会形成恶性循环，社会风气就会越来越恶化。

正因为这样，我们才要大力提倡和宣传感商TQ——“真诚、付出、不索回报”的高尚品德。于是“从我做起”便应运而生，这种积极的行为也是可以蔓延、传播，慢慢地形成一种良性循环，使得好的社会风气越来越浓。

所幸，这种浩然正气处处存在，世界上的各个民族都用自己独特的文化向世界传播着这种善良的风尚。

在流沙的《帮助人是美好的》一文中，我们可以看到作者讲述了他堂哥在夏威夷的这样一段感悟：有一天他外出锻炼，不小心摔了一跤，伤了腿，只得一瘸一拐地往回走。这时候有一辆车在他身边停下来，司机探出头问：“先生，你没事吧，需不需要帮助？”他指指前面不远处的家，说：“谢谢你，我没什么问题。”司机开车走了。又过了一会儿，又有一辆车在他身边停下来，司机问：“先生，你需要帮助吗？”堂哥摇摇头，那辆车缓缓开走了，司机还回头朝他看看。后来没过多久，又有一辆车停下来，司机又问堂哥需不需要帮助，他车上带着药箱，堂哥仍然说不用。

当堂哥快走到家的时候，有辆救护车赶来了。医生说：“是一辆车的司机帮你打的电话。”

现代发达国家被人们认为是“陌生人”的社会，人与人之间好像离得很远，平时大家都在为自己的生活各自忙碌着，可一旦有人需要帮助时，就会发觉，大家其实离得很近。

我们终于明白，越是在讲效率、讲金钱、讲竞争的社会里，大家就希望能相互帮助。相互帮助的美好在于，如果灾难发生在别人身上时他得不到帮助，那么发生在你身上时你也不会得到别人的帮助。

假如大家都不想付出，结果就是谁都不帮谁了，如果有人碰到自己无能为力之事，需要别人帮助的时候，又怎会有人来帮助呢?!

我们的社会应该大力弘扬助人行为的高尚，让其感觉无比自豪。因为被肯定、被尊重就会有人乐于去做，时间久了，就会形成助人为乐的心理，这种心理一旦成为一种自觉的反应，不论在任何需要帮助的时候对方都会向你伸出援手。而这样的行为又会感召另外的人们去投身于此，这样往复循环继续下去，整个社会不就是“美好的人间”了吗？

第六节　没有能力的人得不到，没有了悟的人舍不得

任何一个社会都会很注重个人的能力，能力是一个人办事的前提。而在办事的时候我们还需要智慧和悟性。

有一个误入了茫茫无边的沙漠的人，这时候骄阳似火，他饥渴难忍，死亡的气息在一点点向他靠近。他在沙漠中艰难跋涉，终于发现了一个吸水机。他迫不及待地使劲地抽水，可是却没有出来一点水，他正在心灰意冷、懊丧不已的时候，却发现旁边还有一个水壶，壶上盖着塞。他拿起水壶时发现了压在下面的一张纸条，上面写道：“由于时间长久，水壶里或许只剩下半壶水了。你必须先要舍得把这半壶水灌进吸水机中才能打

出满壶水来。切忌，在你离开之前一定要把水壶灌满。”他拔开塞子，果然看到半壶清水。望着水，他开始犹豫起来，是把这些水马上喝掉呢，还是照纸上所写的倒进吸水机？假如倒进吸水机后仍然打不出水，那自己岂不是要死在这里？

最终，他还是照字条上所讲，倒进了吸水机，果然打出了清凉的泉水……

临走前，他把水壶装满水，盖上塞子，然后在纸条上补充了一些话：“请相信我，纸条上说的是真的，你只有先舍得半壶水，才能打出满壶的水来。”

得到其实很简单，放弃才是人生中最难的事！

据说有某地猎手抓捕猴子的绝招是，在一个洞口只能容猴子手臂伸入的洞穴里，把它们喜欢的香蕉放进去，然后等待猴子们过来取食，当猴子们伸手进去抓住香蕉正准备抽出手来之时，你就可以上前抓住猴子了。

原因其实很简单，猴子抓住香蕉不肯松手，手就抽不出洞口，猴子不愿舍弃现在的利益换得逃生的机会，于是，只能被人们抓住。

在汶川地震救援中，我们也看到了有人等不到救援队伍的到来，为了自救，硬生生扯掉自己被压住不得动弹的小腿后，自行爬出来从而获得生命的人。

这样做虽然是很残忍，但生命是其他一切的基础。后来据专家分析，根据当时救援的速度和搜索的范围，如果这个人舍不得那半条腿则会必死无疑。

2008 年年初，当初在国际、国内经济状况普遍不好的时候，有一家南方的企业因为出口锐减而陷入困境，老板本打算开发国内市场重整旗鼓，想到职工们由于订单的减少拿不到计件工资的时候，毅然把准备投入新市场开发的预算资金，全部发给大家解决生活问题。

当职工们知道真相后，被老板的真诚付出所感动，他们继续工作，不要这次的额外补助不说，有的宽裕的家庭自愿提出缓发几个月工资。在这个大浪潮中当一批批同行倒下的时候，他们却因同心协力渡过了难关。

舍得，舍得，不舍哪有得？

第七节　想付出就会有办法

没有人会拒绝一个为他自己着想的人，也没有人会拒绝一个为他自己付出的人。如果你的目标在这个人身上，那么就先开始付出吧，这样，他最终会接受你的。

有许多的年轻人向前辈们请教，如何才能突破与人沟通的瓶颈，因为他说和有些人认识了很多年，但是彼此的交情还是停留在见面客气打个招呼的境地。也就是说，很想和别人进一步沟通以增进友谊，可是找不到一个合适的借口，不知如何“赢得”友情。

在这方面我们应该向卡耐基先生学习。对于卡耐基先生来说只要有机会，他就会想尽办法打听朋友的生日。他总是在“不经意间”找到一个很合理的借口，然后让朋友说出自己的生日并把它牢牢记住，待朋友转身的时候，他会把这些朋友的姓名、出生日期记下来。在他桌面的台历上很清楚地标明了这些朋友的出生日期，到了有人生日的那一天，他就会发一封贺函或是贺电。“当那人接到贺函或贺电时，他是多么高兴，”卡耐基说，“除了他的亲人以外，我也许是世界上唯一知道他生日的一个朋友。”

除此之外，我们还有些别的方法。比如说新认识一个人，就一定会利用“手机在第一时间给他们发去短信息问候。例如去参加研讨会或宴会，主人都是学识渊博之人，我们当然希望不仅认识他，而且还要让他认识并记住我们。最直接的做法是，获得对方的联系方式后迅速给以问候，有时候甚至就是在刚刚交换过名片的几分钟之后，他就会收到你发来的信息。我们可以想象，当这些贵人从我们这儿“寒暄”过去，正在和其他来宾打招呼握手的时候，我们的祝福和感谢就已经发送到了他的手机上。此时，假如他们的手机是开着的并且当时就看了，那些主人们一般都会惊奇地回过头来“找寻”发信息的这个人，当然了，你也会等着这一刻的到来，当大家四目相对的时候，会心一笑，点点头，招招手，一切尽在不言中。

你说，在这次聚会新接触的人中，他会首先“认识”谁？

俗话说得好，世上无难事，只怕有心人。

生活中我们会遇到很多这样的人，他们因为不想再付出而为自己找各种借口来开脱，他们往往会说“我就这么点能耐，我已经尽力了，我其实也不想这样，但我真的没办法”。

你是真的尽了全力、想尽办法了吗？

某个周末，一个孩子放学回家，在准备开门时，发现钥匙找不到了。于是返回学校找，还是没有；问同学，同学也说没见到；爸爸妈妈要星期一才到家。这可怎么办？

于是他用胸卡去捣锁，最后胸卡捣坏了，锁纹丝不动；用别针撬锁，直到满头大汗，锁还是没有开；想爬窗回家，但窗户是关死的，外面还有铁条防护网，砸坏玻璃也进不去。

最后无奈之下他觉得只有最后的机会冒险一试了，于是，他爬上屋顶，准备从天窗上跳下去——这样是非常危险的，跳不好就可能会伤残或死亡。

正在这时邻居看见了赶紧喊住他问道：“你要干什么啊，小伙子？”

“我的钥匙丢了，我进不了家了。”他沮丧地回答。

“你就不能想想办法吗？”

“我已经想尽所有的办法了。”

“不会吧！至少，你没有请求我的帮助。”说着，这个邻居回家拿来钥匙，把门打开了。

原来，小孩的妈妈出门前在邻居家留了一把备用钥匙。

这个小孩后来成为巴西的一位总统，在一次对这位总统的采访中，他称这位邻居是他的第一任老师！

当我们碰到困难、无能为力准备放弃的时候，你应该再问自己一遍！

第八节　付出才会有奇迹的出现

不论如何，只有付出才有希望，不付出连希望都没得想。那么在生活中，我们为什么不能赌一把呢？兴许，奇迹就出现在了付出之后。

上过战场的老兵都知道这样一个常识，当听到炮弹呼啸而来的声音时，唯一能做的就是就地卧倒。可就在这个时候，有位正在挖战壕的军官看到离他几米远处，有一个小战士还傻傻地站在那儿。他一个箭步飞身冲过去将小战士紧紧地压在了身下。一声巨响之后，他俩都平安无事，当那军官回头找他的铁锹准备继续挖战壕时，顿时目瞪口呆，因为他刚才自己所处的那个位置被炸成了一个大坑，而那把铁锹早已被炮弹炸成了碎片。

无论是巧合也好，还是这军官不顾生死、舍己为人的行为感动了上帝，总之，奇迹的发生就是在你真诚的付出之后。

我们知道，如果我们的付出出于真诚就不会是为期待回报，可我们也知道：

有了付出，就有被回报的可能；

没有付出，就没有被回报的基础。

有多少不成功的人把责任推给自身的“运气”，感叹上帝的不公平，没有把好运气降临到他们身上，于是，就开始相信宿命，自暴自弃。

有一天上帝召集了所有的动物聚餐。饭后，上帝从衣服里取出了一双翅膀对大家说：“我有一样东西想要赐给各位，如果你们谁喜欢这件礼物，就可以把它拾起来放在自己的背上。”

动物们一听到上帝要赠送礼物，都争先恐后地挤到了上帝的面前。可是当它们看到躺在地上的翅膀时，都站在原地互望着。因为它们不知道这东西对于它们自己有什么用，这么一想大家就忽略了上帝的好意，这时它们会想，把这么笨重的大东西放在背上，累死不偿命！于是，它们都回到了自己原来的座位上。

最后，一只小鸟走过来，看到地上的翅膀，心想，上帝一定不会亏待动物们，这个看起来笨重的东西，或许是上帝的一种恩赐。

于是，小鸟就把地上的翅膀捡起来，放在了背上。过一会儿，小鸟轻轻地试着挥动翅膀，并没有感到沉重，反而还轻盈地飞上了天。

其他动物见状，后悔不已。

你如果只想着自己的得失，怕自己上当吃亏，瞻前顾后，迟迟不肯“出手”，很多时候，机会也好奇迹也罢，都会偷偷溜走的。

俗话说“只有自己能够救自己”，这句话的真正意思是什么呢？它的含义，并不是让你自顾自，一心只管为自己。在我研习了很多宗教后发现，它们很多教人积极向善的教义中都表述，你的“命”是你自己“修”来的，你首先得肯付出，再不断继续努力，上天才会公正地回报于你。

你付出多少就会收获多少，正所谓“好人有好报”的道理。

《士兵突击》里许三多的名言“不抛弃，不放弃！”，我对这句话的理解是，不论你碰到怎样复杂的人和多么困难的事，你都应该努力地去帮助他和克服它，在取得圆满结局之前绝不动摇和懈怠。

余世维是著名的培训导师，在他的经典课程《管理者常犯的十个毛病》中谈到了很有名的德国贝尔公司。

有一次别的公司的主管向他抱怨说：余先生，你看看外面中国那些可爱的干部们，他们都是名牌大学毕业的。但是，他说，余先生，我们这儿的中国人很有意思，讲话永远是一句，做事从来都不彻底。

人家举例说，我们公司的材料部，有人去领材料，问：“有没有S1304的材料啊？”“没有！”你们中国人讲话就是一句：没有。然后就没有下文了，就表示他的职责履行就此结束、到此为止了。

那主管说，我们觉得应该这样处理是正确的，当有人问道：“有没有S1304的材料啊?”你应该回答:“目前库房里已经没有了，但有两个可以作为替代品使用，分别是1301和1302你要不要?不要吗?非得1304啊!那么现在这里没有库存,但是别的城市有1304可以吗?如果你需要这个货,我就马上调拨,大约在下个礼拜就可以到了。如果非要这个礼拜,我尽量满足你,不知道礼拜六可不可以把货拿到,您看这样行不行?”

我们时常抱怨进不了这些大公司,或进去后得不到提升的机会,我们有没有从自己身上找原因,有没有想到过是自己做事不真诚、付出不彻底的问题?!

付出,不光是“去做了”,而且还要“做得好”。

第六章 感恩是感动力的源泉

人的一生中，从小时候起，就领受了父母的养育之恩；等到上学，有老师的教育之恩；工作以后，又有领导、同事的关怀、帮助之恩；年纪大了之后，又免不了要接受晚辈的赡养、照顾之恩。大而言之，作为单个的社会成员，我们都生活在一个多层次的社会大环境之中，都首先从这个大环境里获得了一定的生存条件和发展机会，也就是说，社会这个大环境是有恩于我们每个人的。

感恩，说明一个人对自己与他人和社会的关系有着正确的认识；报恩，则是在这种正确认识之下产生的一种责任感。没有社会成员的感恩和报恩，很难想象一个社会能够正常发展下去。在感恩的空气中，人们对许多事情都可以平心静气；在感恩的空气中，人们可以认真、务实地从最细小的一件事做起；在感恩的空气中，人们自发地真正做到严于律己，宽以待人；在感恩的空气中，人们正视错误，互相帮助；在感恩的空气中，人们将不会感到自己的孤独……

第一节 感恩的心才能创造感动力

拥有一颗感恩的心，为自己已经得到的而感恩，感谢生活给予你的赠与。这样你才会有一个积极的人生观，有一个健康的心态。

人类的生命是相互依存的，每一样东西都依赖着其他东西。不管是父母的养育、师长的教育、配偶的关爱、他人的服务，人自打有了自己的生命开始，都是沉浸在恩惠的海洋里，如果你明白了这个道理，就会怀着一颗感恩的心去感知这个世界。

并不是谁帮助了你、关怀着你才要感恩。感恩是无处不在的，感恩是一种心态，同时也是一种境界。我们对恩人感恩是无可厚非的，但是在生活中不仅恩人才值得我们去感恩。生活中处处存在着感恩的情结，比如父母的恩情、朋友的情谊、恋人的爱情、大自然的一花一草、生活中的挫折和境遇、自己的追求和信仰……都需要我们用感恩的心态去感知和对待。人的一生往往纠缠着很多事情，亲情，友情，爱情，成功，得失，荣辱，进退……总有一些会让你欢愉，而总有一些会带给你苦痛，要知道苦乐酸甜才是真正的人生。唯有常常感恩，才能时时收获慰藉和幸福。

感恩是生活中的大智慧，也是一种处世哲学。一个智慧的人，不会为自己没有的斤斤计较，也不会一味索取和使自己的私欲膨胀。每天怀有感恩地说声“谢谢”，不仅仅是使自己有积极的想法，也会让别人感到快乐。在别人需要帮助时，伸出你的援助之手；而当自己得到别人的帮助时，以真诚微笑表达感谢；当你悲伤时，有人会抽出时间来安慰你，等等，这些小小的细节都是一颗感恩的心。

俗话说，滴水之恩当涌泉相报，在生活中我们即使做不到滴水之恩，滴水相报总是人之常情。其实善待他人就是善待自己。为他人尽力，就是为自己尽力；不帮助别人的人，也不能得到他人的帮助。能帮人处且帮人，得饶人处且饶人。

马祖道一禅师派侍者送给自己的弟子百丈禅师三坛酱。百丈禅师收到三坛酱后，立刻鸣钟集合所有的人，拿起拄杖子指着酱坛，对众人说道：“这是师傅让人送来的盐酱，你们如果能说出个什么来就不打破这三坛酱，否则就打破！”

大家你看看我我看看你，无人回答。百丈禅师见众人无话，便用拄杖子把三坛酱缸都打破了。

侍者回到马祖道一禅师那里，马祖道一禅师问道：“你把酱送到了吗？”

侍者答道：“送到了。”

马祖道一禅师再问道：“百丈收到我的盐酱以后，有什么表示吗？说什么了没有？”

侍者回答道：“百丈禅师收到盐酱后，就集合众人上堂，对弟子们说，你们能说出个什么来就不打破，因为最终无人开口，百丈禅师就用拄杖子把酱缸都打破了。”

马祖道一禅师听后，哈哈大笑，说道：“这小子不错！”

后来，马祖道一禅师捎口信给百丈禅师，让他将修行的近况经常写信回来报告。百丈禅师在回信上说道：“师傅！谢谢您的关心，自从将酱缸打破以后，30年来，弟子从来不曾缺少过盐酱。”

马祖道一禅师看后非常满意，写下了8个字送给百丈禅师，这8个字是“既不缺少，分些给人”。后来马祖创了丛林，百丈就立了清规，从此禅林繁衍不绝。

“既不缺少，分些给人”，马祖道一的意思是说，既然你已经知道感谢为师的恩德，就不必对后世有所保留，要把我的禅心，代代相传下去。这种“既不缺少，分些给人”的心境就是感恩的胸怀。我们不能忘本，更不能忘了自己何以生、何以乐、何以福。做人的根本和正道就是饮水思源。

感恩是我们与生俱来的本性，是一个人不可磨灭的良知，也是现代社会那些成功人士健康性格的表现。试想一个连感恩都不懂的人，一定是拥有一颗冷酷绝情的心，也一定不会成为一个对社会做出贡献的人。感恩，是一种对恩惠时刻心存感激的表示，是我们不忘他人恩情的人萦绕心间的一种情感。学会感恩，是为了擦亮我们的心灵而不致麻木；学会感恩，是为了将无以为报的点滴付出永铭于心。

一头吃饱喝足的大象正在睡觉。突然，它感到身上其痒无比，好像有什么东西在它的躯体上行走。就这样大象从美梦中惊醒，睁开惺忪的眼睛，看见一只老鼠惊慌地从它身上窜过，不禁怒火中烧，大吼一声，伸出长鼻子就要打死小老鼠。

老鼠不停地颤抖着并哀求道：“大象先生，求您饶了我吧！我真的不是故意的，总有一天我会报答您的大恩大德的！”

大象听了老鼠的话，大笑起来，对老鼠吼道：“那我就暂且饶你一命。你要记住这次教训，尽管你是永远不可能帮助我的！”

老鼠谢过大象后，一溜烟地逃走了。

过了好长时间，大象早就把老鼠的事忘得差不多了，确切地说，它压根儿没把这事放在心上。

一天，大象不慎被猎人们抓住了。猎人们用粗绳子把大象的四只脚紧紧绑住，但是大象实在太重了，光靠几个人根本抬不动它。于是，他们返回村去叫人来帮忙，这一幕恰巧被四处觅食的老鼠看到了，于是，它决定救大象。“我曾经答应过您，我会报答您的。”老鼠对大象说，“我现在就履行我的诺言，让你重获自由。”

“你能救得了我？”大象诧异地问，“这不可能吧？”

“你就等着瞧吧！”老鼠回答。

说罢，老鼠开始用它的利齿啃咬捆着大象的粗绳。最终，绳子一根一根被老鼠咬断了。

大象获救了。

“真的太感谢您了！”大象激动地对老鼠说。

“我说过，我会报答您的，我现在已经履行了自己的诺言。”老鼠平静地说道，“想当初，您还嘲笑我，在您眼中，一个弱小的老鼠不可能会帮助您。但事实证明，我做到了。”

大象万万没有想到，它的一次无心善举，竟使自己逃脱了一次灭顶之灾。你对我有情，我就会对你有义，聪明的人都会多做善举。事实上在生活中，谁都有需要帮助的时候，无论它看起来是多么的强大。

当土地失去水分的滋润就会变成沙漠，就像人心没有感激的滋养就会变得荒芜。不知感恩的人，一定是个冷漠自私的人。知恩图报是一个人应有的品德，人们都应该信守自己的诺言，对于在危急时刻给予我们的帮助，我们更应该加倍地报答和偿还。这是做人的本分，也是人格的修养。

凡事感恩：好也感谢——理所当然；坏也感谢——明心亮眼；顺也感谢——阳光是美丽的；逆也感谢——阳光总在风雨后。请不要拒绝困难与挫折，在古希腊语中，苦难意为“上帝授予之物”，接纳后才有惊喜。

第二节　心怀感恩，广结善缘

从善如流出自《左传·成公八年》："君子曰：'从善如流，宜哉。'"意思是指采纳高明正确的建议和意见，接受善意的规劝，像流水那样自然而畅快。比喻乐于接受别人正确的意见。

如果你要想别人对你有所回报，首先要对别人付出。只有你善待了别人，生活也会善待你。生活中你无意中做了一点点的善事，有时可以得到意想不到甚至是十倍百倍于你付出的收获。即便是失败了，也能从中没取教训，能在失败中赢得一份智慧也是另一种意义上的收获。

中国不是有这样一句古训叫做"行善积德"吗？

当你尊重别人的同时，也会得到别人的尊重；你重视别人，别人也会重视你；你礼貌待人，别人也会礼貌待你；你热情待人，别人也不会薄情；这些与身份地位等外界因素没有任何关系。

我们可以从别人身上找寻自己的影子，这样让你更清楚地看到自己的不足从而可以改正和完善。当你身上的某些缺点在别人身上也是存在的话，你用怎么样的眼光看别人，就会知道别人用怎么样的眼光看你。同时也会知道，你在别人心目中占据着怎样的位置，而且也可以让你对于别人不经意间的犯错抱一种理解与宽容的态度。

人们总是想得到得更多，却从未想过，不付出哪有收获？不管你在人生的舞台上多么成功、多么有能力，只要是人，就总会有求人的时候。闭门羹我们都"吃"得不少，如果你把你的大门对别人关上，当有一天你需要帮助时，别人也会对你关上大门。

如果一个人能够不为非作歹，能够积极作出有益社会的事，便是一种善行。行善的结果，不仅社会大众受到福泽，个人也必可获得裨益。正如一句名言所说："一种纯粹的快乐，只有在行善时才能得到。”

在有人需要帮助的时候就本能地伸出援手的人，当自己遭遇困难时，通常也会适时地得到援助。这时候，总会有一个人奇迹般地出现，并且会予以“相同的报答”。善行一定会衍生出另一个善行，而善行终会招来善报。这是这个世上最强劲的连锁反应之一。

我们对红顶商人胡雪岩并不陌生。当时有个商人在一次生意中损失很惨重，急需一大笔资金来周转。为了救急使用，他拿出自己全部的家业，想以非常低的价格转让给胡雪岩。胡雪岩不仅答应了他的请求，还按市场价来购买对方的家业，这个数字大大高于对方转让这个价格。

那个商人十分不解，不明白胡雪岩为什么连到手的便宜都不占。胡雪岩叫他放心说自己只是暂时帮他保管这些抵押的资产。

胡雪岩说等到商人挺过这一关，可以随时来赎回这些房产，只需要在原价上再多付一些微薄的利息就可以。胡雪岩的这一举动让商人感激不已。

胡雪岩还对他的伙计讲了一段自己的经历：

有一次，出门在外正好赶上了大雨。我恰好带了伞，便帮着人家打伞。后来，到了下雨的时候，我就经常帮一些陌生人打打伞。时间久了，那条路上的很多人都认识我。有时候，我自己忘了带伞也不用担心被雨淋了，因为会有很多我帮过的人为我打伞。

胡雪岩微微一笑说道：“只有你肯为别人打伞，别人才会愿意为你打伞。那个商人的产业也许是家里几辈人积攒下来的，我要是以他开出的价格来买，肯定很占便宜，但这个人也就一辈子翻不了身了。我这样做并不是单纯的投资，而是救了他们一家人，同时也交了个朋友，又对得起自己的良心。谁都会遇见雨天没伞的情况，能帮人遮点雨就遮点吧。”

后来，商人终于挺过了这个难关并赎回了自己的产业，也成了胡雪岩最忠实的合作伙伴。

后来，越来越多的人知道了胡雪岩的义举。无论官绅还是百姓，都对有情有义的胡雪岩敬佩不已。

平时广结善缘的人，有口皆碑的话，一旦有事，无疑都能够左右逢源，逢凶化吉，能够成就更大或更多的事业，古语有云“得道多助”、“吉人天相”，事实上也是有相当根据的。

年轻时候的罗斯福，曾经在家乡一个大农场里工作。农场主叫德里斯是个刻薄而吝啬的人。

一次，罗斯福负责的工作出了一点点错误，德里斯以此为借口，扣发了罗斯福的全部工资。罗斯福气愤不已，就将德里斯告上法庭，可德里斯提早让农场做工的工人做了伪证，结果是罗斯福不仅没有讨到薪水，反而被德里斯反咬一口，赔了不少的诉讼费。从此，罗斯福和这个农场主结下了怨恨。

20多年后，罗斯福成了美国总统。一天周末，罗斯福家来了一位不速之客，这位不速之客就是农场主德里斯。

原来，受到经济危机的影响，德里斯已经面临破产，他的农场急需资金支持，可是由于德里斯是个吝啬的出了名的人，没有人愿意为他担保。德里斯在无奈之际，就想起当年曾经欺压过的罗斯福。

罗斯福听完德里斯的诉说后，考虑了一下，完全不顾妻子的眼神暗示，决定为他担保，让他借到了那笔救命的贷款。

德里斯走后，妻子有些气愤地说：“你难道忘记了他是怎么对待你的吗?你为什么还去帮他?”

罗斯福慢悠悠地说：“一个善良的人，善良就是他的天性，这善良不会因为面对的是一个善人或者恶人而有任何改变。如果面对一个恶人，自己也变得凶恶，这还是善良吗?”

据一些调查资料显示，善良的人往往都是乐观向上，喜欢微笑，会把时间用在运动等快乐的事情上。而不善良的人常对别人怀有恶意，把大部分的时间常放到算计他人上。因此，不善良的人往往生活质量低、寿命短。

科学家说，那些常做好事的人，心存感恩的人，往往会拥有健康的身体，善于化解和应对各种压力和紧张情绪。研究还表明，当人表现出善意时，大脑会释放出多巴胺，这时候血液中复合胺的含量就会升高。这两种物质的作用就在于能使人在激动和紧张中平静下来，使人心情愉悦，减轻压力。“感激”、“爱”、“满足”这样的情感，会不断刺激脑下垂体后叶激素的分泌。这种激素会使神经系统放松，压力慢慢减少，体内各器官组织的含氧量显著增加，脑部和心脏还有同步电流产生，体内各器官的运动很有效地再运动，对健康极为有利。

从善如流，使我们的生命得到了无限的延伸。广结善缘，使得虚空无有定相，无所不相，所以能成其宽广；流水居高就下，不拘形式，所以能恩泽大地。从善如流，既可恩惠自己，更可惠泽一方。

第三节　感恩使你更快乐

学会感恩让你更快乐。学会感恩，是为了将无以为报的点滴付出永铭于心，学会感恩，是为了擦亮蒙尘的心灵而不致麻木。对他人常怀一颗感恩的心，对事保持一颗宽大的心胸，你会发现生命其实很精彩。

感恩是一种责任。感恩，表明一个人对自己与他人和社会的关系有着正确的认识；学会感恩，就是在这种正确认识之下产生的一种责任感。只有学会感恩，人们对许多事情才可以平心静气；学会感恩，让人们可以从小事做起；学会感恩，人们可以做到严于律己，宽以待人；学会感恩，让我们正视错误，相互帮助；学会感恩，人们将不再孤独。

感恩不仅是一种生活态度，也是一种品德。感恩可以消除内心的积怨，可以涤荡世间一切尘埃。感恩是一种做人的原则，学会了感恩，每个人都会拥有快乐和一生的幸福。

感恩绊倒你的人，因为他们使你的意志得到强化。现代社会是个竞争的社会，而只要有竞争的存在就免不了尔虞我诈，有多少人为了自己的目的，不择手段地在你前进道路上设置各种障碍。当我们遭遇这些障碍时，请不要放弃，要勇敢去面对。只要你坚持到底，阳光就会出现。压力就是动力，这种越挫越勇的精神在无形中就会强化了你的意志力。所以，请记得感恩。

感恩遗弃你的人，因为是他们教会了你独立。一个人在人生的路上难免要经历自我独立。因为我们的亲人是不可能一生陪伴在你身边的。俗话说，花无百日在深山，人无百年在世间。当我们的亲人在某一天因为某些原因放弃了自己，我们要懂得感恩，感恩他们永远不求回报无限地付出，感恩他们的及早放手。不是有一种爱叫放手嘛，正是因为他们的放手我们才学会了独立。

感恩训斥你的人，是他们让你学会了思考。人与人之间的相处过程中，有欣赏就有训斥。当我们遭遇斥责请不要恼羞成怒。试着换位思考，自己反省。这样在今后的人际交往中，你就会以此为戒，有则改之无则加勉。

感恩伤害你的人，因为正是他们磨砺了你的心志。一个人在人生的过程中，总会受到各种各样的伤害。人生不可能永远一帆风顺，当你的真诚换不回回报的时候，不要怨天尤人。你不妨对自己说，每一次伤害都是对你人生的洗礼，每一次伤害都是一种新生活的开始。我们把痛楚化作前进的动力，坚信终有一天你会化茧成蝶。

感恩欺骗你的人，因为你的阅历很大一部分都是靠他们增长的。无处不在的欺骗，无论怎么小心难免也会受到欺骗。所谓吃一堑长一智，害人之心不可有，防人之心不可无。所以，请感恩欺骗你的人，正是有了他们的欺骗，才让我们无形中增长了社会阅历。

感恩在困境中向你伸出援手的人，是他们让你坚定了信念。感恩在顺境中忠言提醒你的人，正是他们帮你校正了前进的航向。感恩诬蔑你的人，是他们让你明白了正人先正己的道理。

只有小草心存对阳光风雨的感恩，在一岁一枯荣之后才又萌发新绿；雄鹰对蓝天白云的感恩，才有在清寒玉宇中展翅高飞；溪水对巍峨高山的感恩，才会有山涧低吟下泻的景观；泥土对广袤大地的感恩，在田野里散发沁人的芬芳。生活在感恩的世界里的我们，感恩生命的伟大，感恩生活的美好；感恩父母的教导和抚养，感恩老师的谆谆教诲。我们感恩大自然赋予生命的一切恩泽。

一只小蚂蚁在河边喝水的时候，不慎掉了下去。它拼尽全力想靠近岸边，但没过多久就游不动了，小蚂蚁绝望地挣扎着。这时，在河边觅食的一只大鸟看到了这一幕，它十分同情小蚂蚁的遭遇，于是衔起一根小树枝扔到它旁边，最后小蚂蚁挣扎上树枝，终于脱险回到岸上。

当小蚂蚁在河边草地上晒太阳的时侯，它听到了一个人的脚步声。这时一个猎人轻轻地走过来，手里端着枪，准备捕获那只大鸟。小蚂蚁立刻爬上猎人的脚趾，钻进他的裤管，就在猎人将要扣动扳机的那一刻，小蚂蚁咬了他一口。猎人一分神，子弹就打偏了。枪声惊动了大鸟，它飞走了。

尽管蚂蚁是比大鸟弱小得太多太多，但小蚂蚁却用自己的力量帮助大鸟躲过一次杀身之祸。

动物是这样，更何况我们人呢？在我们生活、工作、学习中都会遇到别人的帮助和关心，也许你不能一一的回报，但是要学会感恩。

如果你想表达你对别人或生活的感恩，你可以试着做到下面几条：

1.养成感恩的习惯

对生活的每一天怀有感恩。不需要感恩特定的某人，因为你可以感谢生活！因为今天又是新的一天。

2.不索取回报的小小善意

不能为了私利去做好事，也不要因为善小而不去做这件事。行动强于话语，说声“谢谢”不如做一件小小善事来回报他。

3.一份小小的礼物

不需要多么昂贵的礼物，小小的礼物也足够表达你的感恩了。所谓礼轻情意重的道理。

4.公开地感谢别人

在一个公开的地方表达你对某些人的感谢，例如在办公室里、在与朋友和家人交谈时、在博客上等。

5.给他们意外惊喜

小小的惊喜可以使事情变得很不同寻常。

6.对不幸也心怀感激

即使生活误解了你,使你遭遇挫折与打击,你也要怀有感恩。感恩并不是要你去感恩这些伤心的遭遇,而是去感恩那些一直陪在你身边的亲人、朋友;你还有的工作、家庭;生活依然给予你的健康和积极的心态,等等。

感恩是一种动力也是一种良知。人有了感恩之情,生命就会得到滋润,并闪烁着纯净的光芒。永远怀有感恩之心,经常表达你的感激之情,人生就会充实而快乐。一个懂得感恩并知恩图报的人,才是天底下最富有的人。

第四节　送人玫瑰,手有余香

生活中,人们都希望得到别人的支持和理解,更希望得到别人的关心。古语有云:“己欲利,先利人;己欲达,先达人。”世界上的每个人都不可能孤立地存在着,我们也需要别人的帮助,而在需要帮助的时候站出来帮我们的往往就是那些我们曾经帮过的人。很多时候,我们多为他人着想的结果也许会使我们有更大的收获。

大文豪雨果曾说:“做一个圣人,那是特殊情形;做一个喜欢助人的人,那却是为人的正轨。”中国也有类似的一句话:“小才不知有缘,不懂用缘;中才知有缘,但不善用缘;只有大才,知缘而且善用缘。”这句话生动地告诉我们助人是多么的重要,正是有人缘才会有财缘。不论什么事情的发生,都会有必然的原因。有因才有果。

谚语说:“送人玫瑰,手有余香。”刘安说:“积爱成福,积怨成祸。”《论语》说:“君子成人之美,不成人之恶。”能给人快乐的人,自己也会获得快乐。也许你会说你没有万贯家私,也没有手握重权,没有足够的实力帮助别人,但其实不然,也许你的一个小小的微笑,一句小小的赞扬,一次小小的帮助,就会改变别人的命运。

我们的世界太需要温暖。不要小看对失意者随口说一句温馨的话语,对跌倒者伸出扶助的双手，对无望者一个真诚的话语，你自己或许什么都没失去，而对一个需要帮助的人来说，也许得到的就是醒悟、支持、宽慰。为他人尽力的同时，也是为自己尽力；不帮助他人的人，不能得到别人的帮助。助人越多，别人越感激你，人生就越有价值。

助人是一种高尚的行为，这好比是阳光一样，无私地普照着大地，让每一个受助者能感受到阳光的灿烂；助人是“此处无声胜有声”的，它播撒着美好的种子，让其在每一个受助者的心中开花。

一位行善的基督徒，在临终后想看看天堂和地狱是什么差别。于是，他请求天使在把他带到天堂之前，先带他去地狱看看。

天使答应了，把他带到地狱。在地狱里，他看见一桌丰盛的晚餐，鸡、鸭、鱼肉应有尽有。他十分奇怪地问天使：“原来地狱的生活也很好嘛，难道生前作恶的人不用受苦吗?”天使说：“上帝是爱我们所有人的，他不会主动惩罚每一个人。人们之所以会受到惩罚，都是他们自己犯的错。”基督徒听后还是摇了摇头表示不太理解。

地狱的晚餐开始了。只见一群枯瘦如柴的饿鬼疯抢着来到座位上，他们每个人手里拿着一双十几尺长的筷子，都在努力用这双长筷子夹到美味的食物，但是筷子太长了，不管他们怎么努力，最终也无法把夹到的食物放到自己的嘴里。

基督徒看着他们，似乎明白了什么。这时天使对他说：“他们每个人都能夹到食物，可惜却吃不到，我再带你去天堂看看吧。”

于是他们一起来到天堂。在天堂里他同样看到一桌丰盛的晚餐，每道菜都和地狱里的是一样的。每个人用的筷子也和地狱里的一样都是那么长，不同的是，他们每个人都把夹到的食物喂给别人吃，而自己也可以一直品尝到别人喂过来的食物。他们每个人吃得都很愉快。

天使说：“这就是天堂与地狱的不同：不愿意帮助别人的人，就生活在地狱里；助人为乐的人，就生活在天堂里。”

在生活中，我们总会有需要别人帮助的时候。同样，我们身边的人也需要我们的帮助。大家只有互相帮助，我们才能生活得更美好、更快乐。

石油大王洛克菲勒有这样一句名言：“当蔷薇含苞欲放时，只有剪除四周的枝叶，才能在日后一枝独秀，绽放成艳丽的花朵。”事实证明他也是这么做的。洛克菲勒靠他刽子手般的垄断手法积敛了大量财富，成立了一个跨国公司。但美国人都不喜欢他甚至恨他，称他是刽子手。一天他遇见了一位牧师，牧师对他说：“你觉得人生真正的幸福快乐是什么？你用尽心血将企业办得这么大，但美国人不领你的情还恨你，你这样生活有意义吗？”洛克菲勒听后，于是改变了自己的价值观，认为帮助别人才是最大的快乐，后来他提前退休，开始把精力放在慈善事业上，后来他成为美国最大的慈善家。

别人需要，是人的天性，也可以体现出一个人的价值。在某些特定情况下，一个人如果不被别人需要，生存也就失去了意义。老子说：“尽力照顾别人，我自己就更加充实；尽力给予别人，我自己就更加丰富。”正所谓是穷则独善其身，达则兼济天下。自然的规律是，盈满多余的地方就会自然减少，而欠缺不足的地方会自然增加，就像月亮一样。所以，聪明的圣人认识到：当自己满足的时候，不去炫耀，反会贬损自己。自己多余的时候，就把多余的东西补给那些欠缺的人。这样贬损了自己，别人也就得到了好处，那么你与别人的关系就可增进，就不会产生什么矛盾。所以，领先于别人的人没有必要得意。多给别人一些帮助，使他人感受到真诚的平等，会得到他人永远的感谢。

多少年之前，苏格兰一个穷苦的农民叫弗莱明。有一天，他在深水沟里救起了一个孩子。第二天，弗莱明家门口来了一辆豪华的马车，从马车走下一位绅士。对弗莱明说：“我是昨天你救了那个孩子的父亲，我今天专门过来向你表示感谢。”弗莱明回答：“我不能因为救了你的孩子就接受报酬。”

正在两人说话的时候，弗莱明的儿子从外面回来了。绅士问道：“他是你的儿子吗？”农民很自豪地回答：“是。”绅士说：“那么我们订立一个协议把，我把你的儿子带走，让他接受最好的教育，如果这个孩子像你一样真诚的话，那他将来一定会成为让你自豪的人。”弗莱明答应了并签下这个协议。数年后，弗莱明的儿子从圣玛利亚医学院毕业，发明了抗菌药物盘尼西林，成为天下闻名的亚历山大爵士。

有一年，这个绅士的儿子，也就是被弗莱明救过的那个孩子染上了肺炎，是盘尼西林把他从死亡的边缘拉了回来。那个气质高雅的绅士是第二次世界大战前英国上议院议员老丘吉尔，而这位绅士的儿子就是第二次世界大战时期英国著名首相丘吉尔。

富兰克林有这样一句名言："一个人种下什么，就会收获什么。我们如果真诚地待人，别人也会真诚地对待我们。"正是因为弗莱明的真诚才有自己儿子成才的机会。老丘吉尔也是因为真诚最终挽救了自己儿子的生命，并使之成为20世纪影响人类历史进程的政治家。

孔子说："以富贵而天下，何人不尊；以富贵而爱人，何人不亲。"意思是说，以我的富而能富他人的人，想贫穷也不可得到了；以我的贵而能贵他人的人，想贱也不可得到了；这就是古代圣人所说的"施恩德于人不忘回报，受到他人施的恩惠千万不能忘记"的道理。简单来说就是他人有恩于我，不能忘记；我有恩于人，虽是救死之恩也不能企望报答。

"好风凭借力，送我上青天"。帮助别人，就是在为自己以后储蓄。真心助人，赠人玫瑰，手有余香，其回报不言而喻。

第五节　滴水之恩当涌泉相报

人生难免磕磕绊绊，在关键的时候，别人扶了你一把，这会给你留下深刻的印象。这时，我们要学会感恩，知恩图报。也许，在某一天，曾经的恩人陷入困难的境地，这时你不可袖手旁观，尽力去帮对方一把。

这个题目本来是作者星竹为我们讲述下面故事的文章题目，因为觉得也非常点题，就直接引用了。

14年前，美国人乔治为妻子的怪病几乎跑遍了全世界，却还是没有治愈。一次他听说中国的中医专治疑难杂症，于是便带着妻子远渡重洋来到中国看病。乔治为妻子看病，几乎花光了全部的资产，但既然来到中国，总得请一个翻译。那时正值暑假，乔治通过关系在北京外国语学院请了学生赵小宁来当翻译。

赵小宁来自宁夏地区，是一名贫困生。由于母亲多年病重，他急于找个差事能挣点钱。可不曾想，乔治却因为没有钱，他把雇用赵小宁的费用压得非常的低，可是对于贫困中的赵小宁挣一分钱都是好的，于是他接受了这份有些委屈的差事。

乔治带着病重的妻子在奔波，每天都很辛苦。赵小宁不但要为他们做翻译，还要替他们挂号、拿药、排队等做一切琐碎的事。乔治不但雇了一个廉价的翻译，还雇了一个勤杂工。真是一举两得的事情。

人们都说美国人有钱，但作为美国人的乔治却没有给赵小宁这个印象，出门如果不是特别的需要，乔治都会乘坐公共汽车。不久之后，赵小宁就看出，这个美国人其实没有钱。对此，乔治也很不好意思。

没想到，赵小宁刚刚给乔治和他妻子做了几天翻译，一位同学便带着一个外国人来找他，原来一个加拿大公司来北京谈生意，由于临时谈判项目增多，急需两名翻译，报酬非常丰厚，同学让赵小宁赶紧辞掉乔治的事。

乔治通过他们的对话，大致知道了事情的经过，他只希望赵小宁在离开之前，能再找一名中国翻译，哪怕只是会最简单的交谈也行。

赵小宁看着乔治，又看看他病重的妻子，半天都没有说话。最后，赵小宁还是回绝了同学和加拿大人的请求，他说他现在已经熟悉了乔治妻子的病情，如果这时候换人的话，在与大夫的交流中，对乔治妻子的病是不利的。乔治强忍住眼里的泪花，什么也没有说。

暑假过后，赵小宁回到学校继续上课，乔治和他的妻子也离开了中国。第二年，乔治的妻子还是离开了人世。于是，乔治重新去经营他几乎倒闭的企业。

3 年过后，赵小宁面临着大学毕业，开始了整日奔波于找工作的艰辛中，两个月过去，可是班上的同学只有 1/3 的人工作有了着落。赵小宁与没有去处的同学惶惶不可终日，两眼茫然。就在这时，乔治先生给他寄来一封信。他说是赵小宁的善良与为人打动了他，这几年来他一直念念不忘。如今他的公司很快就要到中国办厂，需要一名中国方面的代理人，问赵小宁是否愿意与他合作，报酬是每月 8 万美元。

赵小宁万万没有想到，在他最困难的时候，会从大洋彼岸的美国飞来如此的幸运请求，这也算得上是人生红运了。

而这美好的一切，仅仅是因为几年前，他做了一点与人为善的事，只是付出了一点小小的牺牲，但上帝却为他带来了如此大的福音，真可谓是滴水之恩，涌泉之报。

这里是否有因缘因果，没有人能破晓。但就是因为这个，上苍却让他获得了如此大的回报。

读到这里但愿大家能对感商TQ所讲的那种"自然的"、"不索自来"有更深的理解和感悟。

哲学上讲，质变由量变而来，外因靠内因作用。

有些人不提高内在修为而刻意去"经营"，最终会落得一场空；而那些本分的善良和真诚的付出却会获得意想不到的收获。

说到底，一切的修为都会汇集到感商TQ的修炼上来，其本质就是提高做人的本分。

第六节 用感恩的心对待工作，你将收获更多

感激曾经绊倒过你的人，因为他们强化了你的双腿；感激曾经伤害过你的人，因为他们教会了你坚强；感激那些遗弃过你的人，因为他们告诉你独立。

做一个说话算数的人；做一个支持者而不是一个吹毛求疵的人；做一个推动者而不是一个抱怨的人；做一个马达而不是一个障碍……只有先呈现良好的服务，才会得到相应的报酬；以诚信换取成功；视工作为机遇，以快乐的心情投入工作中，来换取最大的收获，而不是视之为难以忍受的苦差事……我们在工作的同时也别忘了愉悦身心，以最高的效率取得结果。这就是感恩的快乐！也是感恩的工作状态！

一个人在工作中，不可能永远一帆风顺，也不会一路坦途，有时候难免会遇到困难和挫折，这时候，如何去看待、处理，就会有不同的感觉。若果你把工作当成负担的话，面对困难和挫折，只会充满抱怨和牢骚；如果把工作当成一种恩典的话，困难和挫折在你的眼中也会是别样的收获。

怀着感恩的心去工作，就会更在意自己的工作，同时也会更在意自己的老板和同事等。我们可以看到，懂得感恩的人，总是更加主动积极、敬业乐群，总能受到老板和同事更多的欢迎。

感激老板给了你这份工作，使你有了谋生的机会，有了养活自己的能力；感激老板给了你这个岗位，使你远离了“待岗”“下岗”的局面；感激身边的同事，他们给了你一个良好的职场环境，给了你工作上的支持、帮助和配合。你要知道，一个人不管有再大的本事，如果没有身边的人的配合，工作也很难开展。

有一位成功的职业人士这样说过：“是一种感恩的心情改变了我的人生。当我清楚地意识到我在学历以及待遇上比别人都低时，我没有任何的权利去抱怨什么。相反，我对所有的一切都怀抱感恩之情。我尽力要回报别人，我真诚想让他们快乐。结果，我不仅工作得更加愉快，所获帮助也更多，工作也更出色。以及我很快获得了公司加薪升职的机会。”

因此，在职场中无论做任何事，都要把自己的心态放平，抱着学习感恩的态度，不要计较一时的待遇得失。如果不去计较，就能把计较的时间和精力更好地用在工作上。不论做任何事都能全力以赴，当机会来临时才可以及时把握住。

我们怀着感恩的心去工作，我们就是在享受工作，以这样一种心态去工作，我们收获的会是意想不到的惊喜和成就。回头想想，自己曾经从事过的每一份工作，都带给你许多宝贵的经验和教训，这些都是人生中宝贵的经验。带着一种从容坦然、喜悦的感恩心情去从事你的工作吧，这样会获取最大的成功。

李立所在的公司突然倒闭，李立也就失业了，虽然这一切让他难以接受。他原本以为对于一个在这家软件公司干了8年的老员工来说，再熬几年就可以做到退休，然后拿着优厚的退休金颐养天年了。

也就在这个时期，李立的儿子降生了，他意识到，重新工作迫在眉睫。作为丈夫和父亲，他有责任让妻子和孩子们过得更好。他的生活开始凌乱不堪，每天的工作就是不停地找工作。

找了一个月他还是没能找到工作。除了编程，他一无所长。一天，他在报上看到一家软件公司要招聘程序员，很好的待遇。李立揣着资料，满怀希望地赶到公司。应聘的人数很多很多，可以想象竞争将会异常激烈。通过简单交谈，公司通知他一个星期后参加笔试。凭着过硬的专业知识，在笔试中，李立轻松过关，两天后面试。他对自己8年的工作经验非常自信，相信面试不会有太大的问题。然而，面试官的问题是关于软件业未来的发展方向，这些问题，他从未认真思考过。

李立觉得公司对软件业的理解，令他眼前一亮，虽然没有来这里工作的机会，可他感觉收获很大，有必要给公司写封信，表示感谢。于是提笔写道："贵公司花费人力、物力，为我提供了笔试、面试的机会。我虽然最终落聘，但通过应聘使我收获很大，获益匪浅。感谢你们为之付出的劳动，谢谢！"

对这家公司来说，这是一封与众不同的信，因为落聘的人不但没有不满，竟然还给公司写来感谢信，真是闻所未闻。于是这封信被层层上递，最后送到总裁的办公室。总裁看完信后，一言不发，把它锁进抽屉。3个月之后也就是新年的来临，李立收到一张精美的新年贺卡，上面写着：尊敬的李立先生，如果您愿意，请和我们共度新年。贺卡是他上次应聘的公司寄来的。

原来，这家公司出现职位空缺，他们想到了李立。后来，李立凭着出色的业绩，一直做到了公司的副总裁。

由此可见，感恩，不仅是一种心态，也是一种力量。对工作感恩，可以使我们更加珍惜现在，做好现在的一切。面对当下的挫折，能让自己获得更大的提升。感恩还可以让自己跟同事和老板的关系更加融洽。在感恩中积累下来的、收获的，不只是现在，还有未来。

第七节 抱怨不如感恩

美国成功哲学演说家金·洛恩曾经说过:“成功不是追求得来的,而是被改变后的自己主动吸引而来的。”事实也的确如此,在工作中,总有很多的“别人”使我们很郁闷。这种郁闷也许是因为他们和你不相融洽,也许是他们不欣赏你,也许是他们不喜欢你,也许是他们不重视你,但是,与其抱怨别人,不如学会感恩,用更积极的心态去工作。

我们的生活中处处都有不如意,抱怨解决不了任何问题,面对不如意的事情,与其抱怨,不如感恩。生活中的不如意,我们习惯了抱怨,我们常会听到这样的话:“某某的工作好轻松”、“某某某怎么那么走运”等抱怨命运的不公,抱怨生不逢时,抱怨造化弄人。在抱怨中,我们却对自己拥有的幸福视若无睹、不懂珍惜,只是一直在单纯地放大缺憾;在抱怨中,患得患失、斤斤计较,把感恩的心态越抛越远。

很多人都会认为抱怨是很好的发泄工具,可以在挫折或面临困难的时候放松自己的心情,但是我们还是忽略了这种情绪对自己的严重影响。当然,我们也不是圣人,不抱怨是不可能的,我们能做到的是尽量少抱怨。因为过多的抱怨会让我们对工作丧失起码的责任心。在提到抱怨与责任的问题上时,有位企业领导者一针见血地说:“抱怨是失败的一个借口,是逃避责任的理由。这样的人没有胸怀,很难担当大任。”

有很多时候工作中的我们,都是可怜的“受气包”和无奈的“变形金刚”,到了忍无可忍的境地还得继续容忍,改变自身以求容身。正如法国思想家卢梭所言:“忍耐是痛苦的,但它的果实是甜蜜的。”

从前,一个秀才进京赶考,他晚上梦到自己在墙上种白菜,算命的解梦说:“高墙上种菜就是白费劲的意思。”劝这个秀才还是回家算了。秀才听后非常失落。后来,有位店老板听到他的梦后乐了："墙上种菜不就是高种（中）的意思吗？"秀才于是振奋精神参加考试，中了个探花。同样的道理，杯子里只有半杯水了，一个人看见会说："哎，只剩下半杯水了。"而另外一个人则说："啊，还有半杯水呢！"其实，事情都是有两面性的，问题在于当事人如何去看待它们。这就是人们在对待事物时的不同心态，前者是抱怨而悲观的，而后者则是感恩而乐观的。

的确如此，一个人面对失败所抱有的心态往往决定他一生的命运。拥有积极的心态有助于人们克服困难，使人看到希望，保持进取的斗志。而拥有消极的心态会令人沮丧、失望，对生活和人生充满了抱怨和失望，自我封闭，于是自己的潜能遭到限制和扼杀。

不要抱怨玫瑰有刺，要为荆棘中有玫瑰而感恩。生活中没有一项工作是完美的，也没有一项工作会让一个人完全满意，我们做不到不抱怨，但可以让自己少一些抱怨，而多一些积极的心态去努力进取。

不得不承认，人生的确有不少磨难，生活的五味瓶里，除了甜之外，没有什么再是人们的向往，可酸甜苦辣又是生活中不可缺少的，它们能够丰富我们的人生。人生需要苦难的洗礼，正是因为那些折磨，我们才能在挫折中找到自己的不足，才能不断地完善自己。

眼前的困难，不会成为你一辈子的障碍。所以，即便面临困境，也不要悲观，坚持一下，苦难一定会过去。我们的生命，是苦难与幸福的轮回。我们在逆境中要能坚守自己，再苦也要笑着面对，再委屈的事情，也能用博大的胸怀容纳，那么，人生就没有过不去的坎儿。

当我们走出困境，用乐观的心打量这个世界的时候，就会发现，原来生活不是不美好，而是我们一直在抱怨中扭曲了生活的本质。我们应该学会感恩，学会与人分享，学会在残缺中感受快乐，在逆境中品味幸福。

我们都向往一个公平公正的世界，但每个人有着不同的出生、不同的社会背景、不同的能力，即使国家搭建了一个公平公正的平台，在生活中，歧视也会无处不在。因此，靠抱怨是不能获得别人的认可与尊重的，面对挫折、不公的时候，与其抱怨，不如学着去感恩，感谢这些困境，然后发愤图强，总会有所成就的。

第八节 祸莫大于知足，咎莫大于欲得

每个人都有各自不同的欲望，人的欲望又是无边无际的，俗话说："猛兽易伏，人心难降；溪壑易填，人心难满。"而生活给我们提供的往往满足不了人们的欲望，于是不少人虽然吃香的、喝辣的、穿名牌、住靓宅、开名车，依然体会不到生活的欢乐。人生之祸又大多是因为不知足引起的。

面对现在眼花缭乱、物欲横流的世界，如果你是一个"不知足"的人，那令你心动、想入非非的诱惑实在数不胜数。对于一个人来说，"知足"要比"不知足"更难。

希腊的《伊索寓言》里有这样一句话："贪婪往往是祸患的根源。"事实上也是如此，在物质上的"不知足"，总会使人失去理智，最终迷失自我。"知足"的人对待名利更豁达，看得更高远。他们能抛开一切名利的束缚，让人生得到充实、丰富、自由、纯净；知足也让他们更加理智和成熟。

很多人都听过《渔夫与金鱼》的故事：

从前有一个老渔夫和他的老太婆住在大海边，他们以捕鱼为生。一天，老渔夫捕到了一条美丽的金鱼，金鱼哀求道："请您放我一条生路吧，我可以满足你的任何要求！"善良的老渔夫没有提任何要求，就把金鱼放回了大海。

回到家，他把这件事告诉了老太婆，老太婆十分生气地说："为什么不向它要点东西呢？去，快去要只崭新的木盆来。"老渔夫只好硬着头皮向金鱼去要木盆。新木盆有了，老太婆又要房子；房子有了，老太婆要当贵妇人；最后不想做贵妇了，老太婆又要当海上的主人，让金鱼听她的使唤。金鱼每次都接受了老渔夫的要求，满足了他们的种种欲望，可是这次金鱼什么也没说，就回到了海里。老渔夫回去一看，金碧辉煌的宫殿消失了，他们所拥有的一切仿佛都没发生过一样。木盆还是之前的旧木盆，老太婆依然在门边……

现实生活中，大家往往缺少了渔夫的“知足”精神，把自己变成了贪婪的“老太婆”。有太多的人从不懂得知足，在与别人攀比中，感到更多的不满足，越比越觉得活得不快乐；更有的人贪心不足，利用手中的权力搜刮民脂民膏，贪污受贿，最终为此付出了沉重的代价，落得个身败名裂，遗臭万年的下场。这些事例都说明了“祸莫大于不知足”的真理。

俗话说“知足者常乐”，在这物欲横流的世界里生存，作为芸芸众生中的一分子，只有知足者，才能与乐观相随；只有常乐者，快乐才能与你同在。不知足往往将人引向贪婪，而贪婪则是无穷无尽的。被贪婪俘获的人，等待他们的只会是更多的痛苦。

清朝胡澹淹的一首打油诗《不知足》里这样写道：“终日奔忙只为饥，才得有食又思衣；置下绫罗身上穿，抬头又嫌房屋低；盖下高楼并大厦，床前缺少美貌妻；娇妻美妾都要下，又虑出门没马骑；将钱买下高头马，马前马后少跟随；家人招下十数个，有钱没势被人欺；一铨铨到知县位，又说官小势位卑；一攀攀到阁老位，每日思想要登基；一日南面坐天下，又想神仙来下棋；洞宾与他把棋下，又问哪是上天梯；上天梯子未做下，阎王发牌鬼来催；若非此人大限到，上到天上还嫌低。”这首诗把贪婪者的心理状态刻画得非常到位。同时也揭示了一条真理：过分地“污染”心灵、放纵自己的行为终会付出惨重的代价。

在1983年的时候，石油危机爆发，石油大亨默尔不断地奔走于两州之间，由于过度劳累终于使他病倒了。等他病好后却卖掉了公司，在老家苏格兰定居下来。记者问他为什么要这么做，默尔只是指着罗斯顿的名言，说：“利奥·罗斯顿。”后来有人在他的自传中发现写了这么一句话：“富裕与肥胖没有什么两样，不过是获得超过自己所需的东西罢了。”默尔也就是在罗斯顿的名言里终于明白了知足的含义，并懂得了，对于一个人来说，最大的财富就是健康和快乐。

如今这个社会那些贪食贪财之人，最终还不是以失败而告终？更有甚者，对钱权色贪得无厌，从而采用不法手段攫取，最终落得个搬起石头砸自己的脚，弄得身败名裂不说还误了卿卿性命。还有那些监狱里形形色色的案犯,又有几个不是由于贪心而失去自由的?过于爱名利就一定要付出更多的代价,过于积敛财富,一定会遭到更为惨重的损失。因此,懂得满足,就不会受到屈辱,懂得适可而止,就不会遇到不必要的危险,这样才可以保持长久的平安。

第七章　成为一个频率：感动别人是为了获取共鸣

我们感动别人是为了什么？对于推销员来说就是要达到共鸣，继而促成成交。可是，这样做如果只是偶尔不能长期坚持的话，那只会证明你的不诚心，什么时候你可以把这个成为一个频率，那时候才会有成效。

让感动力变成一个频率吧，你会发现，那时候你会得到得更多。

第一节　引起共鸣以及体验共鸣

促进客户的购买力，首先离不开引起的共鸣力。这只是你迈出的第一步，要想得到客户的认可还需要人家在体验的过程中慢慢地去品味……

如果你能严格遵循共鸣法，我们现在要讨论的这个步骤——明确表达有力概念应该就相当容易！你已经花了很多的时间去了解顾客待解决的市场问题，识别可能引起市场共鸣的商机，开发可能带来突破性体验的产品或服务。如果这些你都做得很好，接下来你只需要认真总结自己的组织都为顾客做了什么。你肯定很想表达一个或多个有力概念，说出能引起顾客共鸣的短语和句子。

其实最有力的概念就是来自公司的特殊能力，同时完美解答了顾客的待解决问题。这一概念的确有力。

这种成功概念的与众不同之处在于，它并没有对产品或服务的功能加以描述。例如，乔治·W·布什在演讲和广告中一次又一次说道“坚持到底”这一有力概念。这个概念对“保安妈妈”尤其有吸引力。他一再强调，如果布什战胜约翰·克里连任美国总统，她们的家人就可以免受恐怖主义威胁。他为什么这么说，主要是因为总统候选人试图引起这一选民群的共鸣。

对共鸣法进行总结才可以表达出引起共鸣的有力概念。你想要每一顾客群相信自己的组织能为他们到底做了些什么？怎么样向顾客展示自己的重要能力呢？除了产品，每个顾客群还需要什么？你的产品可靠吗？高档吗？你的产品是不是“安全的选择”？例如，沃尔沃出售的不只是汽车，更是安全。

开发产品和服务体验时，一定要记住体验二字。最成功的组织明白，顾客购买的是总体体验，所以尽最大努力在创造着引起共鸣的体验。人们关心的顾客体验一般包括5部分。

1.发现体验

顾客需要充足的信息制定合理的、有充分根据的决策，从而来解决自己的问题。例如，善于制造共鸣的组织也许会依靠写博客的形式让公众了解自己解决问题的方法。长远看来，那些整合简单、无害且有效的市场营销体验能让领导者获得更多的利益。

2.购买体验

为什么人们在购买产品的时候，有的购买方便，有的却十分麻烦呢？不会制造共鸣的公司整天只是想着如何简化公司的业务流程，而不会去考虑顾客的方便性或娱乐性。不管你卖的是5块钱一块的三明治还是3万元一条的船，尽最大努力地简化流程、增加购买体验的娱乐性能带来更多销量。

3.包装体验

你要知道在日本，包装精美的水果是一种十分流行的商务礼品。每个熟透了的苹果或梨子都用精致的薄纸包着。当然，这些水果都经过精挑细选，有着完美的形状、大小和颜色。由于包装的精美，往往水果箱会比水果本身10倍还多的价格卖出。此外还有一部分顾客群希望包装从简，并批量购买水果以节约开支。

4.使用体验

突破性体验很容易理解和执行，它们来自于直觉、自然形成，可以帮助人们搭建与产品或服务之间的桥梁。比如说，我们中的一个最近把车子扔在修理部，维修商借了我们一辆汽车暂时先用着。可是令我们惊奇的是，代理商对车内的广播频道进行了调整，就是说借用车里的广播频道和我们送去修理的车子里的广播频道是相同的。做这样的改变可能花不了一分钟，却给别人留下了完全不同的印象。

5.服务体验

许多产品和服务需要某种形式的售后服务，不会制造共鸣的组织为了降低自身的成本，会把这一环节外包给没有接受过专业培训的第三方，甚至把这一环节去掉，对顾客撒手不管。善于制造共鸣的公司都会知道，满意的顾客会和朋友聊起良好的售后服务体验，或者在博客或论坛上发表，也有可能购买更多的产品和服务。

事实上你的突破性体验或许这 5 项全都包括，但最后也许只专注于其中一项或几项。究竟专注于哪项完全取决于你的竞争优势。

第二节　引起共鸣的产品和服务

为顾客所提供的便利，首先要符合他们的实际需求，以及还要他们可以接受你所提供的产品或服务，只有共鸣、产品以及服务全部到位了顾客才会向你这边靠拢。

日本工薪族以疯狂加班闻名。他们每天都要在公司待到晚上九十点钟左右，然后或许会出去喝酒，或者和同事一起去唱卡拉 OK。不过，有一个问题，在像东京、大阪、名古屋这样的大城市，末班火车午夜时分才会开往郊区。因此，由于一天工作的疲乏，再加啤酒的作用，他们在登上某班车后，往往很快就会睡着。

很多时候，他们会坐过了站。

当火车到了终点站的时候,乘务员穿过车厢,会发现睡着的工薪族数量特别的多。于是,他们把这些为薪水打拼的人们叫醒,推搡着帮他们走出车门。尚未清醒过来的工薪族艰难地在静谧的夜色里穿行,手里提着公文包,领带也歪了,忽然发现自己还在水稻遍野的村镇,一小时前就已经错过了那一站。

难道要坐下一班火车回家?可是早上第一班车还要三四个小时才能来。打车回家吗?可是要几百日元呢。这时,他们意外地发现街道对面有一家酒店,而且还有空房!

于是他们朝这个意料之外的救星走去。进入酒店,服务人员很热情地问候他们,递过来装有牙刷和剃须刀的盥洗袋。最好的是,他们在这里支付的费用比打车的费用要低得多,还有地方可以一直睡到天亮……就这样问题解决了!

谁会意识到在偏僻的火车终点站建酒店的重要性?聪明的日本酒店的那些经营商广泛了解人们的需求,发现了一个被人们一直忽视的市场问题,而一座位置适当的酒店就把问题解决了。他们发现了一个有酒店服务需求的特殊群体——因过度劳累而坐过站的工薪族。他们在距离大城市数十公里的小镇建立起迅速增长的赢利性业务。与之类似,繁华商业中心车站附近也出现了大量像名古屋维尔酒店那样的小旅馆,它们满足了那些错过末班车的人们的需求。

我们被这样的故事深深吸引,因为他们解决了人们愿意为之支付费用的市场问题。

我们来重温一下引起共鸣的产品和服务。苹果这个品牌就是共鸣器的典型例子。苹果解决的问题不只是对更好的 MP3 播放器的需要，尽管这一解决方案是以这种形式出现的。事实上苹果解决的真正问题在于,有了苹果,人们就可以更舒适地边走边听电子音乐了。后来在一种程序的帮助下,用苹果播放和存储歌曲更加简便。苹果的设计简约而优雅,即使没有说明书的帮助,也能很快上手。很多人为使用老式 MP3 播放器烦琐步骤而苦恼的人们听说苹果时都马上会说:“现在的 MP3 太不方便了，苹果听上去简单多了!”后来越来越多的人很快意识到,苹果可以帮助他们避免麻烦的发生。

因此,创造突破性产品或服务最简单的方式是遵循共鸣法。这些步骤会使你发现、创造和启动自己的共鸣器。

第三节　制造共鸣的力量

如果说引起共鸣并不简单的话，那么制造共鸣力的力量同样也是很难。只有你促成了大家的共鸣，才会去制造共鸣所带来的力量。那么，如果想要这种力量的话，就先要从产生共鸣开始。

在这里我们可以告诉你，制造共鸣其实并不难。但是，制造共鸣需要用新的思考方式去思考如何创造突破性产品和服务，以及如何将它们推向市场。遗憾的是大多数组织不知道该如何制造共鸣。实际上，我们往往看到各种组织一次又一次地在犯同样的错误。

以下介绍的是引起产品和服务失败的一些常见错误：

猜测——假设公司内部员工比消费者自身更了解他们的消费需求。

假设——基于现有顾客的要求开发产品和服务，却不是顾客愿意为之付费的待解决问题。

介绍——想要依靠高额的广告或销售人员队伍在市场上创造一定的需求。

开发出的共鸣法，每个公司可以凭借这种方法一次次地创造成功。我们在快餐连锁店和专业服务公司等众多领域的成功产品体验中都看到了这一原则的体现。可以这么说，如果你对自己的业务应用 6 步共鸣法，不论出售什么产品或服务，取胜的机会就很大。

如果你要将共鸣法运用到自己的业务中，那么从现在起就该制订简要计划，这个计划可以帮助你明确而有力地向投资人表达产品或服务的重要观点。

计划是一种工具，你可以用它来简单明了地描述自己的产品或服务。你可以和“内部观众”共同实施计划，比如产品开发团队、配偶和销售人员等。同时计划也可以帮助你与潜在投资人、合伙人和其他股东交流自己的观点。

制订一两页长的商业计划就可以了，你可以将想要创造的产品或服务的全部精华都压缩进去。简短的计划应包括：目标、战略、操作细节，以及如何用这一产品或服务赚钱。

在你的计划中应当对以下问题做出回答：

你在解决哪些具体的待解决问题？

你的解决方案会影响到谁？有多少人会受到影响？

你要创造什么产品或服务来解决这个问题？

你的产品或服务会对顾客造成什么样的影响？

怎样把潜在顾客转变成真正的顾客？

制造共鸣计划书能帮你制定“行动或不行动”和“购买或开发”的决策。

我们知道，这一文件中还可以写进更多的内容，但尽可能写出直接方法最能帮助决策者制订一系列行动计划。记住最重要的任务是，抓住自己如何解决市场问题的本质。

很多公司的管理人员和员工自以为能制造共鸣。走进这些组织，看看他们整天都在做的事情，我们一定能发现问题，发现内部想法外部化让公司错过的机会。就是说，很多公司都是低效的，因为他们公司的研发部门制订方案的时候花了太多时间去假设和武断地发表太多的意见，而没有去倾听、去了解顾客的实际问题，以及顾客希望花钱去解决的问题。

可以用一些测量方法来评估组织是不是善于制造共鸣。那么请你客观地回答下面的问题。如果你的答案都是肯定的，那么祝贺你，你已经会制造共鸣了！

除了销售人员，有人常常访问顾客和潜在顾客吗？

与顾客见面时，你是不是倾听多于侃侃而谈？

你的产品和服务是为了解决市场问题而创造的吗？

你的交流是不是以定义明确的市场和顾客的特殊量化问题为基础？

你的网站是不是专注于顾客群的市场问题，以及这些问题的解决之道，而不是对产品一味地胡编乱造，也不是花架子似的“公司任务”和“公司前景”？

第四节　建立竞争优势，并引起共鸣

只要是有人的地方就会有江湖、就会有竞争，在众多的竞争者中，你何以立于不败之地呢？除了要有很高的智慧之外，大众的力量也是不可忽视的，只有唤起大众的共鸣，你先有竞争的优势，才更容易成功。

假如你想开办一家教堂，需要做些什么呢？你需要物色一栋大楼，购买一些彩色玻璃和一架管风琴，再雇用一名牧师，不是吗？事实上未必如此。如果你善于制造共鸣的话，你就会知道，建立一座能引起教区居民共鸣的教堂需要做的并不是这些。首先你要理解潜在的教堂访问者的问题，就是各种有可能去教堂做礼拜的人的问题，找出大家去教堂的原因。

马克巴特森是一个牧师，他在华盛顿州大主教辖区一座颇受欢迎的教堂里工作。这座教堂并不是传统意义上的教堂，因为他们既没有自己的大楼，也没有传统服务，更没有像其他宗教那样虔诚的一般标志。巴特森努力去了解自己的市场——数以万计忽视这个地区其他教堂的二十几岁的年轻人。巴特森了解到，教堂建筑或许会成为很多年轻人来教堂做礼拜的阻碍。因此，他的国家社区教堂每星期都会在三处非传统地点进行三次服务，比如周日早上没有电影放映的电影院，等等。由于很多的“顾客”不开车，他选择的地点都在地铁站附近。

这个教堂广泛运用视听和互联网技术讲述故事，在线上和线下构建精神社区。在教堂的工作室，巴特森和他的助手开发出许多的视频故事，为这项生活服务增色不少。“我认为，教堂应该是世界上最具创造性的地方。”巴特森说，“中世纪教堂的彩色玻璃向来教堂做礼拜的人们讲述着基督教的故事。我们用电影向人们讲述故事，用录像增加色彩效果、渲染气氛。如果耶稣的年代也有录像，他肯定会制作电影，这并不令人吃惊。”

巴特森还在博客中发表了一篇轰动一时的文章，并因此成为华盛顿地区的网络红人。他的博客受到全世界成千上万年轻人的喜爱，他的博客成为全美成长最快的一个教堂博客。看到了吧，制造共鸣的方法使得巴特森大获全胜。在这里，顾客是他想要吸引到教堂来的人们。每个周末平均有超过1000名成年人在国家社区教堂做礼拜，其中70%是单身的二十几岁年轻人。非常明显，国家社区教堂是共鸣器。

你认为喜剧演员为什么那么滑稽吗？那是因为他们善于制造共鸣。伟大的喜剧演员都知道如何引起人们的共鸣，让观众发笑。

好的笑话像苹果的广告语一样有力。优秀的产品或服务构思让人们想去做更多了解，好笑话引人思考、令人发笑。请看下面一些经典的笑话：

“你最先忘记名字，随后忘记长相，再然后忘记拉上拉锁，最后会忘记把拉锁拉下来。”——乔治·伯恩斯

“知道那个用在飞机上的‘不会被摧毁’的黑匣子吧？为什么他们不用那种材料制造整架飞机？”——斯蒂文·怀特

“你有没有注意到，马路上比你走得慢的都是白痴，比你走得快的都是疯子？”——乔治·卡林

“我告诉自己的精神病医生，大家都讨厌我。他说我太可笑了，不是所有人都见过我。”——罗德尼·丹泽菲尔德

“你必须保持身体健康。我的奶奶从60岁起，每天都走5英里。她现在有97岁的高寿了，我们都不知道她走到哪儿去了。”——艾伦·德杰尼勒斯

“《今日美国》进行了一项新的调查。3/4的人很明显占总人口的75%。”——戴维·莱特曼

其实很多喜剧演员掌握并可以参透某一人群的心思，喜爱喜剧演员表演、购买其产品的往往正是这一人群。那些幽默的花样会引起人们的共鸣，因为喜剧演员都具有很高的洞察力，他们的妙想能引起受讽刺的人群的共鸣。

杰夫·福克斯沃西就是很典型的一个例子。他可以猜透美国南方蓝领的内心，还可

以表演“平民喜剧”。福克斯沃西的愚人笑话流传很广，他从日常生活和人性中发掘幽默，成绩特别突出。1993年，他出版的喜剧集《如果这样你也是白痴》名列畅销书排行榜首位，销量达到几百万册。事实上，他是出版最多喜剧集的喜剧演员，他的粉丝可以收集到21本福克斯沃西的书。

《如果这样你也是白痴》：

拥有一整套色拉碗，侧面都印着清凉维普。

屋顶上有很多轮胎，却没有汽车。

曾经更换过祭盘。

邻居觉得你是个侦探，因为警察经常把你带回家。

把好电视放在坏掉的电视上。

他想了解观众，特别是想取悦观众，最终福克斯沃西创造出引起共鸣的幽默，用自己的独特理解和洞察力构建了自己精彩的职业生涯。现如今，他是美国流行电视节目《你比五年级的学生聪明吗》的主持人。

第五节　找出引人瞩目的概念

所谓引人瞩目就是大家有目共睹的、引人注目的一些事物。作为一个商家，你如何去寻找这种大家有目共睹的事物呢？只有找到了，才会走向成功的大道。

斯蒂夫·科恩从小生长在富饶的威彻斯特县。他的叔祖父是著名魔术师哈里·胡迪尼的弟子，叔祖父也是他的魔术老师。在科恩开始涉及专业魔术领域时，发现人们把所有魔术师当成可交换的商品，在当时人们可以用很低的价格将魔术师请到孩子的生日派对上供人们娱乐。这让他悲叹不已。人们都没有看过他的表演，更不知道他是全国手法绝顶高超的艺术家之一。人们见到他会问：“你会不会用气球变动物？我的孩子星期天要举办成人仪式。给你 500 美元来我们这里表演魔术你觉得怎么样?”于是他的骄傲受到了很大的伤害,金钱更大受损失。就因为这样,科恩决定请定位专家马克雷力帮他构思有力概念,来诠释他的魔术。

为了更好地为科恩定位,雷力对他进行了正式访问。“我们一起出去随便逛了逛,聊起他的第一次表演、最喜欢的魔术和最喜欢一起合作的伙伴。”雷力说,“我也会去看斯蒂夫的表演,询问观众他们最喜欢哪些时刻。”

雷力搜集了很多科恩的信息,发现一些元素可以形成有力概念。“斯蒂夫在纽约查巴克附近长大。这片社区对他的成长有很大价值。”雷力说,“他学会如何为有钱人表演,他们有时要求很高。”雷力发现了科恩的特殊能力那就是十年的表演经验让他在有钱人和名人面前也能表现自如。其实并不是所有人都知道如何取悦富人。“有钱人有很多选择去花费自己的时间和金钱。”雷力说,“虽然斯蒂夫没有刻意地开发这方面的天赋,但他可以为任何人表演。他的价格适中,无论在谁面前,都能泰然自若。”

随后,雷力深入发掘科恩的特殊能力。“我问科恩你给哪些名人表演过,他给了我一张名单。”雷力说,“不过,里面有一些十分有趣的名字,比如戴维·洛克菲勒、安迪·格鲁夫和杰克·韦尔奇等。这些名字有一点共同吸引我们的地方,那就是他们不只是富有,而是超级富有。”经过综合考虑,雷力最终认为,科恩的最佳定位是为超级大富翁表演。“事实上现在,这一领域还没有魔术师涉足。”雷力说,“其他魔术师都向人们宣称自己是最滑稽、最锐利的等。有的魔术师擅长在商业展览、派对、儿童乐园和重大集会上表演,有的魔术师擅长某种特殊魔术。但是,还没有人把注意力集中在富有的名人身上。”

这个概念带来了一条创新的口号。“百万富翁的魔术师,盛大活动上的娱乐。”

“马克雷力绞尽脑汁为我设计‘百万富翁的魔术师’这一品牌概念。”科恩说,“不过,我有点担心人们会排斥这个概念,会被它吓跑。”

幸好,科恩最终采纳了雷力的意见。最后,在他的帮助下,科恩每次演出都能赚到 10000 美元至 25000 美元,是生日聚会、巡回演出的好几倍。在 2005 年的时候,科恩先后为玛莎斯图尔特、纽约市长米高彭博、锐步首席执行官保罗菲尔蒙等知名人士进行了表演,年收入达 10 亿美元。他经常乘坐顾客的私人飞机,到他们位于阿斯蓬、瑞士等地的度假别墅演出。《纽约时报》等知名报纸上都对他进行过专门的采访，他也做客过CBS电视台《晚间新闻》、《今日新闻》等电视节目。这一年，科恩入选福布斯世界400富豪榜。“这只是那篇文章的一己之见吗？谁给那些最富有的人带来娱乐，是百万富翁的魔术师斯蒂夫·科恩。”雷力说。

不知道大家明白了没有，这一切都是几个有力字眼的功劳——百万富翁的魔术师。

找出可以引起顾客共鸣的有力概念的过程其实并不困难，只需要你经常约见顾客，了解他们的问题，然后，需要把这些概念转变为有力概念。因此，我们需要遵循以下4个步骤：

1.相似分类

你已经用有力的证据证明了顾客遇到的问题，希望你能发现很多具体的特殊问题，因为需要表达的概念是具体的。找出自己可以解决又能因此获利的小问题，证明自己有足够的能力。访问的顾客越多，调查结果列表就越长。最好的调查结果列表中包含几十个有能力解决的问题。并仔细区分这些问题，你就能发现它们的一些共同点。把详细问题归为一组，或者五六组，并给每组命名。

2.电梯谈话

分组和命名之后，开始进入下一步骤——用简短的话总结出每组问题的中心内容，不超过25个字。这里就用到了“电梯谈话”。如果有人问起公司产品或服务的功能，你可以这样回答，但在电梯里你只有几秒钟的时间。

电梯谈话最好以顾客的口吻进行。所以，开始电梯谈话之前就要先完成相似分类。电梯谈话应当围绕顾客和你的产品或服务能为他们解决的问题展开。

3.“酸测试”

如果一开始就从顾客口中得到的特殊问题出发，得到的信息有很大的可能引起共鸣。这时候，如果要确保自己的产品能引起共鸣，则需要进行“酸测试”。你需要锁定一些人作为顾客群代表，和他们进行电梯谈话。可以提出下列问题：

你觉得这种解释有意义吗？

这种产品或服务是用来干什么的？

听说这些内容,你会感兴趣吗?

你想购买吗?想进入销售周期的下一环节吗?

信息一旦通过测试,你将拥有一项很有价值的工具。电梯谈话应成为网站、广告册、新闻稿等营销材料中的重要元素。销售人员也应当用这些简要的信息回答“为什么我要购买你的产品”。

4.完善概念

你要明白电梯谈话是开发强有力概念的第一步。最后一步是提取精华,创造令人印象深刻的概念。比如说“不断追求完美”是雷克萨斯汽车的有力概念;“口味醇美,热量更低”是米勒清啤的有力概念;“更快抽取”是旁蒂纸巾的有力概念;“我选我味”是汉堡王的有力概念。这些构思来源于产品能为顾客解决的问题。

第六节 善于制造共鸣的员工

员工永远都在老板的管辖之内,老板说什么,员工就要去执行什么。但是这样也不表示员工就没有自己的思想和方法去处理自己工作上的事情。好员工并不是只有执行力就足够了的,还要与顾客达到一种共鸣,这样你才会更受顾客的青睐。

一旦组织将共鸣法运用在业务中, 人人都能深深体会到其中蕴涵的诸多概念。最终,制造共鸣会成为公司文化的一个组成部分,公司职员和管理人员会以同样的方式挑战旧做法。如果并不是整个组织都善于制造共鸣,部分员工和部门也可以做到。理解共鸣法的员工知道自己的公司能解决哪些市场问题, 这样他们就能为顾客更好地服务。我们称为“制造共鸣的顾客服务”。事实上我们经常看到这种现象的发生。

前不久,一位同事和家人一起乘西南航空的航班去佛罗里达州度假。快到登记处时,他的两个十几岁的女儿想把塞得满满的行李箱搬到天平上。因为箱子实在是太重了，不得不请父亲来帮忙。

没有什么意外，女孩们的箱子都明显超过了西南航空的最高重量限制。"不好意思，你们的行李超重了。"工作人员说，"如果想托运这些行李，你们得额外支付费用。"于是航空公司职员为他们解释超重行李托运规则。51 磅到 70 磅重的行李需交纳 25 美元，71 磅到 100 磅重的行李则需交纳 50 美元，超过 100 磅的物品必须作为空运货物托运。女孩们的行李每件的重量大约都在 80 磅。

"你们每人只有一个袋子，而我们可以允许每人携带三件行李。"票务代理人继续说，"我可以为你们提供西南航空的粗呢袋子，每个 25 美元。你们可以把箱子里的东西分别装进不同的袋子，这样就不会超重了。"

同事听后十分吃惊。他准备好付给西南航空 100 美元托运超重的行李的费用最后只用了一半的钱买了两个质量很好的西南航空粗呢袋子，把孩子们的行李安全送到佛罗里达州。

"现在，每次旅行我们都带着那些粗呢袋子。"他说，"西南航空的商标陪着我们家的人走了很远。"

看到了吧，这家公司不仅关心顾客，更明白如何制造良好的声誉。同事说，同样的故事他听过很多次。他还说，自己是西南航空忠实的顾客。

第七节　善于制造共鸣的领导

俗话说，火车跑得快，全靠头来带。领导作为一个企业的"头"就要首先做出一个表率。好的领导并不局限于管理的严格化，在管理好的情况下也要不能扼杀了员工的积极主动性以及工作的创造性。

很多公司都把注意力集中在错误的地方。员工们疯狂地工作，执行销售和市场项目，却对顾客及其问题浑然不知。他们开发"信息"，组织营销活动，设计口号，聘用专人促销产品。他们只顾着自负地介绍自己的产品，却对顾客的问题闭口不提。这些公司不停地在忙碌，但无法引起人们的共鸣。

而善于制造共鸣的领导者的做法则完全不同。他们不会对竞争着迷，只有市场问题才令他们着迷。他们明白应通过访问潜在顾客、了解市场和观察开发产品体验。

最主要的是，善于制造共鸣的领导者往往生活在潜在顾客的世界里，他们访问潜在顾客，进行不断地调研。他们开发出独特的企业文化，以达到以下目标：

1.发现市场中需要解决的问题；

2.深入了解潜在顾客及其问题，甚至超过他们对自己的了解；

3.量化产品的市场影响，并在此基础上构建起一定的商业方案；

4.辨别组织的特殊能力，创造能解决市场问题的突破性产品体验；

5.理解并可以同时清楚地表达能引起顾客共鸣的有力概念；

6.用人们可以接受的方式与潜在顾客沟通和建立联系；

7.对产品进行分销体验，方便顾客购买。

经过多方面的调查数据研究和分析，我们发现在市场中取胜的公司有一些引人注目的相似之处。被我们访问过的大多数首席执行官都说，脚踏实地对他们来说实在是再平常不过的事情，就像过马路之前要先看看两边。这些箴言让善于制造共鸣的公司轻松并充满自信，不善于制造共鸣的公司则一直艰难前行。

第八章　共鸣能量场：用感动与共鸣去改变你的世界

每个人都有属于自己的世界，有外在的世界，也有内在的世界。如果你对你目前所在的世界不满意的话，那你可以尝试用你的力量改变你的世界，这个力量就是共鸣与感动的力量。这个力量能带给我们多大的影响，起码可以或多或少地改变你的世界。

第一节　重要的企业共鸣营销

听说过营销，可对于共鸣营销还是比较陌生的。那么什么是共鸣营销呢？共鸣营销和普通的营销有什么区别吗？二者相比较哪一个更容易得到客户呢？

1998年，《泰坦尼克号》这部电影成为全世界人们共同关注的热门话题，它创造了人类电影史上的新纪元。《泰坦尼克号》在全球的票房收入共为18亿3540万美元，其中，北美地区收入为6亿美元，位居全美第一名，这个纪录在2010年之前一直无影片能够超越。而在中国市场，《泰坦尼克号》同样取得了高达3.6亿元人民币的票房收入，这个纪录至今也没有任何一部影片能够超越它。

那么，《泰坦尼克号》成功的背后隐藏着什么呢？其实《泰坦尼克号》不只是一部成功的商业影片,更重要的是它带动了20世纪末的一股怀旧的风潮:泰坦尼克号的沉没是20世纪初的一场悲剧,这部电影却以真实的史实加上虚构的爱情故事将泰坦尼克号起航不到5天中的爱情、友情和灾难呈现在20世纪末的这一代人面前。它带有强烈的情感,不仅迎合了人们的怀旧情结,同时也触动了亿万观众的心灵。

这就是“共鸣营销”的魅力。

早在20世纪70年代,有一名美国广告理论专家就提出了“共鸣模型”。这位专家认为成功的广告营销一定是与目标受众产生强烈的情感共鸣,广告让目标受众唤起并激发其内心深处的回忆,从而产生了难以忘怀的体验经历和感受,同时广告也赋予品牌特定内涵和象征意义并在目标受众心目中建立了移情联想。“共鸣模型”同样也迎合了当代认知建构心理学的观点,这个理论的一个基本观点就是反对信息加工,心理学中将人脑加工信息工作与电脑信息处理方式相类比,同时也不认可人的认知过程不受到或没有情感因素影响的观点。

根据“共鸣模型”的理论,有效的说服策略要有从具有说服力的信息入手,并不是向人脑输入一个信息。产生共鸣的信息要涉及目标受众的价值观、需要、欲望等信息,而这些不只是听起来是正确的信息。那么,企业又怎么从目标受众那里获得具有情感说服力的信息呢?

1.产品层面的“共鸣营销”

就是从产品层面的角度出发来挖掘能够引起目标受众共鸣的信息,并且把这个信息传播出去,使这个信息得到目标受众认可,以此来激发目标受众的情感共鸣。

美国学者克雷格·斯图尔等人发现,市场上那些真正的成功其实并不是以创造力或精明的营销策略为基础的。

2.品牌层面的“共鸣营销”

就是从品牌层面的角度去挖掘可以引起目标受众共鸣的信息,这个信息也许与目标受众心里某个愿望相符合,从而赢得目标受众的情感共鸣。

娇子品牌在以往开展的品牌推广活动中,已经树立起一个“积极、进取、大气”的品牌基调,并成功地将目标消费群体紧紧定位于精英群体,确立了娇子品牌进军全国的发展方向。不过，从受众方面而言，“中国娇子”虽然有气势、有震撼力，但不容易让人们产生情感上的共鸣。

2008年在中国举办的北京奥运会正好为娇子品牌提供了一个千载难逢的机会，于是借助“百年梦想”实现娇子品牌由大到强的策划方案也开始实施起来。北京奥运会前夕，川渝中烟提炼出“中国娇子，中国梦想”作为2008年的品牌推广主题。这个主题与北京奥运会“同一个世界，同一个梦想”倡导的精英文化一脉相承。与此同时，掀起一系列全国范围内的媒体形象传播，配合主题性的公关营销事件，演绎了不同层次的“中国娇子，中国梦想”的品牌精神。

而“中国娇子，中国梦想”的提出，不仅表现出娇子品牌“积极、进取、大气”的品牌基调，而且也焕起了人们的自信心和民族自豪感，最终赢得了人们的情感共鸣。

随后娇子品牌以“聚焦精英文化、打造影响力”为选择策略，以热点事件作为关联点，与强势媒体联合主办《新周刊》2007大盘点·中国娇子年度新锐榜、《南方人物周刊》中国娇子青年领袖评选的活动，以及与共青团中央联手打造中国骄子青春梦想评选大型活动，等等。娇子品牌通过多个主题性的公关营销事件，让媒体连续不断地为品牌进行宣传，在全国范围内不断深化娇子的品牌形象，丰富品牌内涵，传递出娇子品牌“中国娇子，中国梦想”的全新主题。

在此之前，也就是5·12汶川大地震时，川渝中烟推出的“中国娇子，中国脊梁”的宣传主题，在心灵深处焕起了人们的爱心，赢得了人们的情感共鸣。

川渝中烟在自身遭受近3亿元重大损失并全面开展自救的同时，也义不容辞地全力抗震救灾。在灾难发生的第二天，川渝中烟向灾区捐款2200万元；第三天川渝中烟捐赠价值达400多万元的卷烟；过了几天后，川渝中烟又向武警四川总队赠送物资一批；还有，个人捐款113万元，等等；最后据统计显示，川渝中烟累计向灾区捐款捐物更是高达4200多万元。川渝中烟用自己的行动为抗震救灾贡献自己的一份力量，同时也诠释了“中国娇子，中国脊梁”的精神内涵。

经过坚持不懈的品牌建设以及品牌传播的不断深入，最终娇子的品牌价值在消费者心中得到了迅速提升。在2008年6月，世界品牌实验室发布的娇子品牌价值已经达到31.22亿元，同时，娇子品牌更是位列2008年中国500强最具价值品牌第242位等的殊荣和奖励。

总之，共鸣营销能够建立企业与目标受众之间的坚固联系。当企业了解目标受众的需求，并推出与目标受众的期望相符的产品或理念时，企业就会被人们所认可，并激发起人们对企业的产品或理念产生的情感共鸣。

第二节 与客户共同实现“情感共鸣”

达到共鸣需要销售一方的铺垫，铺垫得越好越到位，客户认可的可能性也就会越大。就像我们总会喜欢和熟悉的人交流而不愿和陌生的人交流，道理是一样的。

自从约瑟夫·派恩和詹姆斯·吉尔摩提出了“体验经济”的概念之后，“体验”这一重要的营销手段越来越受到人们的关注。那么什么是“体验营销”呢？

从根本上来说就是，要求企业在营销过程中不只是让顾客获得产品功能上的满足，同时也要获得体验或者说情感上的愉悦，从而实现顾客与品牌和产品之间一种“情感共鸣”。

由于激烈的市场竞争使得行业内的产品和服务越来越走向同样化，因此产品所附着的独特心理感受和体验也变得尤为重要。行业内产品的竞争从某种程度上说已经演变成体验的竞争。也就是说，谁能给消费者美好而独特的体验，满足了目标消费者的心理需求，最终才会形成独特竞争力。

尽管体验营销是企业通过营造“体验”给消费者带来的心理满足，但这并不表示产品本身在营销和传播中地位的下降。其实体验营销只是赋予产品营销和传播更多新的手段和理念。也就是说，体验营销带来的是更加新颖有效的产品传播策略和方式。

1.我们的产品是体验营销的基础和手段

在《哈佛商业评论》这本书中对体验营销给出这样的定义，体验营销是“企业以服务为舞台，以产品为道具，围绕消费者创造值得回忆的活动”。所以“产品”和“服务”依然是体验营销策略得以实现的核心元素。

2.产品也是体验营销的终极诉求

一个企业面向消费者制定的任何营销策略的最终目的都是为了促进产品销售，提升产品和品牌形象，以此来实现企业利润的增长。体验营销作为一种商业营销策略自然也不会例外。此外，产品的有效传播和销售也是判断任何一次体验营销成败的重要标准。

3.产品属性还决定了消费者体验的心理属性

产品从属性上一般可以分为感性商品、理性商品和介于感性和理性之间的商品。和这些相对应的不同顾客心理属性也越来越多地成为营销成败的关键因素。所以，企业必须根据自身的产品属性来营造与目标顾客心理属性相一致的体验，最终让自己的产品成为能与消费者产生共鸣的“生活同感型”产品。

这样看来，产品决定体验，体验提升产品，两者是联系紧密的。任何脱离产品的体验营销都是空中楼阁，是不现实的。

基于“体验”与“产品”之间的关系，行之有效的体验营销可以说是成功的产品传播的基础。而怎样制定正确的体验营销策略并保证实施对于产品传播是十分重要的。

1.必须作出准确的“体验定位”

约瑟夫·派恩曾经说过“主体化营销成功的关键在于领悟到什么是真正令人瞩目和动人心魄的”。“体验定位”就是要明白目标消费者的心理，然后以正确的吸引点、特点、沟通来定位产品。

在作出准确的体验定位的基础上，企业还要对“体验营销策略”进行分析。这种分析一般包括体验营销的4P组合分析和6E组合分析。4P组合分析就是体验产品、体验价格、体验地点和体验促销。6E组合分析指的是体验、情境、事件、参与、印象和延展。体验营销与传统营销的4P理论不同，前者更加强调消费者的情感共鸣，所以一切的分析都必须以消费者心理为中心。不过不管是4P还是6E组合,每个要素之间都不是相互隔离的,在分析中需要考虑彼此之间紧密的联系。

2.充分利用各种有效的体验营销媒介

企业为了达到体验营销目标,也需要整合一些媒介来创造体验,包括广告、网站建设、赞助、品牌标志、产品植入、品牌联合,等等。这些媒介都分别适用于不同的场合和不同性质的企业,与产品性质也密不可分。例如,在大家都不陌生的007系列电影中,邦德佩戴的腕表、使用的手机、穿着的礼服,《玩命速递》和《钢铁侠》中的奥迪汽车这些都促成了这些高端品牌与他们的目标客户之间的情感共鸣。此外,在奥迪A4L上市期间,奥迪与著名导演孙周合作制作了一部网络电影《生活相对论》。这部电影倡导的是一种事业与生活平衡的人生理念。正是通过产品植入和网络这两种媒介的结合,才成功地提升了与A4L的目标用户之间的情感共鸣。

3.促进消费者的直接和充分的参与

对于面向产品传播的体验营销来说,消费者直接和间接地参与都是非常重要的。尤其是在现今的传播模式下,由于网络等新型传播媒介的兴起,消费者自身已经成为一种媒体。只有消费者充分参与和认同的体验营销才可以塑造积极而持续的产品口碑。为了使得消费者参与,在体验营销设计上必须选择好体验的时间、地点、环境和环节,同时配合有效的激励机制和推广手段。

4.实现和推广积极的体验口碑

每一次的体验营销活动的参与者是有限的,你要知道并不是所有消费者都有机会接触到体验产品,所以对于体验的有效推广并促使其形成持续的口碑成为营销活动成功的终极环节。这个环节里面的核心角色就是公共关系。通过有效的媒体报道可以大范围地传播体验,以此吸引消费者的眼球,从而打动他们的心。当然,这需要媒体报道所传播的体验主题与目标受众的内在需求相一致,并且要与产品的特性有恰当的联系,而且在选题和表现手法上应该独特新颖。公共关系运用各种沟通策略和传播手段,以一种令人信服的方式向目标受众推荐产品,通过公关传播可以让消费者深入地把握体验。如果可以有效地配合品牌传播就很容易促使消费者作出积极的反应,例如奥迪打造的在线互动平台“奥迪汇”，就是利用了网络传播广、互动性强的特点，为奥迪车友们提供了一个更直接的口碑交流平台，从而也成为奥迪公关沟通的一种有效方式。

随着社会的快速发展，产品结构的越来越丰富，市场竞争异常激烈，消费者面对的是不断膨胀的产品和信息供给。企业在产品传播的过程中一定要打破传统的营销模式，在给消费者提供功能满足型产品的基础上，更好地通过塑造产品体验来满足顾客的心理各种需求，最终实现消费者与企业和产品之间的“情感共鸣”。而可以始终促进并维持这种“情感共鸣”也就成了企业可不可以在激烈的市场竞争中生存的决定性条件。

第三节　情感营销
——抓住人性的共鸣

宋代欧阳修《诲学说》：“玉不琢不成器，人不学不知义……人性因物而迁，不学则舍君子而为小人，可不念哉。”人性，顾名思义指只有人才具备的特性，即该特性可以用于区别于其他事物（包括动物、植物）而为人所独有的特性。

情感营销的最终目标是创造情感体验，通过产品认知、品牌感受和文化渗透，再加上温和的正面情绪与一个品牌联结起来，表达欢乐、自豪与品位的体验享受。

我们之前的彩电企业，无一例外的都是从产品的概念营销开始，从最初的背投电视、数字电视，直到今天的平板电视，彩电业在慢慢经历着概念营销中的山穷水尽。而时下，情感营销风头正好，情感营销中的体验式营销越来越成为商家竞争的法宝。

在现代的营销方式中，情感是主要因素，把情感导入品牌与消费者之间，迫使企业关注联系品牌与消费者之间的感情原则，就是企业需要寻找一块能把人们吸引过来，并且吸住不放开的“情感魔棒”。

那么这个魔棒的核心秘密是什么呢，答案就是：企业必须尽心尽力去创造一种令客户和员工非常满意的感情纽带，以此来确保得到消费者的忠诚。

由此可见，现代社会情感因素的缺失，只要我们抓住人性的共鸣，营销也会变得与众不同！

第四节 以共鸣为动力

动力是我们一切力量的来源。梁启超的《变法通议·论不变法之害》中说道："盖自法皇拿破仑倡祸以后，欧洲忽生动力，因以更新。"

从群众中来，到市场中去，与群众打成一片，注重并倾听他们内心真实的想法，找到能与他们产生共鸣的解决方案和概念；真正的营销就是到群众中去——用群众听得懂的话说他们关心的问题。

产品的定位，品牌的策划，产品的策略，这些是不是真正能打动消费者的策略？

因为我们经常看到营销的策划者常常会犯的错误：整个的概念和策划看起来是以共鸣在为目的，虽然很美，实际上，它并不能打动消费者。而策划者自己则沉浸在自我的享受中，他们会为自己闭门造车或者是粗浅调研而制造的一个策略感到无比的兴奋，这种兴奋会让他们忘记自己是一个要为最后结果负责的营销人，却把自己当作了一个"表演者"、"表现者"，急切地想去表现他的"伟大创想"，这样一来也就停止了继续深入消费者内心深处去洞察。然后，他们还会找一堆理由——包括案例、理论甚至可以忽悠人的数据来证明他是对的。

营销是很奇妙的不是吗？表面上看好像是真的，不一定是真的，经过市场验证是真的，换个地方也不一定是真的。所以，我们需要洞察，不仅需要洞察不同市场、不同消费者的不同需求，更重要的是他们内心的真实想法，而不是"我认为"的想法。

我们为什么会“犯错误”？

其实这个问题也是很简单的，“犯错误”的一个重要原因就是认为“我是这个领域的专家”，自以为是最懂的并希望别人认为他是最懂的。有的人经常会把“我们在这个方面干了十几年了”之类的话挂在嘴上，根据经验去猜测并会为自己的猜测而自豪。这样是很可怕的。这会让我们脱离群众，听不到群众的真实声音。

而那些“善于制造共鸣的公司文化的最大特点是：非常重视外部想法内部化，而非常见的内部想法外部化。简单来说就是，善于制造共鸣的公司不断倾听、发现和理解顾客愿意为之付费的需要解决的问题，并不是在公司内部无休止地开会，猜测消费者的需求”。

警惕，核心策略的最大浪费就是失误！

一场促销活动头一次做不好没关系，可以汲取经验下次搞好；一个广告片没拍好大不了重新再拍；印刷品出了错也可以重新印刷……这些浪费都不是很大。但是品牌定位、产品定位等关键的营销决策一旦失误的话，那么后期的所有投入都会被浪费，最终企业损失的不仅仅是大量的人力、物力、财力！更大的损失可能是千载难逢的市场机会！

营销高层当警醒，核心策略失误是最大的浪费！那么如何获得真正的核心策略呢？答案就是制造共鸣！

共鸣是什么？

共鸣是人们愿意为之付费的需要去解决问题的最佳方案，符合他们内心真实的需求，即使顾客以前从没有听说过你的公司和产品也能很快理解你的产品的价值，能够很快被打动，并产生购买愿望。我们也可称之为打动点、触动点，也有人形象地称之为“消费者内心的那块痒痒肉”。找到了共鸣，你就不会依靠对客户的说服和教育来推销你的产品，购买会自发实现，奇迹由此产生。例如美国《金融时报》突破性的畅销品就是因为与消费者产生共鸣。

世界最权威营销大师、世界营销之父菲利普·科特勒先生说：“很多产品的失败并不是因为产品不好，相当程度上是因为概念（共鸣点）没有界定好。”

的确如此，如果你的产品不能够与消费者产生共鸣，即使产品做得漂亮，策划创意完美，促销力度大，等等，消费者都不会认可。反之，如果获得了共鸣，消费者就会主动购买！

从上述的理论中，我们总结了这样一个公式：

成功品牌战略模型=品牌定位战略+产品共鸣战略！

品牌战略的核心指的是定位，而产品战略的核心是能够与消费者产生共鸣。品牌定位强调的是较长时间以后消费者心智中的认知，产品共鸣强调的是当时与消费者的共鸣，快速达成购买。

那么怎么制造共鸣呢？

一般来说，有以下几点仅供参考：

1.把自己看做是什么专业知识都不懂的消费者去体验消费。

2.在终端进行大量的观察，仔细观察消费者与产品接触的整个过程，并询问消费者“刚才您为什么不买”、“刚才您为什么会买”等的问题。

3.经常与身边的人进行交谈，了解他们存在的问题和解决方案。

4.请专业的调研公司为你举行消费者座谈会。

不知道你看明白没有，在上面的整个洞察过程中，最重要的一个目标就是“倾听到内心的真实想法”。

此外要注意的是，在洞察消费者的工作一定要营销的“高手”亲自参加，不要对调研人员调研后给你的报告报以太大的希望。简单来说，企业的一把手以及分管营销、产品开发的副总要亲自参与最好。因为洞察不在于过程，而在于捕捉。而只有营销领域中的高手才能够捕捉到那个真实的信号——即消费者内心真实的想法，因为这个信号很微弱。

现在你就会理解娃哈哈总裁宗庆后为什么会花那么长的时间在终端了吧。而史玉柱在做产品的时候最重要的工作就是亲身体验。

从群众中来，到市场中去，与群众打成一片，注意倾听消费者内心真实的想法，找到能与他们产生共鸣的解决方案和概念；到群众中去，用群众听得懂的话说他们关心的问题。

这就是真正的营销。

第五节　与客户一起创造共鸣能量场

心里能量场存在于每个人的周围，不同人有不同的生活环境和人际关系网，因此每个人心理都有各自独特的心理场，在一个狭小的空间范围内不同的心理场会彼此影响对方的心理。

现在的市场上，顾客问销售人员的问题不再是“为什么我需要买你的产品或服务”，而是“我为什么要跟你买我所需要的产品或服务？”

据一项市场调研结果显示，只是简单地获得了顾客的满意并不能保证与客户最终达成生意。其实，有 60%~80%的消费者都会成为竞争对手的客户，虽然他们对现有的服务或产品提供商感到满意或者非常满意，但是结果他们还是会选择投奔其他人。

事实上，越来越多的销售人员以及销售经理人都在感叹现在的顾客忠诚度相当的低，消费者们最后都会去选择从那些能提供同等质量但价格更低廉的人手中购买产品或服务。

虽然我们已经讲过许多关于如何与我们的客户进行互动的各种媒介方法，以及我们如何权衡与我们客户之间的互动水平，但是我们很少花时间去讨论关于与客户在一起互动的时候内容应该是什么。简单而言就是，如果我们想要提升与顾客之间互动的水平，我们应该给他们传递什么样的信息，以及我们从他们那里得到怎样的反馈信息。

下面是几个主要的对话交流话题，任何一个销售人员可以与你们的客户进行交流沟通并与客户取得积极的互动：

1.针对你的产品以及服务进行对话；

2.针对作为一个销售人员你所能提供给顾客的附加价值进行对话；

3.针对未来的光明前景进行对话。

即使销售产品能够带来的好处而不是销售产品本身的概念已经被人们推崇了10多年之久,但还是会有许多销售人员与他们的客户进行交流时就关于产品或服务的特征而不是产品所能对客户带来的利益进行沟通。主要有以下几个方面:当会议设施或者销售酒店房间的时候,具体强调房间的大小;类似产品材料销售过程中,销售的是材料本身而不是产品材料能够带来的好处;在销售IT产品的时候,强调硬件规格等。可是有许多销售人员会这么说:现在的买家都有很深厚的关于技术方面的知识,所以他们会看重产品性能方面所提供的优势的说明。但是,下面的一个事例来充分证明了为什么在与客户的对话过程中,除了说明产品技术方面的特征外,围绕你的产品可以带来的好处进行说明对你的销售成功起到重要的作用。

假如有一个顾客正打算买一辆新车,汽车销售人员很可能就会打开汽车引擎盖让这个顾客看同时会展示汽车的"技术细节"。这个时候即便这个顾客对汽车引擎一无所知,他/她可能也会假装知道,同时会作出一些正面的评价比如说"不错"或者"看上去还行"等。你要明白,顾客不喜欢承认他们不知道的一些事情。作为销售人员,你要用顾客能够明了的方法来展示你所要呈现的产品或者服务。

所以,为了可以进行一场围绕你所提供的产品或服务的对话,你需要:在与顾客见面之前作一些研究,这样你就会大概清楚顾客的需求可能是什么;建立信誉以及信任感,通过关注于你的顾客的需求;提正确的问题,以此了解你的顾客的需求;提供建议,当顾客表现出没有一点头绪的暗示时;要尽量积极主动,在展现你所提供的产品或服务对顾客能带来什么作用的时候;不要赚了钱之后就什么也不管了,一定要确保任何销售出去的东西可以及时并且高质量地送达客户!

随着信息技术的进一步发展,不管是搜索引擎、网上购物平台或网上社交,客户都可以获得他们以前获得不到的信息。这些信息中就包括你的产品,你的价格以及如何购买它们的信息。

因此,如果客户可以通过目录或者网站购买你的产品,他们就不需要销售人员作为一个"会说话的购物册子"或者一个单纯的"收款人"。他们需要的就是销售人员可以为他们创造价值，具体方法如下：

要有责任感。要积极地鉴别出顾客现在面临的以及未来潜在可能的挑战，同时，可以提出建议以及方法帮助顾客解决类似的挑战及问题。

很多的销售人员以及销售经理人会这样说：如果我们花时间去解决客户的问题，那么我们就没有时间进行销售了。最关键的是，如果要解决的顾客问题或挑战是我们的竞争对手提供的产品或服务，那我们该怎么办呢？

虽然销售人员或每个销售团队或在面对类似棘手问题的反应不是很相同，但还是有一些指导原则可以共同分享：

客户不只是从他们喜欢的人那里进行购买产品或服务。最主要的是，他们是从他们所信任的人那里进行购买。

最近对外资企业销售以及人力资源经理人的简单调研中发现，业绩最好的销售人员是最乐于助人的人员。

如果大部分产品的特征、价格、质量、送货以及服务水平都不相上下，那么在整个销售过程中唯一的不同点就是销售人员。所以，顾客问销售人员的问题不再是"为什么我需要买你的产品或服务"，而是现在的"我为什么要跟你买"。

在当今社会，做生意的一个关键问题就是市场，而且在这个市场中，顾客的期望在非常快地变化着。那么这对销售人员意味着什么呢？

不管是你卖的最好的产品或者说是最畅销的产品也许很快就会过时。

你认为的最好的顾客或许突然之间从其他人那里购买。

任何一个你最赚钱的领域也许就会被你竞争对手提供的相同产品且更低廉的价格所崩盘。

如果你对你顾客的潜在需求不关心不在意的话，那么你就会发现你被其他人取代地位。

因此，不仅与客户有互动很重要，而且对于潜在需求与他们进行互动也是十分重要的。要实现这点，你需要：

了解你的顾客未来产品的提供，未来市场以及未来顾客；

对你顾客潜在的需求表现出责任感，并且要积极主动地建议你如何能够帮助他们实现他们潜在的目标。

明智的公司总是希望他们的客户能持续不断地从他们这里进行购买，销售人员会投入一些时间和资源与他们的关键客户建立伙伴合作关系以共同创造美好的未来。

第六节　让组织善于制造共鸣，培养制造共鸣的文化

如果你的团队是一个非常好的团队的话，那么这个团队一定很善于制造共鸣。如果想让这样的团队更加优秀的话，就要培养制造共鸣的文化。

成功的组织了解自己的市场，这里我们介绍一些。这些公司的领导者不会在意竞争，而是把他们的精力集中在顾客愿意为之付费的需要解决的问题上。这一理念适用于任何业务、产品或服务。

善于制造共鸣的公司创造出人们想要购买的产品，会引起共鸣。

善于制造共鸣的企业家在解决市场上的实际问题，并不是创造一些小玩意儿，他们认为可以帮消费者解决问题是很酷的事情。理查德·布兰森是一个持续创业者，他在30年的职业生涯中已经在其“维珍”品牌旗下成功创办了350家子公司。而每家公司主要负责解决布兰森及其团队发现的一个特殊市场问题。

善于制造共鸣的专业服务公司总是不满足和别人相同的做法，不会拘泥于那些陈旧的广告，而是会根据新的营销规则建立新的网络顾客群。

善于制造共鸣的非营利性组织总是会了解人们会在怎样的时候、出于怎样的动机捐款。由于采取了与当地社区、教会、青年组织和政府组织合作的创造性战略，十几年来，“人性栖息地”接收到的捐款和义工服务量一直呈持续上涨趋势。迄今为止，“人性

栖息地”的分支机构已超过20万家。

善于制造共鸣的政治家很了解选民的问题，以及大家为某位候选人投票的原因。美国2007年年底的总统竞选，巴拉克·奥巴马竞选初期阶段就筹资1.02亿美元，在全美所有竞选人中名列第二。他的成功来自于自身有力的概念“大胆希望”和“改变”。就是这两个概念吸引了超过100万美元捐助者在竞选中对他鼎力支持，是号召群众运动的强有力信号。

善于制造共鸣的教会通过传统和非传统媒体宣传他们可以引起大家共鸣的服务，满足人们的情感需求和精神需求。每周有42000名顾客会选择约尔·欧斯汀的服务，有几百万的人通过电视广告和网上广告认识他。他的《精彩生活：发挥潜能的7种方式》一书销量超过250万册。

善于制造共鸣的演员、摇滚乐队或“激励演讲者”理解潜在观众的品位和需求。约拿·斯蒂沃德通过对年轻电视观众进行调查后，开始以新闻播报的形式演绎救生知识普及节目。这种形式曾一度在某一个有线频道受到人们的追捧。约拿·斯蒂沃德自从1999年接管《每日秀》后，这个节目在年轻人中的收视率不断提高。

第七节　从今天开始制造共鸣

很多公司培训的时候也是意志在强调着共鸣，虽然常常挂在嘴边，但付诸实际行动的又有多少呢？不要想着我今年没这么做，从明天开始我一定这么做，到了明天还是这么想……这样明日复明日的，什么时候是个头？我们不妨说到就做到，从今年开始就要制造共鸣，顾客在等着你，潜在的顾客也在等着你……

知道吗，你的动力在和你作对，不去制造共鸣很容易。举办内部会议、发表自己的意见很简单，因为某个产品酷劲十足而去做开发很有趣，委托广告公司为你设计信息很简单。而在这本书里你能看到,共鸣法比这些战略更有可能得到成功。

共鸣法好比是我们在骑自行车。开始,你会觉得又害怕又陌生,但是经过练习就会变得简单而自然。人们害怕走到人前,知道他们的问题,领导者担心会暴露自己业务中的纰漏,于是就在办公室里,不去了解群众的想法。

其实不是只有首席执行官才能制造共鸣。开始相信市场的信号,发现市场觉得最有价值的部分,专注于顾客以及问题,你也可以制造共鸣。可以根据市场发出的信号,你也能够创造出属于自己的共鸣器。从而业务和自身都能得到进一步的发展。

很多培训老师在给好多家公司做培训的时候,都会涉及这样的课程:培训人们如何使用共鸣法,并亲眼目睹这一方法带来成功的过程。你要明白共鸣法是转变这些公司和员工的基础。我们的顾客往往会发现,聪明的头脑、雄厚的资金、独特的优势并不重要,重要的是系统地遵循这一方法走向成功。

现在该轮到你了。

制造共鸣虽然开始的时候看来简单,可等你意识到需要改变自己的习惯时,就不会这么认为了。希望你能问:“那好吧,但我现在需要做什么呢?”下面是一些相对重要的初始步骤,它们能帮你入门。当制造共鸣成为你企业文化的一部分,这些对你来说会很自然。

1.走出办公室,和顾客谈论他们目前需要解决的问题;

2.发现顾客群。为每一个顾客群命名、从杂志上剪下顾客群代表的照片、建立档案,让他们展现在你们面前;

3.定义特殊能力。团队里的每个人都用那个来知道自己有什么特殊能力;

4.如果召开内部会议只是想陈述自己的看法,那就没这个必要。参加会议前,准备好充分的数据;

5.不断地追寻“事实”的源头。在制定决策的过程中,剔除不重要的方面;

6.在你的影响度表中画出产品和服务的位置。制订你的计划,增加影响;

7.请不要谈论产品和服务的功能,而是要告诉顾客产品和服务能够帮他们解决哪些问题;

8.相对空闲的时候数一数公司网站上出现过多少次“我们”和“我们的”。你要知道这些内容是写给顾客看的，用“你们”和“你们的”代替这些词语；

9.把那些对外传播中的官腔官调全部摒弃，比如说公司宗旨；

10.做市场和行业中的思想领导者。

GanDongLi

下 篇

改变人心的力量

——感动力的实践

第九章 感动力营销让顾客感动

营销是什么?感动力营销是什么?感动力营销比普通营销的优点在哪里?主要的区别在于前者是以人的感情——感动为目标切入的,后者则只是为了成交而成交。

以感动为切入点,就带有人性的因素在里面,销售不只是为了销售而销售,在销售的同时加入一些人情的元素会让顾客感觉到更舒服的同时也更容易接受你的产品和服务。

接下来要努力的就是如何让顾客感动?怎么做才会让顾客感动呢?

我们在本章将一一讲述。

第一节 只有精彩的开篇才会有精彩的结局

现实生活中虎头蛇尾的事情太多了,我们数不胜数。但是在感动力的范畴中,只有精彩的开篇才会有精彩的结局,如果光有精彩的结局没有精彩的开篇,还是可以证明在营销中你不够成功。

开场白指的是销售人员与客户见面时,拜访前几分钟要说的话,开场白是客户对销售人员第一印象的再次定格。虽然说不能用第一印象去判定一个人，但是我们的客户似乎很喜欢用第一印象来评价你，这样就决定了客户愿不愿意给你机会继续谈下去。

值得一提的是，如果是你主动征得顾客同意见面的，你的开场白就显得非常重要；如果是客户主动约见你，那么客户的开场白就决定了你的开场白。

一般来讲，开场白包括以下几个部分：

1.你要感谢客户接见你并适时地寒暄、赞美；

2.自我介绍或问候；

3.介绍来访的目的（这一环节要突出客户的价值，吸引对方）；

4.转向探测需求（最好是以问题结束，这样客户会开口讲话）。

现在我们来看一个例子：

一位销售人员按照约好的时间来到了客户陈经理的办公室。

开场："陈总，您好！非常感谢您这么忙还抽出宝贵的时间来接待我！""陈总，您看您的办公室装修得这么简洁却很有品位，可以想象您是一个做事很干练的人！这是我的名片，以后请您多多指教！""陈总您以前接触过我们公司吗？我们公司是国内最大的为客户提供个性化办公方案服务的公司。我们根据市场调研了解到现在的企业不只是单一地关注提升市场占有率、增加利润，同时要关注如何节省管理成本；考虑到作为企业的负责人的您，肯定十分关注怎样最合理配置您的办公设备，节省成本，所以，今天与您进行简单的交流，看看我们公司能协助您做点什么。对了，贵公司目前正在使用哪个品牌的办公设备？"

上面的例子我们可以知道，开场白要达到的目标就是可以吸引对方的注意力，引起客户的兴趣，使客户很乐意与我们继续交谈下去。因此，在开场白中陈述能给客户带来什么价值就显得尤为重要。可是要明白陈述价值并不是一件容易的事，这不只是要求销售人员对自己销售的产品或者服务的价值有一定的研究，同时还要突出客户关心的部分，找出我们将会带给他的产品的结合点。因为，每个人对一件物品的价值是不同的，购买同样的一件衣服，有的人注重的是衣服的款式，有的人注重的是衣服的质量，有的人注重的是衣服的品牌,等等,总的来说他关注的就是这件衣服的价值所在,假若这件衣服有 10 个好处,顾客也只是考虑 2~3 个好处就可以购买了,所以,如何找出客户最关注的价值并结合陈述,是开场白的关键部分。

以下是如何吸引客户的注意力的常用方法:

1.提到客户现在可能最关心的问题,比如:听您的朋友说起过,您现在最头疼的是产品的废品率很高,调整了几次生产流水线,可是这个问题还是没能从根本上改善……

2.谈到客户熟悉的第三方,比如:是您的朋友某某介绍我与您联系的,说您近期想增加几台电脑……

3.赞美对方,比如:他们说您是这方面的专家,所以很想和您交流一下……

4.提起他的竞争对手,比如:阳明公司刚刚和我们谈成了合作意向,他们认为……

5.引起他对某件事情的共鸣(一般是客户也认同这一观点),比如:许多人认为面对面拜访客户是一种非常有效的销售方式,那您是怎么看的……

6.用数据来引起客户的兴趣和注意力,比如:您如果增加了这个设备的话,就可以提升 50%的生产效率……我明白贵公司现在的产品废品率比较高, 如果可以使您的废品率降到一半的话,不知道您有没有兴趣了解?

7.有时效性的,比如:我觉得这个活动可以给您节省许多的话费,同时这个活动也截止到 12 月 31 日,所以应该让您知道……

上面介绍的这些方法,在用的时候可以交叉使用,最重要的是要以当时的实际情况而定。当然我们在与客户进行交谈的时候,务必要以积极开朗的语气对客户表达问候。下面我们介绍一下好的开场白应注意哪些问题:

1.最好先电话预约

除非是推销个人消费用品,销售产品前最好先找到目标客户,随后打电话接触,预约拜访,再去见面。如果没有预约突然过来的话,会让客户觉得比较唐突,甚至厌烦,大部分的情况是会被拒绝或草草打发。在电话中和潜在客户沟通也有助于提高效率,更准确地筛选目标客户。

2.有的放矢

想要提高成交率，首先要选择你的目标客户，目标客户选定后，还要多了解客户的相关信息，例如，经营产品线如何，其产品线在市场的表现优劣势，其经营思路是怎样的，其自身企业在市场上的优劣势，以及你想提供给他的产品或服务的优劣势，在其他市场的表现是怎样的，是什么原因选择与他合作的理由。有了以上的准备，再结合你的应变能力，相信你的开场白问题已经不难解决了。

3.不要每次都用固定的开场白

销售人员不要去搞一个固定形式，因为每个销售人员应对的情况不同，面对的客户情况也不同，如果把开场白固定化，可能把事情搞糟。不管是什么样的开场白，只要可以吸引住顾客，让他对我或者我的产品产生兴趣，有想更进一步了解的欲望的开场白就是好的开场白。这不局限在个人的话语上，而且包括你的着装、言谈举止等。所以销售人员个人修养、缜密的思考都很重要。但是不管开场白使用什么方式讲述，应该至少达到以下目的。

(1)明确你的意图；

(2)使目标客户愿意和你交流；

(3)允许你提出问题。

4.随时注意应变和专业度

的确，和不同的客户面谈，针对不同层次的人、不同氛围的人、不同性格的人等，都要我们及时作出准确的判断，从谈吐、举止、专业等多方面给客户一个良好的影响，为自己想要的结果作一个好的铺垫，相信会离成功更近一步。

第二节 冷静耐心
——感动力营销的前提

俗话说得好："世上没有过不去的火焰山。"面对怒发冲冠、火冒三丈的客户，我们一定要保持绝对的冷静，用足够的耐心来应对这些脾气暴躁的客户。

心理学家把暴躁型的人称为胆汁质人格，这种类型的人就像"夏天里的一团火"，"一点火就着"，暴跳如雷，但情绪的维持状况就像是一阵狂风，一场雷雨，来去匆匆。这种人往往争强好胜，为人热情直爽，做事勇敢果断，精力旺盛，朴实真诚；但是他们的思维经常是粗枝大叶、不求甚解，遇到事情的时候缺少思量，冒失鲁莽，喜欢感情用事，刚愎自用，却又表里如一。

与脾气暴躁的客户打交道，要尽量配合他，也就是说话的速度快一点，处理事情的动作利落一些。在介绍业务的时候，只要说明重点就可以了，细节完全可以省略，尽量不要拖延谈话时间；在这类型的客户向你发问时，你必须要听清楚对方的问题，谈论的时候可以先和他谈结论，不需要过多地谈理由；当你把客户的注意力吸引到你的话题上的时候，你要捡紧要的理由说，长话短说，多用动词，少用形容词，语言尽量要简短，态度举止要有分寸。

一天，移动公司的客服小琴接了一个电话，对方很是"来者不善"。一接通电话，客户就质问为什么他有的手机打不了10086，每次拨打都提示"暂时无法为您服务"，最后自动挂断。

经查询客户所说的这个号码没有黑名单记录，于是小琴连忙向客户解释可能是话务繁忙或SIM卡出问题所导致的。客户闻所未闻，就是认为把他的号码加入黑名单了。小琴一再解释，并叫他不要担心，有任何业务问题都可以受理。客户什么也听不进去，一直在围绕自己为何打不进电话，就这样折腾了近10分钟，无论小琴怎么解释都没用。

后来，客户的语气越来越差。他问小琴工号是什么，说要投诉小琴，并要小琴做好登记投诉的内容为：此话务员不配当10086的话务员，此话务员太蠢了，连中国话也听不懂，等等。小琴边听他说边记录着，泪水夺眶而出：我服务态度这么好，也没有招惹你呀，还被这么骂？

虽然如此，小琴一句话都没有反驳他。记录完之后，小琴问他："请问还有什么可以帮您的？"对方沉默了一会儿，突然说："小姐，你年纪还很小吧？忍耐性怎么这么好呢？算了我不投诉你了，我也是一时在气头上乱骂了你……"接着，他一直在叮嘱小琴要取消那个投诉，说自己心里真的很过意不去，还真诚地说了一句："对不起！"

听着客户这么说，小琴忧郁的心情一下子就好了很多，并连忙叫客户别放在心上，我理解的！

通过上述的案例我们可以知道服务行业的销售和客服人员，总会碰到这样那样难处理的客户，这时一定会把心态放正一点，只要诚心实意为客户服务，客户是不会故意为难你的。如果客户生气了你也生气，那最后肯定是你自己吃亏。很多时候，硬碰硬往往会让事情变得更糟糕，"四两拨千斤"反而可以在无形中化解矛盾。

在应对并处理脾气暴躁客户的投诉建议时，首先要先平息客户的愤怒，最主要的是以尊重与理解的态度看待客户的愤怒，要明白愤怒的客户同样也是企业十分重要的客户。在面对此类客户时，下列10种做法不易采用：

1.马上与客户摆道理；

2.急于得出结论；

3.一味地道歉，却不处理问题；

4.言行不一致；

5.吹毛求疵，责难客户；

6.转嫁责任；

7.装傻乞怜；

8.与客户争论不休；

9.中断或改变话题；

10.过多地使用专业用语和术语。

暴躁型顾客是从不按理出牌的，哪怕是第一次和你见面，只要他有不满意的地方，他就会直接表达出他的愤怒。他绝对不是那种喜怒不形于色的人，不过也有一点好处，这样你可以很直接地观察到他的喜恶，不必进行多余的推测。

如果你将对方纳入暴躁型的顾客，那么凡事你可都要小心翼翼，最好不要犯任何的错误。拜访用的资料，在拜访前要重新检查一次，以确保每一样资料、样品都带得齐全，千万不要等到访问进行一半才缺东补西的，这种顾客最看不惯，更不会听你的任何解释，他们往往会直接表达他们的不满“你简直在浪费我的时间！”“连个资料都没准备周全，你还算什么销售员！”

面对这种顾客，争辩是最不管用的。因为这只会惹得对方更加生气，如果一直这样下去，到最后，对方可能就不想和你做生意了。销售员要尽量避免这种情况出现。即便错误真的不在你，还是要违心地以诚意的态度告诉他，你是真心感到抱歉，并且希望得到对方的原谅。

有时候，他的脾气是毫无来由的。也许根本和你没有任何关系，但他才不管这些，先找个出气筒再说！其实这个时候反而是你的大好时机。不妨试着探询他：“究竟是什么事呢？惹得您这么生气？说出来也许您会好过一点！”

这时，他也许会很乐意去说。当他告诉你之后，心中的怒火自然也平息了一半。你也知道了他生气的原因，如果刚好也能帮他想想办法，相信他必定会感激你的，而且这时他还可能会说：“不好意思，我刚刚真是气极了，不小心连你骂了！”“没事吧！对了把你们公司的产品目录拿来我看看！”就这样，你很轻松地就征服了他！

第三节　用热情和诚意搭建沟通的桥梁

现实生活中，我们经常会发现这样的人，他们可以很快地与人打成一片，就是我们所说的“自来熟”，他们不论在什么样的交际场合都能有说有笑，因此人缘很好，信息也很灵通，于是在竞争中无形就占有很多优势。

看到上述这种人的时候，如果你仔细听一下他们与陌生人交往时的交际“借口”，就会觉得平淡得像白开水一样，他们就是凭借着这样的“借口”为桥梁，与许多用得着的人物混得特别熟。

下面就提供一些可用的现成因素，可以帮助我们拉近与别人的关系进行沟通。

1.用亲戚和老乡关系来搭桥

因为亲戚老乡这类较为亲密的关系会给人一种温馨的感觉，从而有益于交际双方易于建立信任感。特别是忽然知道面前的陌生人与自己有某种关系，会有一种惊喜的感觉。故而，你要知道和对方有这类关系的话，在寒暄之后，不妨直接说出来，这样很容易拉近两人的距离，使人一见如故。

现在在一些大城市，一些老乡会、联谊会等组织都比较多，这些老乡会、联谊会就是通过老乡关系把所在同一区域的人召集在一块，组织起来。同时也可以通过老乡会来联络感情、相互帮助、加强交流。心理学家指出，每个人的潜意识中都有一种“排他性”，会对自己的或跟自己相关联的事物往往不自觉表现出更多的兴趣和热情；跟自己无关的则有一定的排斥性。所以，在交谈中这类关系的点出就使对方意识到两人其实很“近”。这样，无论双方的地位差距多大，都能较好地形成坦诚相待的气氛，从而可以打通初次见面由于生疏造成的心理上的“设防”。

2.用共同的往事来搭桥

一群中学校友的中年人在进行同学聚会。王先生在跟一个高年级学长接触时的头一句话就是:“有一年开学的时候就是你帮我安置床铺的。”“是吗?” 那个同学惊喜地说。紧接着两人的话匣子打开了,气氛瞬间就热乎了许多。那个高年级学长的确帮过我们许多人,不过开学初人多事杂,大多数人也记不得了。而王先生则恰到好处地点出了这些,让对方很是惊喜,也使两人的关系拉近了一层。

事实上,每个人都对自己无意识中给别人很大的帮助而感到高兴。在见面的时候如果能不失时机地点出,一定可以引起对方的极大兴趣。因此,初次见到曾帮过自己的人时,不妨当面讲出,一方面向对方致谢,另外可以在无形中也加深了两人的感情。

3.用对方的外貌和姓名来搭桥

人人都对自己的相貌感兴趣,如果可以恰当地从外貌谈起就是一种很不错的交际方式。例如,有个善于交际的人认识一个沉默寡言的新朋友时,很巧妙地把话题引向这个新朋友的相貌上。“你和我的表兄长得太像了,刚才差点就认错了人,你们俩都是高个头,白净脸,有一种沉稳之气……穿衣服的品位也很像,深蓝色的西服……真的是很难分出你们俩了。”“真的?”顿时这个新朋友眼里闪着惊喜的光芒。就这样,他们的话匣子打开了。

此外,对方的名字也是一个用来搭桥的好东西。

名字其实不只是一种代号,也是一个人的象征。在初次见面时可以说出对方的名字已经不错了,如果再对对方的名字进行恰当的剖析,就更上一层楼。比如一个叫“建瓴”的朋友,你可以谐音地称道:“高屋建瓴,顺江而下,可攻无不克,战无不胜,真可谓是意味深远呀!”对一位名叫“细生”的朋友,可以这样称赞“随风潜入夜,润物细无声”。或者用一种算命者的口吻对他的姓名剖析,从而引出大富大贵、前途无量之类的话,这也是可行的。总而言之,适当地围绕对方的姓名来称道对方不失为一种好方法。

这样,通过生活中的细节或者是小事,就能搭建起一座桥梁,让我们顺利地把双方的关系拉近,而且不用我们费尽心机地表演。

第四节　感动力营销：游刃有余地面对各种客户

先秦·庄周《庄子·养生主》："彼节者有间，而刀刃者无厚；以无厚入有间，恢恢乎其于游刃必有余地矣。"当你把一个事物或者是人了解透彻了，才会做到游刃有余。

做销售每日你与各种人打交道，产生矛盾是不可避免的。如果不注意化解的方法和技巧，这样的矛盾就会不断地加深，从而形象和信誉就会受到影响，很明显这不利于产品的推销。只有讲究口头交际艺术，才能化解矛盾，变不利为有利。俗话说"言为心声"，所有成功说服都是建立在充分了解对方性格特点之上的，下面我们对4种客户类型的性格进行总结并逐一分析与他们的相处之道：

1.老鹰型号的客户

老鹰型号客户的主导需求是权力，我们常常会见到这种类型的人，你来到客户办公室，一个人热情洋溢地介绍你的产品方案半天，客户却坐在那里一动不动，对你的谈话不感兴趣，遇到这样的情况，你可以转移到有关权力的论题上来。例如，张总，据说某某领导人要更替了，可能会引起权力之争。客户听到这里，就会瞪大了眼睛，开始询问事情的原委，因为权力的话题是他最感兴趣的话题。

老鹰型号的客户只注重结果，不注重过程和细节。很多时候会遇见这样的领导，你向他汇报工作的时候：张总，这件事情我想这样去做，第一步、第二步、第三步……您看这样可行吗？可是现在的张总是满脸不耐烦：怎么做是你自己的事情，我要的就是结果，只要做好就没问题。

老鹰型号的客户最容易刁难人，事先要作好预防。这种人往往会突然提出一个意想不到的问题，让你难堪。例如正逢年底，与一客户经理一起拜访大客户，见面后想恭维对方老总几句以此来缓解气氛：王总，恭喜您了，听我的客户经理说在您的领导下今年您公司营业额比上一年增加了10%，相当厉害呀。可是对方老总听了这话脸色立刻由晴转阴：苏总，您是在故意讽刺我吧，年初我公司制定的营业额指标是比上一年增长30%，一年下来才达到10%，其他竞争对手增长幅度都在20%以上呢。其实这个错误本来可以避免，恭维前可以先问问题为后来打基础：王总，听说贵公司今年的营业额比上一年增加了10%，您对这10%持怎样的看法呢？经过这么一问，就为后来客户刁难你作了一个很好的铺垫。

2.孔雀型号的客户

孔雀型号客户的主导需求是热情。这种类型的人非常感性，对人对事都充满了激情，你要积极地对他的热情进行回应，谈业务的时候要避免不要单刀直入，可以先拉近感情，比如你可以先关心一下他的身体或者家人等，就会很快融入他的节奏。

孔雀型号的客户是最爱展示自己的，你要抓住这个机会。大家都知道孔雀最喜欢做的事情是“开屏”，当你见到这类客户你一定要充分地赞美和请教他：王经理，前不久我在《市场与销售》上拜读了您发表的一篇文章，是关于经销商管理方面的，写得非常深入，看得出您是这方面的专家，正好我有几个问题需要请教您呢。这个时候你的客户就会不自觉地展示出孔雀的个性，把需要的东西他就会告诉你。

孔雀型号的客户梦想很远大，你要支持鼓励他。和这类客户谈话时客户如果说：我们企业争取在一年上市，三年成为世界500强。你要这样回应：有王总这样的战略眼光和能力是企业的一大幸运，以您的魄力我觉得用不了那么长时间就能够跻身世界500强。客户一听会很受用，他还会觉得你的话给了他莫大的支持与自信。

3.鸽子型号的客户

鸽子型号客户的主导需求是关系，你与这类型客户接触的时候要以关系为切入点。如果双方在谈业务的时候你看到对方不太感兴趣的话，这时你就要抓住他的主导需求：王先生，前段时间我去你们的一个大客户A公司谈生意，对方的老总刘总十分赞赏您，他说你们的关系非常要好，有时间的话我们3个约在一起吃个饭聊聊天。

鸽子型号的客户报复心很强，千万不要对他下命令。这种类型的客户也在企业里占据很大一部分的，既没有出色的业绩，也没有大的过失，谁也不得罪，一副老好人的样子，最重要的是他和公司里的领导关系都很好，如果你下命令：小张，快点把那些工作做完，明天做不完我扣你奖金。这时小张会不服气，你扣我奖金，凭什么，我和刘总的关系那么好，改天我们在一起聚餐喝酒的话我参你一本。在面对这样的人你对待一切要谨慎小心，不可鲁莽行事。

4.猫头鹰型号的客户

猫头鹰型号客户的主导需求是尊重，你们面谈的时候你一定要重视他，不能让他感觉受到冷落，可以适当地把他作为核心人物去对待，特别是有外人在场的时候，他们的心里就会很舒服，不会排斥你。

猫头鹰型号的客户比较注重计划性。你对客户说：我们的产品有很多优势，公司服务响应时间快、信誉好、价格低、产品质量可靠等。客户听了后就觉得你做事说话没有条理，如果你这样说的话：我们的产品具有很多优势，其一公司信誉好；其二产品质量可靠；其三服务响应时间快；其四价格低廉。这样客户就会觉得你说话和办事井井有条、思路清晰。

猫头鹰型号的客户十分注重实证。你告诉他你的产品质量是最好的，他就会马上回应你：既然你说得这么好，那么都有哪些企业用过你们的产品？事实和数据能证明在哪里？他会向你要实证和数据，如果你准备不充分的话就会把事情办得很糟糕。还有一定要记住不要用主观意愿过强的词汇和他们交谈，比如，我想，我认为，等等，他们会觉得你不客观。

第五节　为客户争取最大的利益

如果想要了解客户的心理，就要和顾客换位思考，站在客户的立场上，像客户一样思考。只有了解了客户的想法，接下来的就很好办了。

销售成功的秘诀就是如何把握客户心理的问题。只要你抓住了顾客的需求，尽量让顾客感觉到你所推销的东西可以满足到他的需求，这比起你花时间去宣传自己的产品或者忍痛降低价格的办法更加有用且实惠得多。

从顾客的角度思考问题并不是一件易事，尤其是当销售人员习惯从自身的角度思考问题，忘记了客户为什么会购买他们所买的商品；如果产品特性和顾客的现实利益同时出现在销售人员面前时，销售人员往往会选择关注后者。这时候，你与顾客的距离就更加的遥远了。如果你想成功，那么你首先务必要改变自己的思考方式，站在你的商店和你的员工的对立面——你像顾客一样注视着他们。

有太多的销售人员疲倦，失望，酬劳不足，徘徊在路上。这是什么原因呢?因为他们只关心他们所需要的东西，却不会注意到客户所需要的东西。人类的共性在于，我们都会只买自己需要的东西，因为我们所注意的，是怎么样解决自己的问题。如果销售人员的服务和产品，能够帮助客户解决一个问题，客户就会买你的东西。但是遗憾的是，有很多人，费去一生的光阴在销售工作上，却从来没有站在买主的立场论事。

很多销售人员几乎都存在这样一种通病，就是在见到客户后，急不可耐地向他们推销自己的产品，迫不及待地想成交，生怕生意再飞走了。但是你不要忽视了，你这样做很有可能会引起客户的逆反心理，你越是急于求成，他们就会越是犹豫不决。其实这时候，你可以换个思路，多为对方着想，站在客户的立场上说一些他们爱听的话，也许就能收到意想不到的效果。

有一个餐厅生意很好,顾客特别多,由于餐厅的老板年纪大了,想要退休,于是就把3位经理叫到跟前。

老板问第一位经理说:“先有鸡还是先有蛋?”

第一位经理答道:“先有鸡。”

老板又问第二位经理说:“先有鸡还是先有蛋?”

第二位经理肯定地答道:“先有蛋。”

老板又问第三位经理:“先有鸡还是先有蛋?”

第三位经理认真地说:“客人先点鸡,就先有鸡;客人先点蛋,就先有蛋。”

老板笑了,于是任命第三位经理为总经理。

比尔·盖茨认为,站在客户的立场,设身处地为客户着想,是微软的行动目标,也是市场的需求。每一名员工都应该沿着这个目标去做。

你自己站在客户的立场上,就相对容易抓住推销的重点。其实,很多很多的推销员对客户所持的态度,与我们所要求的设身处地为客户着想相比,还有很大的距离。

欧文·杨曾经说过的:“一个人能设身于他人境地,能了解他人意念活动,他不必考虑到将来的前途如何。”反之,如果你不关心客户是做什么的,不懂得设身处地为客户着想的话,你就永远也不可能知道客人究竟想要什么,同时你所推销的产品或服务也很难让顾客认为这是他们所需要的。对于一个不是自己想要的东西,换作是你,你会买吗?

站在客户的立场,为客户着想,首先,假设自己就是客户本身。你想购买怎样的产品和服务?自己真正需要的是什么?对售后服务有怎样的要求?

大家都知道,一般意义上的产品,生产商、供应商比比皆是,要想让客户认同你的产品并最终达成购买意向,那么你的产品从质量、性能、功能等技术指标、质量参数就一定要符合满足客户的心理预期。想从众多的商家中脱颖而出,那么你在售前、售中做的各种宣传是必要的,在宣传的过程中要充分体现你的价格优势、质量等级、服务态度,做好你产品的社会人气、口碑的积累。

一般应在价格上给客户物超所值的感觉。档次高,做工精细的产品,价位相对要高。一般质量上要根据客户的性价比,做到有过之而无不及。把产品的质量把握好,使客户认同你的产品,感觉产品物超所值的又一关键,简单来说就是,质量是关键,价格优势得凸显,必要宣传得务实,所承诺的服务要兑现,售后保障服务更优先,这样的话客户自然会认同你的产品,自然会给客户一种物超所值的感觉。

你要知道,价格一定是买卖双方关注的一个焦点话题。每个人都希望购买到物超所值的商品,没有人会愿意在买卖活动中"吃亏"。下面就介绍 3 种让客户觉得物超所值的销售技巧:

如果客户说太贵了,有以下几种原因:

1.客户认为价格确实偏高;

2.客户知道其他家公司的价格要更低;

3.客户不喜欢产品拿价格问题作借口。

如果客户认为价格过高的话。业务员首先要做的就是询问客户,为什么觉得价格太高。在询问的过程中要客气礼貌、要有技巧。客户的答案,也许出乎意料之外。一般是客户不清楚产品的价值,或是不知道自己要求的优惠有多少价值。也可能是客户所知的价格,是前几年的标准。然而,不管理由是什么,你的工作就是找出真正的原因!这样才能针对问题,解决问题。

如果顾客说其他供应商提供较低的价格。对于这种问题,首先,确定你和对手的各方面条件都不相上下。你的产品和其他公司产品的差别在哪里,客户很可能不了解。让客户了解你的产品的优点是什么,对照比较对方产品的缺点。必须让客户确实了解这一点。

有时候明明客人觉得我们的东西不错,服务也挺好,但他还是要比较一下,这就可以说明在顾客眼里我们的产品不是物超所值的。所以,我们在销售的过程中一定要让我们的客人感到他所买到的东西是物超所值的。如果顾客没有感觉到物超所值的时候,也没有感觉到很实惠的时候,那么你的产品的价值感没有塑造出来,你们是不会成交的。

第六节　善于倾听客户的需求

能够倾听对方的任何一种意见或议论表示对对方的尊重，因为这说明我们觉得对方有卓见、口才好和聪明智慧，等等。反之，打瞌睡、心不在焉、走开或乱扯就是轻视对方。

我们先看这样一个故事：

一位车行的销售员向一位老人滔滔不绝地介绍车的优点，他可以看出这位老人对车的性能非常满意。可是，老人却犹豫着没有买，几天过去了销售员都没有等到老人过来。于是他给老人打电话询问原因。老人说："我觉得你不尊重我，你只是对你卖的车感兴趣，对我说的话却一点兴趣都没有。"听了这话后，销售员才恍然大悟，老人多次提及自己的儿女很优秀，但销售员一心只想着赶快签合同，却没有答理他。

作为一名销售人员要明白：销售，首先要学会尊重客户，而对客户的尊重就是聆听对方。

每个人都喜欢被他人尊重，受到别人的重视。当你专心地听，集中注意力地听，甚至是聚精会神地听时，客户一定会有被尊重的感觉，这样可以拉近你们之间的距离。

对于交谈内容而言，并不是包含许多有用的信息。有些时候，一些普通的话题，对你来说没有什么实际意义，但是客户的谈兴却很浓。这个时候，出于对客户的尊重，你就应该保持足够的耐心听顾客把话说完，切记不要表现出厌烦的神色。

据专家统计结果显示，一个人的说话速度大约在每分钟 120~180 字之间，而人的大脑思维的反应速度远远比这个要快得多。因而在现实中你往往会遇到这种情况，客户的话还没有说完，或者客户只是说出了其中的几句话，你就已经知道他要表达的意思了。这时，由于了解了对方的意图，所以思想也就会不自觉地放松了，这种思维在外表上看来就是表现为一些心不在焉的下意识动作和神情，以至于对客户接下来的言语“充耳不闻”。如果这时候顾客突然发问或者向你请教见解时，你毫无表情地缄默，或者答非所问，客户就会觉得十分难堪和不快，有种“对牛弹琴”的感觉，这样就会对接下来双方的沟通工作产生不利的影响。

推销员：“××先生，通过对贵厂情况的观察，我发现你们自己维修花的费用比雇用我们还要多，是这样吗？”

客户：“我也认为我们自己干不是很划算，我承认你们的服务一流，但你们毕竟缺乏电子方面的……”

推销员：“对不起，请允许我打断一下……有一点我想说明，不管什么人都不是天才，修理汽车需要特殊的设备和材料，就像真空泵、钻孔机、曲轴……”

客户：“是的，但是，你误解了我的意思，我的意思是……”

推销员：“我明白您的意思。假如您的部下绝顶聪明，也可能在没有专用设备的条件下干出有水平的活来……”

客户：“但你还没有明白我的意思，现在我们负责维修的伙计是……”

推销员：“不好意思，现在等一下，××先生，一分钟就好，我只说一句话，如果您认为……”

客户：“你现在可以走了。”

上述案例中，推销员三番五次地打断客户的述说，这是推销中的一大禁忌。如果采用上述这种对话方式，推销的结果是根本没有成功的希望的。

当销售人员集中精力地倾听客户谈话时，客户可以畅所欲言地提出自己的意见和要求，这不仅可以满足客户表达内心想法的需求，也可以让客户在倾诉和被倾听中获得关爱和自信。客户希望得到人们的关心与尊重，而销售人员的认真倾听则可以使他们的这一希望得以实现。通过有效地倾听，销售人员完全可以向客户表明，自己非常重视他们的需求，并且正在努力满足他们的需求。

一位客人在头等舱里刚一落座，就开始对空姐的服务挑毛病。这一切被乘务长安妮看在眼里，她走近这位先生，先是倾听了对方对于报刊、配餐的种种不满后，紧接着非常有诚意地请教对方："先生，您见多识广，您一定坐过不少航空公司的班机。请教您一下，您觉得我们在其他方面还需要有哪些改进的地方？我们一定会努力做好的。"

这位难伺候的乘客在回答完安妮的这个问题后，渐渐平静了下来。他对安妮的表现非常满意，并表示以后还会坐这个航班，因为他相信有安妮这样的乘务长，航空公司一定会去努力改善那些不足的地方。

其实，客户的话是一张藏宝图，顺着顾客的话我们可以找到宝藏。只有专心、用心倾听，我们才可以清楚客户所要表达的意思和完整的信息，让顾客感受到被关注、重视、理解和尊重的感觉。

第七节　用事实和品质说话

推销员推销的并不是产品，是产品给顾客带来的利益。在销售中，摆出赤裸裸的事实就是销售的最好招数。

有一家公司销售部门招聘了一批新的销售人员。在培训课上，销售经理问大家：

"我们销售人员推销的是什么？"

"产品。"

"错！"

"???"

回答上面这个问题之前，我们先来看两个故事。

故事一：

第二次世界大战中，美国政府出面为军人办理保险业务；一个军人只要每月缴纳6~7美元的保险费，就可从政府获得达1万美元的人寿保险。如果这个军人牺牲的话，这1万美元将给他的受益者。这个交易对军人来说，是不错的一笔交易。但是你要知道，好的交易也需要推销。

在某一连队，中尉让全连战士集合。他详细地向士兵们解释了这一计划，然后拿出投保申请书，让同意的人签名。但是，没有一个人愿意投保。

中尉有点窘迫。这时候，一个老中士要求解释自己对这个保险计划的理解，也就是想为中尉解围。

老中士来到队伍前面，阐述了他的理解。他说：“我对保险计划是这样理解的。我们很有可能会被派往海外去打仗，我们买了保险的话，如果战死了，政府将向我们的家属赔偿1万美元；如果不买保险的话，一旦战死，政府就不会对我们的家属支付赔偿金。请问大家，政府会派哪种人去打头阵？是派战死了赔偿1万元的战士，还是派白死的战士呢？”

话音刚落，全连战士纷纷表示愿意投保。

中尉对保险计划作了细致的说明，士兵没人愿意投保；而老中士一番朴实无华的阐述，却产生了截然不同的效果。为什么会出现这种情况？

故事二：

在农村的一个集贸市场，一位年轻小伙摆地摊卖书包。与他相邻摆地摊的是一位40多岁卖鸡蛋的中年妇女。两个人闲谈了起来。妇女说，她家里不宽裕，时不时就上街来，卖点自家产的鸡蛋，捎回去一些日常生活的必需品，闲谈中，这位妇女还说她有两个儿子在上初中。

卖书包的小伙听到这句话，马上就职业敏感来了。

“大嫂，你真有福气。”

“什么福气呀？”

“你两个儿子在上初中，上完初中上高中，再上大学，大学毕业后赚大钱，你这辈子不就享福了吗？”

妇女听了十分高兴。小伙话锋一转，开始推销他的书包了：

“要是你的儿子将来知道你当年是用卖鸡蛋的钱给他们买书包供他们上学，他们一定不知道该怎样孝敬你才好呢！”

恭维的话一说，最终妇女拿卖鸡蛋、准备换柴米油盐的钱买了两个书包高高兴兴地回去了。

小伙卖给妇女的是什么呢？妇女买的又是什么呢？当然是书包吗？如果小伙这样推销，说书包不仅质量好而且价格便宜，农村妇女会买吗？如果卖的不是书包，那又是什么呢？

其实，不管是卖保险还是卖书包，推销最大的秘诀在于：你推销的不是产品，而是产品给顾客能够带来的利益。在销售中，最好的销售招数就是摆出赤裸裸的事实，这个我们在前面也说过。简单来说，就是产品能够满足顾客什么样的需要，具体有哪些好处，或能减少哪些麻烦。

衣服。推销员不是在卖衣服，而是卖设计、时髦、流行、吸引力、潇洒、风度；

家具。推销员不是在卖家具，而是卖舒适、典雅、整洁、家庭享乐；

地毯。推销员不是在卖地摊，而是卖高贵、地位、舒适、温馨；

生产工具。推销员不是在卖工具，而是卖质量、产量、效率、利润；

胶卷。顾客买的既不是胶卷，也不是相片，而是珍贵的瞬间、幸福的记忆、永远的珍藏；

汽车。顾客买的不是汽车，而是社会地位、便利、尊贵；

电影票。顾客买的不是电影票，而是放松、逃避现实、享受、娱乐、欣赏、忘记外边世界 2~3 个小时。

销售的唯一规则就是：只有当顾客相信他的想法和需求可以得到满足时，他才会购买你的产品。

所以，推销成功必须遵守两个原则：

第一，推销员一定要判断、了解顾客真正的、具体的想法和需求；

第二，向顾客证明你的产品将会满足他的需求。

越来越多的销售员意识到培养忠诚的客户是客户满意经营的关键，但在做的过程中往往不得要领。比如说，当客户在餐厅受到不好的服务而投诉时，餐厅往往会以折价或免费的方式给予顾客补偿，希望以此获得客户的忠诚。但这样只是可以平息客户的一时怨气，却得不到客户的忠诚，因为客户要的是精美的食物和好的服务。

销售人员要明白，客户需要的不只是产品本身，而是产品加上服务才能为客户产生价值，这才是客户真正需要的。现在有很多的销售人员与竞争对手竞争的就是产品的价格，因为这是最简单也是最直接的方法。但是，真正精明的用户不会只关心价格，只要你可以把你与竞争对手的差异性转变为客户需求的重要部分，你就会得到客户的认同。只是通过价格就可以吸引客户购买的产品根本不需要销售员来做。

第八节 有效的承诺和保障

假如消费者要购买你的产品或服务，他们需要克服一些风险。所以，帮助人们克服这些阻碍的策略之一就是，提供一个坚如磐石的、可靠的承诺书或者保证书，使得他们在达成购买意向后变得毫无风险，或者至少可以在最大限度上降低风险。

一份坚定的承诺会让客户有安全感，这样就为客户提供了一个“非买不可”的理由。消费者为什么不购买你的产品呢，原因之一就是他们觉得购买你的产品或者服务时可能存在着以下风险：

1.这个决定是错误的；

2.金钱的花费；

3.物品不是物超所值；

4.对购买结果不满意，但是并不能得到补偿。

如果消费者要购买你的产品或者服务，他们需要克服以上这些风险。因此，帮助客户克服这些阻碍的方法之一就是，提供一个坚如磐石的、可靠的承诺书或保证书，使他们的购买行为没有任何风险，或者至少能够在最大限度上降低风险。

强有力的保证书可以帮助企业减少阻碍着客户和你达成交易的壁垒。企业给予客户一个今天非买不可的理由，同时让他们不用担心商品明天就出现问题。通过保证书把风险从买方处转移,你的业务就会取得成功。这样一来,大家就会这么认为,从你这里购买产品或服务既轻松又有趣,因此你的利润也会得到快速增长。

当然,提供任何产品或者服务都不是没有风险的,这一点可以理解,但是通过对产品或者服务的陈述并且宣传你的保证、你的承诺,商业前景上的风险就会减弱不少,并且可以提高潜在顾客对你的信任,从而加强他们从你这里购买的意愿。

通常说来,销售员们都害怕对客户作出坚定的承诺,因为他们觉得会有很高比例的顾客会就此提出质疑。据研究表明,销售员的这种想法是错误的。最多,也就有 1%~2%的顾客会就保证书和你进行理论。你可以问自己以下的问题:

1.前一个月,我现有的客户中有多少抱怨过我的产品或者服务?

2.去年这个数字又是多少?

3.有多少顾客曾要求我要退货,或是更换产品或者重新提供的服务?你会发现,如果你的产品或者服务的质量还能够接受,你得到的抱怨会真的很少。

这样看来,认为你的顾客将会不断地就保证书和你理论的想法简直是个神话。人们往往都不是具有对抗性的,他们也不会没事找事。所以,销售员们可以放心大胆地在所有的营销宣传资料上显著地标明其无风险保证承诺书,这样做将会让企业的产品质量得到更多的关注。

下面我们讲解如何打造自己的承诺书,让你的市场营销计划如虎添翼:

1.观察竞争对手

可以浏览黄页或者报纸来寻找其他商业承诺书。也可以跳出你所在的市场竞争范围,看看其他行业的例子。当你看完研究完,你看到了什么?在本行业是不是有很多保证书?你找到的是什么种类的?你发现了与众不同的承诺书,还是千篇一律的“保证您满意”的同类保证书?

2.观察自身的实力

在你的业务中,你的强项在哪里?是善于快速安装,是擅长维护保持,还是对顾客的查询反应较快?你的产品或者服务是不是优质品质并可以一如既往?在当地,你是否能够提供最多的选择?你为消费者节省金钱了吗?找到你的闪光点。

3.承诺的结果

假若顾客购买了你的产品或者服务后,他希望能够通过这次购买得到什么样的特殊结果呢?当顾客使用你的产品时,有利的影响是什么呢?好的人际关系?更多金钱?可以降低压力?将答案具体分类记录,然后承诺这些结果。

4.选择合适的退款承诺

如果你想在承诺书上获得成功,你也想制作出一个具有吸引力的退款承诺,因为一旦有顾客不满意呢?事实上说,它不会使你花费太多,但是在提高顾客认知度上,却有很多的好处。

不需要任何理由,轻松退款承诺是个很好的开始。但是需要粉饰一下。

你要记住,并不是无理由退款的承诺是所有承诺中最好的。你应该超出顾客的期待,这样的话,他们才会深深地记得你。

5.测试、跟踪你的实际结果

这是最关键的。当你的保证书成为你市场营销计划永久的一部分之前,你要知道你所做的承诺效果如何。怎么样得知效果呢?你可以在你投放广告的出版物中选择一家,一家就好,来为你的承诺做广告,或者可以在你的电话信息中播放,或者也可以在一套名片中印刷,或者还可以在给你的部分顾客群的信件中宣传。随后,就可以追踪结果。

你的销售量同比你在推出承诺书前的总量,增长了多少?务必要测试至少两组承诺书,找到最有效的。你可以在一个测试中,监控在30天之内的结果,而在另一个测验中,监控90天内的成果,一般来说,时间越长,越有效果。另外,你也可以试试使用终生承诺书。

6.确定合适的承诺书

如果通过测验找到你认为合适的承诺,就公布给大家吧!将你完整的、书面的承诺书作为广告以及营销的一部分。在你的报纸或者黄页广告、网站、信笺等的抬头以及宣传册上显著地宣传你的承诺。

那么怎么样确定你的承诺语是成败的关键。以下介绍的一些此类的词语或短语,也许可以为你的承诺增加一些活力：

1.无条件的退款承诺；

2.不用质疑，随时退款；

3.我以个人名义担保；

4.30 天的免费测试；

5.无须理论，保证退款；

6.钢铁般坚固的退款承诺；

7.百分之百的现场退款保证。

第九节　电话营销的魔法三步

电话营销，只是凭借电话为唯一手段，作为推销员与客户联系的纽带，在电话的两端，双方只是依靠相互的声音在进行了解。与面谈相比显得有些单一。因此，在打电话的时候，要准备充分，只有如此才可百战百胜。

步骤一：打电话前

打电话前的准备工作十分重要，首先要知道我们要给客户传达的是什么信息，哪些信息有用，怎么样传达给客户。其次就是我们产品的卖点是什么，哪一点最可以打动客户，客户能从中得到什么利益。我们可能在传达信息的过程中会出现的潜在争执以及我们解决的对策。争执一般是围绕产品的价格、产品的质量、产品的售后服务，客户可得到的实际利益等。这时候销售员要坚守一个原则，即把所有的客户都想象成挑剔的，越挑剔越想达成交易。至于相互间的争执，每个电话营销人员都会有自己的处理技巧，只要可以达成目的，就是好技巧，一切在变化中把握。最后，在打电话前再次检查一下与客户沟通过程中所要准备的资料是否备齐，例如有关产品的介绍、产品的报价、产品编码等。

步骤二:打电话中

第二步打电话最关键的一步,成败就看营销人员与客户的沟通能力了。一个优秀的电话营销人员不只是可以很好传达信息给客户,而且还能够认真地聆听客户的谈话和意见。由于很多营销人员在打电话时只想自己如何办好事情,结果听不进客户给我们的意见,因此就会错过客户的需求信息,所以打电话学会聆听很重要。

与顾客沟通的过程也是确认需求的过程,用事实和道理介绍产品,可以提高客户对产品的认识和兴趣,从而可以使得客户作出购买决定。对于客户对产品提出的质疑,营销人员最好不要提出反对意见。因为人们都有一个相同的通病,不管有理没理,当自己的意见被别人直接反驳时,内心会不痛快,甚至会被激怒的,特别是遭到一位从未谋面的销售人员在电话里的正面反对的时候。那么,就需要销售人员在表达不同意见的时候尽量采用委婉的表达方法,尽量用“是的……如果……”之类的委婉语,有必要时可以注入一些幽默感。这样可以软化不同意见的口语。

沟通的结果就两种情况:成交和不成交。如果成交的话,销售人员要对客户表达感激之情。营销人员还要学会做一个赞美或者表态式的结论。但是请记住,赞美一定要真诚、得体、发自内心;赞美并不是阿谀奉承。如果不成交的话,也不可翻脸不认人。毕竟俗话说“买卖不成仁义在”嘛。优秀的营销员会自始至终保持亲切的微笑,客户对于营销人员的态度,会留下很深刻的印象,可能你的下一次机会,就会留在这一次态度中。

最后说到的是,营销人员与客户沟通时的语气和语调。由于电话沟通不同于面谈。因此,营销人员的情绪直接影响通话的质量。通话时要保持一个好的心情是很重要的!此外,通过沟通我们也可以了解到客户属于哪种类型的,我们也就知道了该如何下手。

步骤三:打电话后

通过与客户的电话沟通,我们或多或少已经拿到了客户的相关资料。那么接下来,我们需要做好的就是跟进和维护工作了。你要知道成交仅仅是销售的开始,并不是结束。由于现在市场的不断成熟和竞争日趋激烈的形势,企业应该着眼与客户互动与双赢，不仅要很好地适应客户的需求，而且要主动地创造需求。当你打跟进电话给客户时，带给顾客的最好是些新的、有价值的东西，让客户觉得每次与你通话后都有不同的收获。需要跟进的客户大致可以分成3种：成交的客户、有意向的潜在客户、无意向的潜在客户。针对不同的客户要有不同跟进策略。对于成交的客户销售员要做的是想着如何提高客户的忠诚度；有意向的客户我们要寻找原因，为什么客户迟迟不肯下单；无意向的客户我们也不能放弃，我们可以通过多种形式与客户保持联系。当他们的需求自发产生的时候，就能主动地找到我们。

电话营销需要未雨绸缪，理解了这3个步骤，提前安排好每一步的工作，销售员才能不为突如其来的难题困扰！

第十节　请将不如激将

对于一部分的客户来说，请将法不如激将法，遇到这种情况的话，销售员可以用激将法攻陷对方的心理防线，让对方心服口服。

《孙子兵法》中有云“能而示之不能”、“用而示之不用”、“近而示之远”、“远而示之近”、“卑而骄之”、“怒而挠之”，这种欲扬先抑的激将法在行军作战中得到很好而广泛的应用。我们的生活中也是一样，如果懂得善用激将法，有时候可以化解生活中很多棘手的问题。

日本有一家公司，以生产咖喱粉为主。有一段时间，这家公司产生严重的滞销，咖喱粉堆在仓库里卖不出去，企业已经面临着破产。面对危机，公司的全体员工都在想方设法进行促销，可手段都似乎都用尽了，咖喱粉销售量还是上不去。

就因为这个原因，公司的经理一个个都“下了课”，连续换了三任经理。这时，受命于危难之际的第四任经理田中上任了，虽然满怀着激情可还是没有什么好办法。

大家都明白,产品卖不出去的主要原因就是顾客对公司的牌子不熟悉,很难注意到有这种产品。由于资金不够,做广告是不可能的,但如果不拼死去做一次广告,就会坐着等死。

做什么样的广告呢?一天,田中经理在办公室里翻报纸,有一条新闻吸引住了他。这条新闻说:有家酒店的工人罢工,媒体进行了追踪报道,最后罢工问题得以很好解决,酒店恢复营业,原先不景气的酒店生意,现在变得异常兴隆。在日本,劳资双方的关系一般都比较和谐,如果出现罢工就会成为新闻的焦点。田中看着这条新闻,大脑里突然有了主意:这家酒店之所以生意会越来越好,新闻媒体无意之中起了不可缺少的作用……

他悄悄地叫来几个下属,吩咐了一番。几天后,日本的几家大报如《读卖新闻》、《朝日新闻》等刊登出了这样一则广告:某公司专门生产优质的咖喱粉,为了提高产品的知名度,今决定雇数架直升机到富士山撒咖喱粉,今天这座山上恐怕只能看到咖喱粉的颜色了。此消息一出全日本为之震惊。在日本,富士山不仅是一大名胜,而且更是日本国家的象征。在这种神圣的地方,居然有公司胆敢撒咖喱粉?真是无法无天!

尽管很多人都知道公司在故弄玄虚,但是大家对如此的言辞仍难以忍受,纷纷指责公司。本来一个名不见经传的小公司,几天的时间在各种新闻媒体上成为大家攻击的对象。最后有人甚至放出话来,如果公司胆敢如此做的话,我们一定叫它倒闭!

随着一片声讨浪潮,公司的名声随之大震。当临近广告中所说的在富士山撒咖喱粉的日子的前一天,原先发表过此公司广告的报纸都刊登出声明:鉴于社会各界的强烈反对,本公司决定取消在富士山撒咖喱粉的计划。

当社会大众欢庆自己的胜利时,田中和公司的员工们也在欢庆属于他们的胜利。经过这样一番折腾,全日本的人都知道有一家生产咖喱粉的公司,并且误以为这是一家很有实力、财大气粗的公司。这时候就有很多小商小贩纷纷投到这家公司的门下,大力推销其咖喱粉。结果就是该公司的咖喱粉一时间成了畅销产品。

田中经理的一个主意救活了一家公司。之后这家公司的产品在日本国内市场占有率高达50%。

以上的案例中,田中经理对社会大众的这一刺激,在引来无数的骂名的同时,也引来了无数关注的目光。不能不承认,这一招实在聪明。

德川家康留给我们这样的箴言“能忍耐,才是长久的基石——要把愤怒视为自己的敌人”。就是告诉我们如果能控制自己的愤怒,可以足够忍耐,便能长长久久。反之,不懂得控制自己情绪的人,很容易被挫败。激将法就是从愤怒的人这一情绪缺口出发,进而可以事半功倍地达到自己的目的。

当初诸葛亮率领大军北伐曹魏时,迎战魏国大将司马懿,司马懿尽管是三国时代的名将,可是面对诸葛亮的战术,经常会觉得无计可施。在吃了几次苦头后,干脆就闭城休战,采取不理不睬的态度。他觉得诸葛亮长途跋涉来袭,后援补给都有限,只要拖延时间,消耗蜀军的力量,最后一定可以把握先机,反败为胜。

果然不出所料,诸葛亮最终还是耐不住他的沉默战法,好几次派兵到城下骂阵,企图激怒魏兵,引司马懿出城决战,但魏兵在司马懿的统领下,一直不声不响。所以,诸葛亮想出一招“激将法”,派人送给司马懿一件女人的衣服,并附上一封信说:“如果你不敢出城决战,就穿上这件衣裳,我们也就回去了。如果你是一个勇士的话,就堂堂正正地列阵决战。”

这封信充满轻视,果然在曹魏的军营里激起很大的反响,那些年少气盛的部将纷纷向司马懿说:“士可杀不可辱,这种欺人太甚的信公然送来,我们这样一直沉默的话,未免太懦弱了。我们希望主帅赶快下令,出城和蜀军决一死战。”司马懿也是很愤怒,但是毕竟老谋深算,知道蜀军都是怀着建功的心愿而来,斗志昂扬,在没有力竭以前,是不好对付的;所以还是仍勉强把心中的怒气压抑下来,对部下说了许多精神鼓励的话,才得以把自己的军心稳住,终于没有让诸葛亮的计谋得逞。

我们不妨这样假设一下,当时司马懿看到那封信的时候怒发冲冠,带领军队出城迎战,一战而败,那么结局会是什么样的呢?历史是不是可能会重写?人类喜欢争斗的天性,自古以来都是以成败论英雄,所以人们总是只愿进攻而不肯撤退。宁肯轰轰烈烈地牺牲,也不肯无声无息地被看成是懦夫。在这种心态下,可以抑制住心里的冲动,选择忍耐的人真的不多。

208年刘备在曹操大军的进攻下屡次遭到失败，最后选择退守汉口，只是一心希望孙权联合抗曹。担任此项重任的就是诸葛亮。孔明一到达吴都柴桑，就根据种种迹象判断出来此时的孙权正犹豫不决。事实上曹操也派来了特使，要求建立友好关系。曹操对孙权采取的是压制手段，这样使得孙权感到心中颇为不快，同时也对得势的曹军感到担心。为了防备曹操大军的进攻，与刘备合作是有一定必要的，可是如今的刘备已经是残兵败将，在军事上已经可有可无，其实孙权的犹豫不决是不无道理的。吴国的重臣大多数都是投降派，大家一致认为："曹操兵力太强大了。他统一天下是迟早的事情，吴国根本就没有必要进行无谓的抵抗。"大家都主张按兵不动的办法来对待。

读过历史的人都会知道，孙权相貌不凡、气度宏伟、刚毅过人。诸葛亮考虑到用普通的说服方法是肯定没有成效的。最后他决定采取高压"激将法"。

孙权问孔明："可否出战?"孔明回答说："可以投降。"意思在说：连我们蜀汉的军队都败了下来，再争也是没有什么意义的，还不是白白送死吗?孙权听后很气愤地问："那么刘备作了怎样的打算呢?"孔明的答案是，我们的主公刘备是汉朝皇室后裔，英才早已闻名天下，所以无论怎样失利，绝不会屈居人下。孙权听后更加愤怒，站起来斥责孔明："你这个懦夫，难道只有投降一条路可走。"当然孙权并不是等闲之人，在稍事冷静之后，他把孔明叫到另一个房间里，请他出谋划策。

其实孙权也有自己的想法：假如刘备独树一帜的话，那些不肯归顺曹操的地方力量，一定会投靠在刘备大旗之下，与刘备联合抗击曹军，而这个可能能不能变为现实，关键就在于孔明，因此他很想知道孔明的势力到底有多少。

之后孙权与孔明共同策划的方案就是历史上著名的"赤壁之战"。就在当年11月，被孔明激起的孙权大军，在汉口上游的长江上击溃曹操50万大军，一次打下了东吴存在的基础。最后协助东吴作战的刘备坐收渔人之利，不久之后占据了西蜀，从此就形成了蜀、魏、吴三国鼎立的局面。

虽然我们不是孔明，但是我们可以向孔明学习。"激将法"是让对方在不情愿的情况下出来应战而间接达到自己的目的。而愤怒的情绪是很好的一个切入点。因为人的情绪一旦愤怒头脑就会失去判断，从而会作出一些不理智的行为，这时候就会很容易走入你的“小圈套”了。

第十一节 巧妙应对客户的拒绝

与客户打交道时，很多时候我们会面对客户的拒绝，有时甚至连接近客户的机会都没有，而我们只有在接近客户的时候就巧妙应对客户的拒绝，这样我们与客户才有谈下去的可能性，才有成交的可能性。

接近客户，与客户的第一次接触对于新销售人员来说，无疑是一个很高的门槛。而这个时候也是最容易被客户拒绝的时候，没有好的接近方法，新的销售员就很难获得与客户交谈的机会。面对客户时，想减少拒绝或者没有拒绝，销售员不妨试试下面的接近客户的方法：

1.他人介绍法

就是通过他人的帮助来接近客户的方法，这种方法是有一定的效果的。这一方法采用的是社会学中的熟识与喜爱的原理，意思是说，人们往往会愿意答应自己熟识与喜爱的人提出的要求。采用这种方法接近客户的成功率高达60%以上。这种方法分为他人亲自引荐和他人间接引荐两种。他人间接引荐包括电话、名片、信函、便条等形式。当销售员拿着别人的间接介绍信物拜访新客户时，要谦虚，不可居高临下，更不要炫耀与介绍人之间的关系如何密切。

2.利用事件法

把事件作为你接近顾客的契机和理由。这些事件可以是销售员自己企业的事件，也可以是客户的事件，也可以是社会上的事件。比如庆典、酬宾、开业典礼、周年活动、各种节日与节日活动、奥运、高考，甚至是自然灾害、危机事件，等等，这些都是接近客户的时机与素材，当然事先了解客户的资料背景以及社会偏好很重要。例如新销售员知道客户是××学校 1998 年毕业，他们正在筹备同学会，客户是当年同学中的活跃分子。这样就可以以同学会为理由接近客户。

3.调查接近法

销售员利用市场调查的机会接近客户。它不仅可以帮助企业了解客户需求的状况，又可以借调查的机会扩大企业产品的知名度，可以进行宣传，更可以为销售员提供接近客户的理由。采用这种方法的话，对于企业来说，可以借此提高销售员的专业知识。

4.问题求教接近法

销售员可以请客户帮忙解答疑难问题，或者直接向客户提问的方式来接近客户。这种方法主要是利用了人类好为人师的这个特点。在用这个方法的时候需要注意，一定要问对方擅长回答的问题，以及在请教之后及时可以把话题导入有利于促成交换的谈话中。例如，新销售员可以这样说："我们厂生产的账册、簿记比其他厂的产品便宜一些，而质量也比他们的好，这对贵公司不降低质量前提下减少成本来说，是一个机会，可以给我 5 分钟的时间一起交谈吗？"

5.服务接近法

销售员通过为客户提供有价值以及符合客户需求的某项服务来接近客户。具体的方法有：咨询服务、信息服务、免费试用服务、维修服务等。采用这种方法的关键是服务是客户所需求的，并与所销售的商品有关。例如，可以这样说，李老师，听王主任说，您最近正在研究××疾病的药物经济学问题，我这里带来了一些这方面的最新资料，不知道我们可不可以花 10 分钟的时间一起来探讨它呢？

6.社交接近法

就是通过走近客户的社会交际圈以此来接近客户。比如，客户加入健康俱乐部，销售员也随之加入这家健康俱乐部；客户加入了某社会团体，销售员也马上加入这一团体。从这一方法引申出来的是，比如在外地旅游碰到客户，接近客户时的交谈，不要开门见山地推销产品，而是尽量先与客户形成和谐有缘的人际关系。

如果我们在刚接近客户的时候就遭到客户的拒绝，交易就会谈不下去，更别说是成交了，所以，我们在接近客户前就要做好功课，用巧妙的方法来接近客户，让客户一开始就没法拒绝我们，这样的话，交易才能继续下去，成交的可能性也会更大一些。

第10章 感动力管理让员工感动

对于企业管理来说，每一个管理者都有自己的一套方案和方法。有的管理者崇尚钢铁般的纪律式的管理方式；有的管理者采用放羊式的管理方式；有的管理者采用人性化的管理方式；有的管理者采用……

说白了，有一千个管理者就有一千个管理方式。

但是，这些五花八门的管理方式中哪一个是最行之有效的呢？在最可以管理好企业的同时是否也扼杀了员工的积极性和主动性呢？

有的管理者会说，不论哪种方式，都要尊崇以制度去管理，这样是一个很好的方案。

但是，你能保证你的制度是好的、是优越的吗？

接下来，我们将要讲到的是一种新型的管理方式——感动力管理。跟着本章的内容我们去一起感受这种管理方式吧。

第一节　感动力管理靠魅力

魅力有一种能使人开颜、消怒，并且悦人和迷人的神秘品质。它不像水龙头那样随开随关，突然迸发。它像根丝巧妙地编织在性格里，它闪闪发光，光明灿烂，经久不灭。

人格魅力是一个人在性格、气质、能力、道德品质等方面具有的能吸引人的力量。在如今这个社会里一个人能受到别人的欢迎、容纳，他实际上就具备了一定的人格。这种魅力是职业管理方面的一种潜在力量，有时就决定了企业管理的成败。对于企业的硬件设施、科学技术等，这种魅力是作为企业竞争中的软实力，是企业领导者无形的资产。

魅力要求管理者能够洞察和容忍下属的失误，同时可以给予下属充分的信任，还要有勇于决策的胆识和魄力……因为有魅力，才有了商业界一个个不同的神话，他们能在企业走向毁灭的时候，挽救一切；能辅佐弱小的公司壮大发展。

从事管理工作的人都会明白：获得下属的拥戴，管理的有效性才会更强。事实上，下属拥戴的不同程度，也直接影响到管理有效性的强弱。这是普遍的一种现象，就这种现象而言，是否能获得属下的拥戴，已经成为每一个管理者面临的重大课题。

与西方的企业管理相比较，中国企业管理中的伦理色彩更为浓厚。为什么会这样呢，原因就是中国文化是典型的群体文化。在这种文化背景下，被管理者对管理者的要求会很高，所以，在中国的企业里从事管理，下属能否拥戴上级，对管理有效性的决定意义特别显著。

管理者不管在什么情况下都应该是积极向上、充满热情的。没有人会愿意拥戴一个消极的上级。虽然管理者也会郁闷、也会烦恼、也有牢骚和抱怨，但是，这些都必须埋在心里，绝不能让下属知道。当然，在需要的时候，可以让下属看到，但那是作为一种管理的手段，是故意的。

曾经看到过这样一个故事：

从前有一个牧羊人，他放牧的羊群常常会死掉一些羊，不论他采取怎么样的措施，每年总要死去一些。为此，他向一个朋友请教，朋友告诉他，可以引进几只狼试试，他听从了朋友的建议。没有想到的是，就此以后羊的死亡率大大降低了，为什么在羊群里放进几只狼，就可以减少羊的死亡率呢？原来，因为羊和狼是天敌的关系，当狼进入羊群后，羊为了活命，就会拼命地奔跑，在跑的过程中，从而激发了自身的生命力和免疫力，从而自身的活性增大，减少了死亡率。

类似的故事还有一个：

在日本，有很多渔民每天都出海捕捞鳗鱼，但是因为船舱很小的缘故，等人们回到岸上的时候，鳗鱼大部分都已经死掉了。可是，死鱼是卖不上好价钱的。但是，却有一位老渔民每次回来时捕的鳗鱼都活蹦乱跳的，所以，他的鳗鱼总是能卖出好价钱，时间长了就成了当地的一个富翁。其他的渔民都不理解，为什么船舱和捕鱼的工具都是一样的，他的鳗鱼就不会死呢？直到这个渔民临死前才把秘密告诉给他的儿子，原来他在装鳗鱼的船舱里放了一些鲶鱼。因为鳗鱼和鲶鱼天生好斗，鳗鱼为了对抗鲶鱼而拼命反抗，生存的本能就被充分地调动起来，所以在上了岸之后大多能活下来。而没有放入鲶鱼的鳗鱼呢？因为缺少斗志，也就坐以待毙了。

以上两个故事告诉我们同一个道理：如何才能调动团队成员的内在动力，怎样才能避免下属“当一天和尚，撞一天钟”的消极态度；怎样才能有效激发下属的斗志，而避免成为“休克鱼”。那么，作为团队的管理者，怎么做才能有效地激发团队的活力呢？

许多企业的营销管理者，常常会告诉我们这样一个事实：他的下属没有激情。其实，如果管理者忽略了对下属的管理与激励，团队成员容易得过且过，优哉游哉地过着日子，也就感觉不到外在的威胁。在这种情况下，团队都会慢慢地失去斗志、失去工作的驱动力，最后团队也会慢慢地失去战斗力。

所以，作为企业的高层管理者，很有必要在团队“疲软”之前，适时引入一些“狼”进来,好让一些“休眠”的员工“醒来”。例如,通过引入具有“狼性”的员工进来,这些“外来人”就可能会成为老员工的潜在的威胁,可以让一部分人不至“沉迷”、“陶醉”太深。通过引入新人,也就是为团队注入了“新鲜血液”,可以保持团队持久的活力。

竞争机制是团体保持活力的必要步骤。其实,管理就是引入了竞争机制,主要是让大家互相赶超,并让付出与收获成正比。因此,管理者要想不让下属成为“温水里的青蛙”,就非常有必要引入竞争机制,让大家在同一个平台上体现能者多劳,能者多得,多劳多得的原则。

巧妙的激励,可以激发团队的活力。一个没有竞争力的团队,就没有活力。想要让团队有活力,还必须要巧妙激励。激励分为正激励和负激励两种方式,而对于那些有经验的管理者,总是会多用正激励,少用负激励的方式,来最大化地调动员工的积极性。

韦尔奇在任通用汽车公司的 CEO 的时候,总结出激发下属的“活力曲线”。他把员工分为三类,分别是明星员工、活力员工和落后员工。其中,占所有员工中的 10%是明星员工,对这些员工,他会采取是“加薪、加心、加信”的正激励;而活力员工,大约占到全体员工的 80%,他要求他们上进、上进、再上进;剩下的 10%是落后员工,对他们是裁员、裁员、再裁员。韦尔奇的逻辑理论是——企业是不会向员工承诺终生就业,但是会努力让他们拥有“终生就业能力”。

“韦尔奇活力曲线”说透了就是抓两头放中间,即抓先进和后进,以此来带动中间。很多集团公司的管理者在每月月末总结会上都会让一些做得优秀的营销人员上台介绍他的成功经验,同时,也会让个别做得差的员工在上台分享他失败的经历,通过树立正反榜样,来激发大家赶先进,避教训,让全体员工都能不断地提高。

俗话说得好,“仁者乐山,智者乐水”,人类渴望“仁者”,向往“沉稳”。一个人的内心如果非常沉稳,给人的感觉一定是十分镇定、冷静而且坦然。

如果问世界第一大汽车制造商是哪家公司的话,在当初大家一定会说是美国通用汽车。美国通用在世界第一这个宝座上待了多长时间呢?截至 2006 年,通用已经连续 76 年占据全球最大汽车制造商宝座。但是,在 2007 年的春天,日本丰田公司超过了美国通用成为季度销量全球第一。听到这个消息,通用的总裁瓦格纳只是说了这样一句话:“暂时的超越又不是世界末日。”看到了吧,因为个性沉稳,遇到公司危机,不会惊慌失措。

这是句意味深长的话,确实如此,暂时的超越并不代表着丰田已经真正超越通用!

沉稳的人碰到市场出现逆转的状况,不会丧失斗志、无计可施。作为世界第一大汽车公司的总裁,凭借着30多年在汽车界的声望与历练,瓦格纳先生展示了临危不乱、镇定自若的沉稳。使得美国通用在与日本丰田争夺世界第一宝座的时候,临危不乱。

沉稳的人,在面对重要的投资决策时不会草率从事。近年来有这样一种现象:面对我国经济的腾飞,国内的企业家都非常兴奋,都想要大干一场。我们知道这种想法是好的,不过大家有点过于浮躁。沉稳的人是不会看到机会就兴奋异常,更不会在发展过程中急躁冒进。

在2005年的时候,盛大巨额亏损。前一时段,盛大并购韩国Actoz公司的时候,付的可是现金,初衷是为了解决版权问题,其实,游戏版权是由Actoz及其参股子公司共同拥有,而且等到买来了盛大才知道,盛大著名的游戏《传奇》不是它设计的,而是它的母公司设计的。

当初的韩国Actoz是股价下滑的公司,但对于盛大最糟糕的是,韩国的创始人拿了钱,带着一些精英跑掉了。这样,盛大没有了掌握技术研发能力的核心团队,那么高科技公司的控股权就变得没有任何意义,相当于买了一个空壳子。可以说,盛大当年亏损五六亿元人民币很大一部分的原因就是这一次的失误。

我们可以理解,很多企业都希望做大做强。为了做大做强就去不断兼并其他企业,但有没有人想过并购这一决策真的正确吗?另外,最近国内有很多经营者发现,当企业发展到一定程度就会面临“瓶颈”的问题,于是就开始转做其他副业,开始搞多元化发展,但有没有人想过这个策略对吗?

把一家不太好的公司买进来并把它建设好,需要具备相当的能力,但我们国家的很多企业家欠缺经验,或者说是中国企业家与国际接轨的经验不足。中国在海外的并购案中,其中也有不少都出现了问题,除盛大并购韩国Actoz外,还有明基并购西门子手机、TCL并购法国汤姆逊、上汽集团并购韩国双龙。

上汽集团的汽车销量当初是居于全国首位的，但如果把轿车跟卡车一起计算的话，那么长春一汽就成为排名第一。由于上汽集团不太擅长做休闲旅行车，于是，上汽集团希望收购韩国双龙汽车公司，以弥补休闲旅行车的不足。2004 年的时候，上汽集团以 5 亿美元购买了韩国双龙汽车公司 48.9%的股份，成功控股这家韩国汽车制造商，这也成为上汽集团在海外最大规模的并购项目。

可是上汽集团买下来后发现，韩国双龙汽车公司这是一个烫手的“洋山芋”，带来的贡献还谈不上，可麻烦却接二连三地出现。2006 年，在入主双龙一年半以后，上汽集团在韩国遇到了最大的挑战——长达 49 天的工人罢工。在这场名为“玉碎行动”的罢工中，工厂的大门被工人们严严实实地堵住了，甚至有数百名狂热的工会会员以激进方式游行抗议。罢工的原因是，工人们听信了谣言，都认为上汽集团没有在韩国长期投资的打算，等到把核心技术和人才转移到中国后就让他们自生自灭。这次罢工使上汽集团遭受了不小的损失。

当时胡茂元是上海汽车集团的掌门人，也是中国企业家排行榜上的座上客。但是，在收购韩国双龙汽车公司的时候，胡茂元并没有全面权衡，特别是对韩国国情和民族感情估计不足，以致产生失误。

在这里我们给出的建议是，主动要求并购，或者你一开口就马上点头答应的公司千万不能买，因为这样的公司通常都有或多或少的棘手问题。就好像你对一个女孩一见钟情：嫁给我好吗？她的回答是：OK！什么时候？要不要明天？这个时候，你也会犯嘀咕：怎么会答应得这么快……对于重要的投资决策，领导者绝对不能草率行事。

第二节 感动力管理要先树立管理者的榜样效应

榜样就是楷模,是值得大家学习的人或事物。明·李贽《续焚书·李善长》:"其不私亲,以为天下榜样,亦大昭揭明白矣。"

榜样效应主要是指领导以身作则,下属就会自觉追随。著名管理学家帕瑞克所说过这样的话,"除非你能管理'自我',否则你不能管理任何人或任何东西"。你要知道,示范的力量是惊人的。作为一个管理者要想管好下属必须以身作则,从严格要求自己开始,做到"己所不欲,勿施于人"的这种状态。当通过表率树立起在员工中的威望,大家会上下同心,大大提高团队的整体战斗力。正所谓得人心者得天下,做下属敬佩的领导将使管理事半功倍。

良好的管理行为可以赢得下属的尊重,如果管理者对于自己的不良行为不重视的话,往往会对下属造成严重的伤害,那么什么样的行为属于管理中的愚蠢行为呢?怎样才能管好自己的行为呢?

负面教训之所以会让人印象深刻,主要是因为最有益的经历往往是那些能真正触动你内心的东西。经理人常常会深陷到"老板"这个角色中,从而会忽略了对下属的关注。曾经担任过教授的约翰森,之后担任过一家广告公司的联合总裁及负责银行市场推广的高层管理人员。在2006年年初他开始掌管人力资源服务公司Kelly Services。下面是他关于培养良好的管理行为的几条重要建议:

1.一定不要当众让员工出丑

约翰森曾在一家硅谷企业担任顾问的时候,这家公司的企业家以能让合作伙伴发财、也爱当面呵斥他们而"闻名"。在一次会议上,这位企业家对一位很具有才华的经理人提出的方案大加攻击："这是我一辈子以来听到的最愚蠢的想法，""我对你简直太失望了。"那位经理人就因为他的话而沮丧了好几个小时，这使他原有的自己是管理精英的感觉从此之后彻底消失。

2.闪电式决策可能是错的

做老板的就应该行动迅速。他回忆道，他以前在一家公司的上司经常在一个小时内将一周要作的决定全部敲定。于是，当约翰森在 1995 年加入这家公司之后，也尽力效仿这种做法。当时，他迅速拒绝了合作伙伴提出的将业务多样化、开展招聘及派遣代课老师业务的建议。"我有 6 个充足的理由可以证明我们为什么不应该那样做，"他说。"我当时比较关注的是那么做的风险。"后来他的下属们又曾 5 次提到这个建议，约翰森最后改变了当初的决定。事后他才发现，一位怀有良好初衷的老板也有可能掉入"认为自己无所不知的陷阱"。

3.不要设定不可行的期限

约翰森曾在 Sun 电子计算机公司担任高层管理人员，那时候他曾对一位将"最后期限" 看得高于一切的上司感到非常沮丧。他说："人们往往很难分清什么是重要的事。"但是，类似的错误最终是在约翰森担任经理之后。他曾经为了一个新产品的发货期要求而持续不断地对一个团队施加压力，以至于他们不会再寻找这个新产品存在的缺陷。面对巨大的时间压力，"所有人说的话都是你想听到的话，"他评论道。"我当时并没有意识到问题有多大。"他希望打消团队成员的疑虑，并表示他很愿意听到真实的情况。"但是我花费了好几年的时间才重新获得他们的信任。"他说。

4.尽量避免占用下属的私人时间

约翰森在早期的职业生涯中，他遇见了一位很有才能、雄心勃勃的老板。这个老板每周日下午都要举行长达 3 个小时的员工会议，这个会议的用处只是为了显示自己比公司内部的竞争对手更加强硬。约翰森说，老板的这种做法只会让所有的员工感到不快。现在，约翰森在工作时间外打扰员工之前都要先问一下自己，我这样做是否有必要。"如果大家明白你努力尊重他们的私人空间，他们会在工作时间内更加努力地工作。"

5.要记住"看法"就是现实

约翰森还是一名销售代表的那个时期,他的负责人把最好的销售区域给了一位大家都认为表现并不好的销售员来进行销售。这位销售员就是靠讨好老板而获得了可以超过其他人的业绩。约翰森说:"就因为这件事,我很快地换了工作。"当约翰森成为Kelly的首席执行官之后,有一次他听到一位员工抱怨说:"大家都认为某某是你最喜欢的",他听后十分惊讶。约翰森认为自己从来都没有根据个人喜好来决策,但是他意识到,他必须很注意自己对待每个人的方式以及他所营造出来的工作氛围。他不得不承认,哪怕是很好的老板也很难站在别人的角度来考虑问题。

其实在实际的管理中要注意的不仅仅是这些。伟大的管理学家凯茨·德里弗斯曾经归纳了15种典型的愚蠢行为,下面我们来一一介绍。

1.天生喜欢引人侧目

这种人为了自己的理想,可以奋斗不懈,在稳定的社会或企业中,很快表明立场的总是他们,觉得妥协就是屈辱,假如没有人注意他,他们会用出浑身解数,直到有人注意为止。

2.专横跋扈

这种人往往会对下属实行专制,是导致行政行为失败的重要原因。例如,一个叫龙向阳的人是一个银行行长,他平时对下属非常专制。银行里的任何事情他都要管,甚至是在行长会议上决定了的,一到全体员工大会上,他就给变了。他在外面喝酒,有人只是随便说了一句,说他管不住职员A。回去后,龙向阳马上免了职员A的职务,把他下放到保卫科去。这样的事情发生得多了,整个企业变得死气沉沉。

3.事无巨细,一管到底

这种管理者常见于家族企业,任何事情都要亲历亲为,都要管理到位。这种方式在企业的创立阶段也是行之有效的,但是等企业发展到了一定的规模,这种方法就不行了。这也是许多企业在初期发展快,但是到了一定程度就上不去的主要原因。当一个企业只有十来个员工的时候,老板是可以面面俱到的,但发展到了100人、1000人呢?资产值到了1000万元、5000万元、1亿元呢?单纯的功能管理必定就没有什么效果了,甚至是有害的了。

4.躁狂管理

最主要的表现特征是努力工作,而不是聪明地工作。虽然他们精力旺盛,热情高昂,但却不知道自己在做什么。他们只注重组织内的事情,从来不关注外面的世界。

5.轻视下属

显著特征是自认为高人一等,自以为是,不把下属放在眼里,不明白下级的重要性和价值,对下级不尊重,不给下级面子,高不可攀的领导就是那些领导高高在上的意思。这种类型领导的特点是与下级隔绝,下级连找到他们都困难,更不用说在一起研究工作了。在历史上,有一些国家的领导人,通常会把自己闭关起来,所有的指示和政令都是通过工作人员来传达。你要知道这样的结果是很危险的。

6.压制下级

这种领导的行为是领导只关心自己,完全不顾及别人。他们会尽力阻止下级闪光、出成绩,甚至可以把下级的成绩揽到自己的名下。现实生活中很多员工都会遇到这样的领导,结果就是大家干脆采取消极的方式,应付了事。现行的行政体系,就是这样的体系,下级做的事情,上级可以毫不客气地作为己用。

7.拒绝沟通

特征是不愿意或很少与下级交流或沟通,因此就不会从下级处获得信息及好的工作建议。对同事不会信任,就会产生不安感。组织里充满这两种因素,是很危险的。一个在这里工作的人,是得不到任何好处的,最好是赶快离开。请切记:当你发现骑着的是一匹死马的时候,最好就是赶紧下马。

8.被困难绳捆绑

他们是典型的悲观论者,常常会杞人忧天。在采取行动之前,会想象一切负面的结果。如果让这种人担任主管的话,在遇到事情就会拖延,按兵不动。因为太在意羞愧感,所以会担心部属会出状况,让他难堪。这种人需要不断地训练自己,在考虑无论什么事情时,必须控制心中的恐惧,让自己变得更有行动力。这种人总是在怀疑自己决策的问题性。我做的决策到底对不对?

9.不懂装懂

工作中不懂装懂的人，总是喜欢说：这些工作真无聊。但他们内心的真正感觉是：任何工作我都做不好。他们希望年纪轻轻就功成名就，但是他们也不喜欢学习、求助或征询意见，因为这样做的话会被人认为是他们不胜任这份工作，所以他们只好装懂。而且，他们还往往要求完美却又严重拖延工作，最终会导致工作严重瘫痪。

10.管不住嘴巴

有的管理者不知道什么话题可以用来公开交谈，什么内容适合私下说。这些人往往都是好人，没有心机，但在讲究组织层级的企业，这种人最管不住自己的嘴巴，只会断送自己的事业生涯。最好的方法就是他们必须时刻提醒自己什么话该说，什么话不该说。

11.疏于换位思考

这种人完全不了解人性，不了解恐惧、爱、愤怒、贪婪及冷悯等情绪。这种人在通电话的时候，往往连招呼都不打，直接切入正题，缺乏将心比心的能力，他们想要把人的情绪因素排除在决策过程之外。这种人很有必要为自己做一次情绪稽查，了解自身对哪些感觉较敏感；可以向朋友或同事问问题，是否发现你忽略别人的感受，搜集自己行为模式的实际案例，改变自己的行为。

12.逃避矛盾

这种领导最显著的特点是遇到矛盾绕着弯走，做老好先生。好像《三国演义》里的那个水镜先生司马徽，总是说好话。不管别人在说什么，都回答：“好！”一次，有人告诉他一个噩耗，说某某的妻子死了，他听了之后，说：“好！好！”现实生活中有些领导就是这样，对什么事情都做好好先生，从来不发表自己的看法。他想对每一个人都好；总想取悦于每一个人。所以对一切都采取妥协的办法，这样的话最终是要出问题的。如果是企业中存在这种领导的话，那么这个企业必然是要垮掉，如果是行政机构，那就干不成任何创新性的事情。大家的积极性也会受到打击，整个单位无精打采，虽然表面是一团和气，但实际上是支离破碎。

13.非黑即白看世界

这种人眼中的世界不是黑的就是白的。他们一直相信，一切事物都像有标准答案的考试一样,客观地评定优劣。他们觉得自己在捍卫信念、坚持原则。其实,这些原则在别人看来根本不以为意。结果,这种人只是在孤军奋战,而往往是经常战败。

14.无止境地追求卓越

这种人要求自己是英雄,同时也要求别人达到他的水准。在工作上,他们要求自己与部属更多、更快、更好。结果是他的部属被这样的领导拖得精疲力竭,大家都采用离职的方式表示抗议,造成企业的负担。

15.强行压制反对者

这种领导言行强硬,毫不留情,因为常常会横冲直撞,不知道绕道,最终可能伤害到自己的事业生涯。

第三节 营造平等的工作氛围

氛围对管理效果的重要性已经是不言而喻的了,面对"80后"群体,领导者们更是要重视氛围管理。要在企业内部营造一种与"80后"需求相匹配的管理氛围,只有这样,才可以在轻松的氛围中激发"80后"的潜能,达到"80后"为企业所用的目标。

工作氛围可以分为两种,一种是环境氛围,一种是人文氛围。环境氛围是指由办公空间的设计、装饰等营造出来的感受,人文氛围主要是指周围团队成员言行举止的传播影响,二者相加会让员工的能力产生化学反应,结果就是工作的表现也许会大相径庭。

有人曾在网络上发布了谷歌公司总部的办公室照片,在照片上看这个办公场所简直就像一个度假村,有自助的食品饮料吧台、台球桌、按摩室、理发厅、游泳池、员工子女看护间,工作区域还有舒服的躺椅、灵感涂鸦墙、各种各样的健身器材和玩具,等等,这相当符合IT巨头谷歌崇尚自由和高度创新的企业文化，可以想到，员工在嚼着巧克力享受按摩师的服务的时候，灵感很容易就会找上门来。举这个例子的意思并不是所有的企业都应该像谷歌一样，只是建议企业要在办公室布置上作出符合企业所属行业的风格来，在人文氛围上可以作出能正确引导员工行为的企业文化来。

尊重是人的心理需求。我们都知道“80后”员工是脆弱而又敏感的一代，他们做事喜欢张扬，可是内心又想赢得别人的尊重，尤其是上司对他们的尊重，因此，作为领导，要尽可能地给他们提供一个宽松、自由、开放、独立的工作环境，以体现对他们的尊重。例如，让他们独立去开发一个市场，只是给一些指导性的意见，不指手画脚、评头论足，对于一点点的进步，可以及时地给予表扬和肯定，即使犯错了，也要委婉地“关起门”来批评。同时，作为企业和管理者，要愿意为员工在成长而走的弯路买单，这样才可以让他们快速地成长。

领导者要平等对待员工，让他们有“家”的感觉。管理者如果真的想要留住人才，在和员工一起的时候，可以不只是上下级关系和工作关系。在工作之外还应该有同情共感、痛痒相关的关怀，也可以在工作之余进行共同娱乐。总的来说，管理者要明白只有把员工当作家庭成员对待，才能实现成功的管理，而与员工打成一片的最简单方法就是实现平等管理。

在管理中，平等只是指老板和管理人员一视同仁，使员工们在同等的情况下感受到相同的待遇，而且还指老板、管理人员与员工相互平等。对员工的尊重和信任是企业管理的核心内容，而这核心内容之首就是要求平等。

你要知道，企业管理是对人的管理，老板也应是“人”，人与人之间虽然存在职务的不同，但都具有平等的人格，都应该受到尊重。我们应该讲究人本思想，像欧美企业的老板那样，以“人”的形象站在员工面前，以平等的身份与员工共处，员工们必然会喜欢你，从而不愿意离开公司。

第四节　用诚信建立你的品牌形象

诚信是一个道德范畴，意思是说要待人处世真诚、老实、讲信誉，言必信、行必果，一言九鼎，一诺千金，等等。在《说文解字》中的解释是："诚，信也，信，诚也。"由此可见，诚信的本义就是要诚实、诚恳、守信、有信，反对伪劣假冒、反对隐瞒欺诈、反对弄虚作假。

诚实守信是做人的根本。诚实，是指要诚实待人，以真诚的言行对待他人，要有同情之心，严格要求自己，言行一致，表里如一。守信，指的是讲信用重承诺，一诺千金，言必行，行必果，遇到错误的时候要勇于承担，遵守诺言、不虚伪欺诈。"言必行，行必果"、"一言既出，驷马难追"这些流传千古的语言，都表达了做人应该具有诚实守信的品质。我们可以归纳为：有诚信的人面子上有自尊，目光里有自信，行动中有把握，生活中有朋友。总的来说，诚信对我们成长发展都有着举足轻重的作用，它是我们人生前进路上的长明灯。

谈到事业成功的秘诀，每个人都有着自己的看法。例如时机、资金、信誉，等等，李嘉诚虽然也看重这些，但他却有自己的理解，他把做人的诚实当作自己成功的第一要诀。我们不妨回顾以往，李嘉诚在许多重要的关头，都以诚实作为第一要则。

一次是李嘉诚在准备辞去塑胶公司的工作而自己创业的时候，在辞职的时候对老板这样说："我之所以离开公司，是打算自己办一间塑胶厂，我难免会使用在你这里学到的技术，也会开发一些同样的产品，现在塑胶厂的形势是遍地开花，我不这样做，别人也会这么做的。不过请您放心我绝不会把这里的客户带走，用你的销售网推销我的产品，我会另外寻找新的销售线路。"而且李嘉诚正是怀着愧疚之情离开这家塑胶公司的。

还有一次是李嘉诚代表自己的工厂与外商谈生意的时候，对方要求一定要拿出担保人亲笔签字的信誉担保书。但李嘉诚找不到担保人，所以他对批发商说："我不得不坦诚地告诉您，我真的是找不到殷实的厂商为我担保，十分抱歉。"最终他的诚恳执著，打动了批发商。批发商说道："李先生，我明白你最担心的是担保人，我已经为你找好了担保人，你不必为此事担心了。"李嘉诚愣住了，心想哪有由对方找担保人的道理？批发商微笑道："这个担保人就是你。因为你的真诚和信用。"接下来的谈判在轻松的气氛中进行，很快签了第一单购销合同。按协议规定，批发商要提前交付货款，这就在基本上解决了李嘉诚扩大再生产的资金问题。而且这位批发商主动提出要一次性付清所有货款，可见他对李嘉诚做人的诚实及信誉是充分信任的。

李嘉诚在30岁的时候就凭借自己的努力成为富豪，对于他来说，商人最重要的素质是"信"。事实上，李嘉诚对事业上的"信"与他对人的"诚"是分不开的，诚信二者结合，就是"义"。从对子女的教育上就可以看出一个人的为人和心中的想法。李嘉诚坦言说："以往99%是教孩子做人的道理；现在有时会谈论生意，大概1/3在谈生意，2/3教他们做人的道理。其实世情才是大学问。每一个人都很精明，要得到别人的信服并喜欢和你交往，那才是最重要的。"

做生意也要讲求信誉，靠诚信赢得赞誉和认同。有人会认为这样做会吃亏，但是你要以诚待人、以信誉求发展，最终会得到长久的利益。靠欺诈、蒙骗等手段赚取的不义之财，虽然短时间会尝到一点小甜头，但最终会遭受更大的损失。

诚信是人生的宝贵财富。微软在雇用员工的时候，被列在第一位的是一个人的职业道德。与智慧、经验等因素相比，微软认为人品最重要。"只有雇用到值得信任的员工，我们才会给予他充分的自由度。"微软在解释"职业道德"时，用了3个词汇：正直，诚实，值得信赖。

在茫茫的辞海中，"诚信"只是大海中的一粟，即便是这样也不要小看它。诚信在治国兴邦，建功立业，以致为人处世等方面都是至关重要的。

"诚信"是立国之本。国家兴亡与诚信密切相关。古代秦国的商鞅变法，以"立信为本"，取信于民，结果得到百姓的支持，秦国由此而强盛起来。汉朝的开国皇帝刘邦重信用，招纳张良、萧何、韩信等杰士，结果夺得了天下。

“诚信”是兴业之基。一个企业，要想做大做强，就一定要恪守“诚信为本”的原则，不仅要处理好企业与职工、与客户、与政府等方方面面的关系。这些关系的协调，都有一个前提，那就是“诚信”。

“诚信”是立身之道。“人以诚为本，以信为天”，“人无信则不立”，这是数千年前思想家孔子对我们的教诲。在人与人的交往中，最基本的一条就是诚实守信，只有这样，路才会越走越宽，朋友才会越来越多。我们的一生中会有许多东西随着时间的流逝而不再鲜泽，比如健康、美貌等，金钱更是身外之物，唯独只有“诚信”品格才“愈陈愈醇，愈陈愈香”。

第五节　情理相依，学会换位思考

领导在处理与下属关系中，做好情感管理往往是一个关键环节，精明的管理者会恰当地处理好与下属的关系。这样一来会为公司营造一个融洽而又有人情味的和谐氛围。

作为企业的领导者，你可以在紧张的工作之余走出办公室，到下属那里转一下，去拍拍他们的肩膀，或者递上一支烟，关心一下他们的工作和生活。不论多忙，一定要坚持定期抽出时间与下属进行沟通交流，比如可以召集一些下属中午和你一起吃盒饭或者喝个下午茶，可以采取面对面的方式去和他们沟通。只要你用心了，坚持下去的话，一段时间下去，下属的工作积极性就调动起来了，公司就会收到你意想不到的收获。

上面所说的是情感管理，但是进行情感管理还有一些技巧和方法需要遵循。在现代社会的职业环境中，贴近下属的内心生活显得越来越重要，但如何去做好这些，以此来激发下属的积极性。管理学家给我们提出了以下几条建议。

要尊重和认同你的下属，也是情感管理中最重要的。在现代的企业中，员工的自尊心都比较强，希望被尊重和认同成为他们工作是否快乐的最基本要素。作为公司的领导要衷心地让下属感受到你很重视他。奥地利著名的心理学家阿德勒曾这样说过，“人类本质中最殷切的需求就是渴望被肯定”。在工作中，管理者要经常给予下属最真诚的认同和肯定，要让他们感受到来自上面的重视并且是时刻的，当他们有了一定的成绩，也要让员工感觉到自己的上级是重视自己的，这样下属就会有更高的工作激情。

另外，在一个现代的企业中创造一种沟通无限的工作氛围，也是非常重要的。现代企业应该尽量营造一种自由开放、人人平等的氛围，除了企业正规的交流途径之外，公司要鼓励各种自发、非正式的交流沟通渠道。这将会减少下属之间、部门之间的误解和隔阂，从而形成一种积极而和谐的人际关系，最后可以增强企业的凝聚力和创新能力。

1990 年 2 月，克莱斯勒的机械工程师阿诺德·汤姆在领工资时，发现他的工资少了 300 美元，他找到顶头上司说明这件事情，可是上司也无能为力，于是他就给公司总裁写了一封信，总裁认为这不是一件小事情，他后来说道“我们总是员工的报酬出问题。这已使很多的优秀人才感到失望了，而现在这种情况不能持续下去了”。于是立刻责成最高管理部门妥善处理此事。

几天之后，他们补发了汤姆的工资，到这里事情似乎可以结束了，但他们利用这件为员工补发工资的小事上大做文章。第一是向汤姆道歉；第二是借助此事了解哪些“优秀人才”待遇较低的问题，调整了工资待遇，同时还向《纽约时报》披露这一事件的全过程，在美国企业界引起了不小轰动。

众所周知，管人就是管人心，在企业管理中，通常是人心最不好管，“俘获”了下属的心，其他事自然都不足挂虑。但人是有血有肉的高级动物，也有许多复杂多样的，在这方面管理者要认真加以研究，用起来才能得心应手。

在这方面管理学家最有经验，下面是他们给管理者的建议。

第一，了解下属的心，要真心关爱下属。要了解他的愿望目标，明白下属在想什么以及想要什么，尽量创造条件满足他。如果在对企业的发展有利的情况下，给他一方天地，给他提供内部创业的平台。管理者关心下属，下属才会把公司的事当成自己的事去做，正是“人敬我一尺，我敬人一丈”，下属一定会加倍地报答你，反之亦然。生活上关心，工作上支持，下属的成长会很快，会创造出更多的业绩。

其次，善待你的下属，尤其要公私分明。善待下属，不等于就是宠着下属，凡是对事不对人，要维护好下属和企业双方的利益，你要知道“没有永远的敌人，没有永远的朋友，只有利益关系是永久的”，具体来说就是，工作上严格要求下属，严格执行各项制度，才会产生好的绩效。只有照顾到双方的利益，才可以领导和下属合作得长久。

三国时期，司马懿有个谋士叫贾充，很受司马懿的青睐。贾充是一个自视甚高的人，轻易不肯表态，也不结交朋党，这也是司马懿对他比较看重的原因。司马师是司马懿的一个儿子，他看中了贾充的智慧与影响力，努力拉拢他，希望他能在争夺太子之战中可以帮助自己。一天晚上司马师来到贾充的府上拜访，并当面给贾充下跪，请贾充帮助他，并请求与他的女儿成婚，据史料记载，贾充的女儿是非常丑陋并且不贤惠的。要知道，当时司马师已经是王子的位置了，他能够做到向贾充下跪，最终司马师的这一举动赢得了贾充的忠心。后来贾充帮助司马师成为司马懿的继承人。

由此可见，要善待下属，仅仅给予物质奖赏是不够的。付出你最宝贵的东西，才可收买人心。那么最宝贵的东西是什么呢？是你的时间。如果你肯抽时间和他说明一切，最能让下属有被重视的感觉。

第六节 扬长避短、人尽其才的用人策略

贾谊一生的怀才不遇，是没有遇见伯乐，就像“千里马常有，而伯乐不常有”。作为管理者在用人的时候要有伯乐善于发现人才的眼光。同时还要把这些人才安排在属于各自适当的位置上面。

一般人通常对自己身边的优秀人才视而不见，只知道一味地好高骛远，崇拜引进的人才，自认为只有引进的人才才有真才实学。特别是做领导的，要善于发现身边的人才，做到知人善任，切忌舍近求远，放跑了本来就在自己身边的人才。

如果一个企业不重视人才，不善用人才，损失最大的不是人才自己，而是企业本身。

作为领导者要发自内心地尊重人才、爱护人才。除此之外，企业领导要善于发现人才，更要善于使用人才。善用人才，除了要让人才各得其所，还要对人才有所宽容，有所扶持，有所鼓励。一句话，就是要爱护人才。

管理者对人才严格的要求不等于苛求人才。有些有才的人不拘小节，甚至狂放不羁，领导者更应当以宽厚之心对待他们，并要对其多加引导。

管理者要在竞争中发现潜人才。通过竞争，让潜人才脱颖而出。下面我们介绍的这个案例就是关于“潜人才”因压抑而转为他用的典型事例。

田饶默默地在鲁哀公身边做事已经好几年了，可是鲁哀公不了解田饶的远大志向，对待田饶也不好。于是，田饶的才智得不到施展，他决定离开鲁哀公到别国去。

一天，田饶对鲁哀公说：“我打算离开这里，像鸿雁一样远走高飞。”

鲁哀公不懂他的意思，问道：“你在我这里不是很好吗？为什么要走呢？”

田饶说：“大王，您身边的那只雄鸡！你看它头上的大红的鸡冠，十分文雅；它双

脚上的锋利的爪子，非常英武；它面对敌人时格外勇敢；它看见食物时总是‘咯咯’叫着招呼自己的同伴一起来分享，十分仁义；它还忠于自己的职责，早起报时从不误事，非常守信。尽管雄鸡有许许多多的长处，可是大王还是吩咐把它煮了吃掉。这是为什么呢？”

“这是因为雄鸡常常在您身边，您已经对他习以为常，它的光彩在您的眼里便黯然失色，大王感觉不到它的那些杰出的优点与才能。而有一只鸿雁，从千里之外飞来，停留在大王的水池边，它吃掉了大王池中的鱼鳖；落在大王的田园里，破坏了大王的庄稼。可是虽然鸿雁没有雄鸡的那些长处，可是大王仍然很器重鸿雁。这又是怎么回事呢？”

“因为鸿雁从遥远的地方来，您对它有一种神奇感，它的一切作为，您都认为是非常伟大。所以，请您让我也像鸿雁一样远走高飞吧。”

鲁哀公说：“请先不要走，我要把你说的这些话都记下来。”

田饶说：“您觉得我平淡无奇，留下我也不觉得会有什么大用，即便是把我的话写下了，什么作用也起不到。”

于是田饶离开鲁国来到燕国。

燕王很重视他，让田饶做了相国，田饶有了机会施展自己治国安邦的本领。

3 年后，燕国在田饶的治理下变得国内富足安定，边境平安没有盗贼。

田饶名声大震，燕王也非常得意。

鲁哀公听说后，感叹不已，对当年没有把田饶留下来感到后悔莫及。因此，他一个人独居 3 个月，深刻反省自己；又降低自己的衣食标准，表示自责。

鲁哀公他给了我们这样一个借鉴。他相当于告诉我们：要珍惜自己身边的人啊！

领导者要明白，其实员工的能力可以分为两个层次，一是表象能力，二是潜在能力。表象能力就是一个人现有的专业技术职能和行政管理职能；潜在能力是一些尚未表现出来的能力，也就是人的潜能。这些能力的开发需要以下几个因素：

1.需要自己具有强烈的吐故纳新的愿望；

2.需要对外来因素具有适当的整合能力；

3.需要经过一定的环境影响和外力的诱导才可以发掘出来。

对于以上的分析,我们在这里列举一些培养下属的方法:

1.先心意,后智能

只有解决了心意问题,才可能真正解决行为技能问题。

这里的心意问题包括两个主体,首先是管理者本身,我们的确有培养下属的愿望吗?其次是下属。有些下属因某些原因不愿意与管理者配合,比如在接受公司与上司培养方面持消极、懒散的态度,这时候就需要领导者具体情况具体分析并解决之。只有管理者的心意问题解决之后,才可以考虑到下属的心意问题。对于解决下属的心意问题,关键在于一个“诚”字。如果我们管理者在与下属接触的时候可以做到开“诚”布“公”,那么公事如培养下属之类,就不在话下。

2.培养下属的内容:KASH

K 代表知识,A 代表态度,S 代表技能,H 代表习惯。知识可以分享,态度可以启发,技能可以训练,习惯需要慢慢雕琢。

管理者一定要记住:培养下属时绝不能只注重培养是劳动或者工作技能。因为这样就会给下属的感觉是“又把我拿驴使唤呢”,于是态度消极,就会不配合,导致培养效果大大降低,这叫吃力不讨好。

总而言之,领导者要做的就是在组织内要营造一种尊重下属、尊重员工的氛围。如果做不到这一点的话,那么企业的总裁就要依靠外力进行修心开智,否则就一定会陷入“不浚源而求流之远,不固本而期木之长”的陷阱。

第七节　感动力管理可以化解团队内部冲突

我们正处在一个充满竞争的时代，管理者必须重新界定自己和企业的地位。不管你的企业是赢利的还是非赢利的，都要面对高利润企业的高效率竞争，但是企业内部的竞争如果不当的话会变成内耗无穷的纷争，如果不能及时反省管理原则，企业就有可能被这种无谓的内耗拖垮。

管理者应向下属说明企业竞争力的重要性。据心理科学实验显示，竞争可以增加一个人50%或更多的创造力。每个人都有上进心、自尊心，不甘落后。竞争是刺激员工上进的最有效的方法，当然也是激励员工的最佳手段。

可是在竞争的过程中要讲求公正，防止不正当竞争，培养团队精神。

领导者一定要明白，竞争中任何一点不公正都会使竞争的光环消失，就像一场裁判偏袒一方的足球赛。比如说企业竞选某一职位的时候，员工知道领导早已内定了人选只是走个形式而已，那么大家还会对竞选感兴趣吗？失去了公正的竞争，竞争也就没有了任何的意义，只有公正才能达到竞争的目的。

为了避免不正当竞争的弊端，领导者首先要进行团队精神塑造，让所有员工都明白竞争的目标是团队的发展，“内耗”不是竞争的目标；其次是创造一个具有奖励的共同目标，这个奖励就是只有团结合作才能达到；第三是对竞争的内容和形式进行改革，把那些可以产生彼此对抗、直接影响对方利益的竞争项目去掉；第四是找出或创造出一个大家共同的威胁或“敌人”，比如另一家同行业的公司，以此来淡化、转移员工间的对抗情绪；最后是直接摊牌，马上召见相关人员把问题讲明白，对企业内部彼此暗算、不合作的行为给予强烈的批评。

在企业中如果发生人际关系冲突的时候，如果冲突微不足道、不值得花费大量时间和精力去解决时，企业的领导者会使涉及的冲突双方成员暂时回避或让步，以此避免发生实际或潜在的争端。回避和冷处理是一种很巧妙也很有效的策略，特别是当冲突各方情绪过于激动，需要时间使他们恢复平静时。

某研究所所长需要增加一个副所长来协助自己工作，准备在各室主任中挑选这个人选，考察期定为一年。其中有一个科室，正副两个主任，两人一个是双学位的大学本科毕业，另一个是硕士毕业，二人的工作能力都很强，也有不少的研究成果。为了这个所副所长的职位，二人都各不相让。这也是很正常的事情，但双方却是在不正当竞争，互相指责，你说他没有规划，他说你自作主张，你说他私吞员工奖金，他说你谎报出差发票，等等。这样到后来，两人虽然表面相安无事，谁也不理谁，但暗地里二人的钩心斗角已经到了一触即发的边缘。另一个科室的候选人认定这是个大好时机，就向研究所所长作了详细的报告，自我推荐自己比这两个主任更有资格担任副所长一职。但是这位所长心中的目标人选还是那正副主任。不过，他并没有说明，而是表现出对该主任的兴趣，连续好几天的时间，不停地找该主任谈话。那正副主任二人见到这个情形，一下子醒悟过来，最后二人握手言欢和好如初，后来在工作上配合得更好。最终这位正主任因为在各方面能力更强一些，当上了副所长。

综上所述，管理者好的策略，是坐山观虎斗等待着两人在斗争中把问题展现得淋漓尽致时再作判断。

第八节　管理最不该说的十句话

在管理过程中，管理者如果不能有效地“管理自己的嘴巴”，他们的内心压力就会传染给被管理者，这时候被管理者就会采取种种行为进行抵抗，如果情况严重的话，就会造成管理者与被管理者两败俱伤。那么怎样才能管好自己的嘴巴呢？

1.“不关我事”

作为管理者，只要是公司的事情，不论是什么，都有一份责任。哪怕在自己说的职责之外，也可以态度和蔼地给予一些指引，从而也可以表现出自己的成熟大度和礼节。工作当中有些时候都是说者无心，听者有意，如果你无意中说“不关我事”的一句话语很容易将自己的形象彻底颠覆，对同事说一句这样的话语会产生大家的矛盾、产生误解，如果对上司说一句这样的话，可能意味着你该调整岗位了。

2.“为什么你们……”

当领导者在责问别人时，最好先想一想自己有没有什么过失，尽了多少力多少心。有些时候，宽容地对待别人的错误，会使别人更加振作、更加进步。如果用一连串的“为什么”去发难于人，那么得到的答案可能是一连串的“为什么”。管理者可以反过来问：为什么我没有配合好你们？你们有什么地方需要我帮忙？这样或许事情会解决得更快一些的。

3.“上面怎样骂我，我就怎样骂你们”

管理者，起的是一个上传下达的桥梁的作用，但并不是一个简单的传递。对待上司，要忠诚尽责，完成任务；对待下属，要想方设法给予激励帮助支持。管理者要敢于承受来自上面的压力，担负起责任，同时也要敢于缓和下级的紧张，创造和谐的工作环境。

4.“我也没办法”

管理者的能力，从某个方面来讲，衡量的方法是用解决问题的能力。如果只会强调客观原因，不用积极的心态去调动一切可用的资源，那么表现出来的肯定是无能为力和对上级以及下属的打击。管理者要相信办法总是比困难多，要相信集体的智慧是可以攻克一切堡垒的。

5.“我说不行就不行”

以自我为中心说出来的话，与事实没有合理性的解释，是很难服人的。如果在做事的时候不能以事实为依据，不能本着商讨的态度来解决，这样很可能会使事态变得进一步恶化。其实哪怕是错的意见，听听也无所谓，应该是本着有则改之，无则加勉的心态来对待别人和自己。领导者片面地作出判断，有时是一种武断的表现，说不行就不行这句话的时候，一定要有科学的分析和依据，这样才可以降低判断结果错误的风险，保证判断的正确性。

6.“你说怎样就怎样”

这句话听起来像是气话，又像是不负责任的话。在大家产生一些争议的时候，当一些你的意见没有被采纳时，这样的话就会脱口而出，听到这句话的人会认为，你的见解毫无是处，本来可接受的地方，马上就变得全盘否认，而且可能以后不再向你征询看法和想法了。管理者要保持冷静的头脑和清晰的思维，说出你的所有的想法，提供给大家参考，也不可因没有被使用而过于激动，这样才是一个管理者良好的品质和性格。

7.“我随时可以怎样”

这种强权气势的语言，让人听到了会有一种很不舒服的感觉，换句话来说，你以为你是谁呀？你想怎样就怎样，你的能耐到底有多大？以势压人的管理者，只会贬损个人的形象，在大家心中种下抱怨的种子，这种抱怨如果爆发的话，威力是不可想象的。所以，管理者保持平易近人，尊重员工，是自己尊严的体现。

8.“你真的很笨”

这样的话明显就带有奚落、讽刺、挖苦员工的意思。这种话一旦出口就会伤害员工自尊及感情，俗话说“哀莫大于心死”，表面上看来员工还是在听你的，按你说的去做，但实际上员工只是在敷衍你，因为他已经体会不到工作的乐趣，工作质量怎么可能会高。同时，管理者的奚落、讽刺、挖苦更会伤害员工的心灵，长期下来，员工的自尊被彻底摧毁，自信被打击，智慧被扼杀，工作效率更加不好，最后抱着“死猪不怕开水烫”的态度，这种态度不论是对员工、对管理者、对企业都是没有一点好处的。

9.“不行啦，我能力有限，谁行谁来做”

管理者在说这句话的时候如果是出于真的认识到自己的能力有限，如果迎头赶上，自我充电，这不失为一种自知之明而且有上进心的表现，也是一大幸事。但如果是用这句话来抵触自己的工作，用来嘲笑挖苦他人，以此来掩饰自己内心的慌张，没有一点挑战工作的意识，那么在说这句话的管理者无形中就散失了一个管理人最基本的素养，就已经不配再做管理者了。

10.“都很好”、“蛮不错”

这种泛泛的表扬，不仅缺乏诚意又不能振奋整体、激励个体，因为人们往往都不喜欢廉价的、言不由衷的恭维，所以管理者表扬的言语策略应该是及时、有代表性、有充实具体的内容，可以完全体现被表扬者风貌的语言。管理者不实的表扬主要表现在用夸大的言辞去称赞不足为奇的小事，会有用心炮制的嫌疑，这样的表扬危害在于只可以让被表扬者高兴，而令所有其他人对其反感。管理者极力吹捧的行为，所导致的结果往往是民心的背离，所以在人才管理中，及时且适度的赞美言辞是领导者一定要掌握的一门学问。

做领导的一定要善言辞。做领导说话要先想后说。说话要周到、周全、周密。不说先做到是最好的，说到做到为次优，说到做不到一定要避免。言多必失，说话不在于多少，而在恰到好处。

管理者言辞修炼的关键要能把握好“乐言”与“谨言”的关系：在特定的时间、地点、对象等的情况下，要多说而乐于说话；在另一特定的时间、地点、对象等的情况下，要少说而善于说话。“谨言”的意思是说要言辞周全，一言九鼎；“乐言”的意思是说要知无不言，言无不尽，广开言路，虽然言论本身是无罪过的，但也不能胡说八道。

因此，管理者言辞修炼的最高境界，在于知乐言而止于谨言。

第九节 要规避的管理误区

很多企业的管理者总是在抱怨做生意累，问到原因是什么，多数人的回答由于在人员管理上花费了大量的心血，但是效果却很差。人员管理不好，就会意味着没人帮着自己赚钱，企业的绩效就非常值得担心了。管不好员工，还是应该从领导身上找原因，主要的原因就是因为老板走入了管理的误区。下面我们来谈几点关于这方面的内容：

1.嫉贤妒能，用人之大忌

忌妒是指人们对竞争中的幸运者或潜在的幸运者持有的一种贬低、排斥，甚至是敌视的心理状态，也被叫做“红眼病、吃醋、吃不到葡萄说葡萄酸”，等等。这种病也是办公室中的一种常见病，有很多的企业管理者身上或多或少都有这种毛病。

杨修是东汉人，他是著名的大司马杨震的后代，有一次，曹操手下人请他去参观一处新修的园子，看过之后，曹操摇了摇头并在大门上写了一个“活”字就走了。手下的人不知道是什么意思，杨修就说，这门里加个“活”字，就是“阔”字。丞相的意思是说这个门做大了，众人这才知晓，虽然曹操在这件事情上表面对于杨修表扬一番，事实上却对杨修很反感。又有一次，外地给曹操进贡了一盒酥酪，曹操就在盒子上写了“一盒酥”3个字就走了，杨修看到这几个字后就自做主张把这盒酥分吃了。并解释说丞相写了“一盒酥”的意思就是告诉我们一人一口酥，我们是按照丞相吩咐吃的。曹操听了，微笑不语，但是在此时已经对杨修动了杀机。后来，曹操与刘备交战，几场仗下来也没有战胜，曹操心里郁闷，就在此时曹操手下的大将夏侯渊来请示口令，曹操望着盘子里的鸡肋，随口说，鸡肋。夏侯渊不解其意回营后把口令告诉杨修，杨修听了以后，便叫大家打点行李。夏侯渊就问杨修到底是什么意思，杨修解释说，鸡肋是食之无味，丢掉了又可惜的东西，大王用鸡肋做口令，就可以说明大王已经有退兵的意思，快收拾行李吧。夏侯渊觉得有理，也跟着收拾行李，曹操听后大怒，以擅自揣测军令，惑乱军心的罪名，把杨修斩首。

杨修其实是很聪明的，但是他的机智却用在了小聪明上，这是杨修得祸的根源；而曹操杀杨修，是因为曹操忌妒杨修的才能才杀了他。之后曹操就后悔杀了杨修，因为这不但使大家失去了对于曹操的向心力，同时也失去了一个人才。

可见，对于一个领导者来说忌妒心太强是一个致命的缺陷。那到底该如何克服这种缺陷呢？奥地利的心理学家阿德勒在《超越自卑》中给我们提出了以下5条建议：

第一，正确认识忌妒。善于忌妒的人总是会认为忌妒是对自己的否定，对自己是一种严重的威胁，损害自己的利益和"面子"，这其实只是一种主观臆想。一个人的成功不只是要靠自身的努力，还要靠大家的帮助，忌妒只会害人害己。

第二，企业的管理者应该提高道德修养。封闭、狭隘的意识会使人鼠目寸光，所以，应该不断提高自身道德修养，不断地开阔自己的视野，与人为善，这会大大有利于企业的长远发展。

第三，客观评价自己。当忌妒心理萌发的时候，可以积极主动地调整自己的意识和行为，从而控制自己的动机。这就要客观、冷静地分析自己，找出差距和问题。尽量去看自己的长处。聪明的人会扬长避短，寻找和开拓有利于自己充分发挥自身潜能的新领域，这样就可以补偿先前没能满足的欲望，缩小与忌妒对象的差距，最终达到减弱乃至消除忌妒心理的目的。

第四，见强思齐。人有所长也有所短，一个人不可能在什么时候都可以比别人强。人应该喜欢自己、接受自己这是没有错的，但除此之外还要客观看待别人的长处，这样才能化忌妒为竞争，才可以提高自己。领导者要时刻将心比心。忌妒，通常给被忌妒者带来许多麻烦和苦恼，换位思考的话就会对自己的忌妒言行有所收敛。

第五，学会自我宣泄。找倾诉对象痛痛快快地说个够，这些倾诉对象可以是你的好朋友也可以是你的亲人或者爱人。他们可以帮助你阻止忌妒朝着更深的程度发展。此外，还可借助各种业余爱好来宣泄和疏导自己的这种情绪，比如唱歌、跳舞、练书法、下棋等。说透了就是转移自己的注意力。此外还可以积极参与各种有益的活动，嫉妒的毒素就不会滋生、蔓延。

2.随意践踏下属的自尊心

一个聪明的企业领导者一直都会把“人的因素”当做是他的企业兴旺发达的一个关键，领导只有受到下属的拥护与合作，才可以生存与发展下去。如果一个领导者失去了下属的拥护和支持，也就意味着失去了力量的源泉。如果与下属的关系很恶劣的话，就如同走在泥沼中，无处可以用力，无处可以使劲。虽然你发号施令，但是没有人响应，这种情况下做的工作是无法完成的，这样管理者的个人地位也就岌岌可危，就更不必说企业的提升了。

领导是人，下属也是人，作为领导，就有责任维护他们的自尊心和荣誉感，不论是在工作上还是生活上，也需要无微不至地关心他们。要尊重敏感的下属的自尊心，说话的时候要谨慎一点，不可当众指责、批评他。同时也不要当他的面说别的下属的不是，这样他会想你是不是也在背后挑他的毛病。要对下属的才干和长处表示欣赏，逐渐弱化他们的防御心理。

管理者在批评下属的时候，千万要注意选择合适的场合和适当的时机，同时要采取正确的方式。第一要搞清楚下属是不是真正犯了错误及错误产生的原因，了解之后就可以使批评有的放矢，避免盲目性的发生。第二要注意批评的场合。通常情况下要尽量缩小批评的范围。第三要考虑下属的个性特点，选择下属容易接受的批评方式。

有的下属自尊心强、敏感、多虑，在乎别人对他的评价，尤其是领导的评价。

遇到这样的下属，领导要特别谨慎地去对待，不要轻易地埋怨，要多给予理解。在帮助这种人的过程中，多做事，少说自己的意见，你一旦意见多了他就会觉得你不信任他。

第11章　感动力社交让朋友感动

有人说一个人的成功有绝大部分取决于你的人脉，俗话说得好“人托人可以打遍天下”，意思是说只要你的人脉够广大，天下就没有你得不到的。可见人脉对我们事业前程的重要性。

可是，如何才能得到良好的人脉关系呢？这就需要强有力的社交手腕。首先交朋友的前提就是对方可以认同你的想法，俗话说得好，道不同不相为谋，说的也就是类似的道理。

那么，如何让对方认可你，以此成为朋友呢？

感动，这是一个很快也很奏效的途径。昔日，关羽和张飞为何会接受诸葛亮？还不是因为诸葛亮的一再隐忍和谦让感动了二人。

第一节　做事先做人，时刻保持低调和谦逊

“先做人后做事，眼中有人，心中有事，万事方可顺人，方可成就大业。”在做好一个人的时候，谦逊和低调就是必不可少的。

做一个永远谦逊的人，事实上就是让自己做一个被人们认同和喜爱的人。做一个谦逊的人就要戒骄矜。

因为拥有骄矜之气的人，大多时候会自以为能力很强，自己很了不起，做事比别人强，轻视别人。由于骄傲，通常会听不进去别人的意见；由于自大，做事会很专横，轻视有才能的人，看不到人家的长处。可见，骄矜对人对事的危害性是很大的，这一点古人是十分清楚的。

唐太宗曾对侍臣说过："天下太平了，自然骄矜奢侈之风容易出现，骄矜奢侈则会招致危难灭亡。"

鲁哀公十一年，在一场抵御齐国进攻的战斗中，打退了齐国的军队，可是孟之反走在最后充当殿军，掩护部队后撤。在进入城门的时候，他拿鞭子不停地抽打马匹，说道："不是我希望殿后，是马跑不快。"他之所以会这么说就是为了掩盖自己的功劳。从消极方面来讲，人在这个世间立足，不矜功自夸，可以很好地保护自己。大家都知道韩信是汉朝的第一大功臣：在汉中献计出兵陈仓，平定三秦；率军破魏，俘获魏王豹；打破代国，活捉夏说；破赵，斩杀成安君，捉住赵王歇；收降燕；扫荡齐；历挫楚军。最后在垓下消灭项羽的时候，主要是靠他率军前来合围。司马迁说：汉朝的天下，三分之二是韩信打下来的；项羽，是靠韩信消灭的。但是，功高震主，本来就已经犯了大忌，加上韩信又不能谦退自处，当看到曾经是他的部下的曹参、灌婴、张苍、傅宽等人都分土封侯，得到与自己平起平坐的位置，心中难免不平。据史料记载，樊哙是一员勇将，也是刘邦的妹夫，每次韩信访问他，他都是"拜迎送"，等韩信一出门，就要说：我今天倒与这样的人为伍！最终他一步步走上了绝路。

杜甫的祖父杜审言，在唐中宗时做修文馆学士，为人恃才傲物，曾对别人说："我的文章那么好，应该让屈原、宋玉来做我的衙役，我的字足以让王羲之北面朝拜。"由于杜审言太不自量力了，所以被后世的人们所嘲笑。

在《劝忍百箴》中对于骄矜的问题是这样叙述的：金玉满堂，没有人能够把守住。富贵而骄奢，只会自食其果。君主对人傲慢会失去政权，大夫对人傲慢会失去领地。魏文侯接受了田子方的教诲，不敢以富贵自高自大。骄傲自夸，是出现恶果的先兆，而过于骄奢注定要灭亡。如果我们不听先哲的话，会出现怎么样的结果呢？贾思伯平易近人，礼贤下士，他的客人不理解其为什么谦逊。贾思伯回答说：骄至便衰。

事实也确实如此。我们现代人最大的问题在于，就是骄矜之气太盛行，人类的千罪百恶都产生于骄傲自大。骄横自大的人，不肯轻易屈就于人，不能忍让别人。做领导的如果过于骄横，就不可能很好地指挥下属；做下属的如果过于骄傲则会不服从领导；做儿子的过于骄矜，眼里便没了父母，也就谈不上孝顺。骄矜的对立面是谦恭、礼让。如果要忍耐骄矜之态，务必是不居功自傲、自我约束，克制骄傲的产生。要经常考虑到自己的问题和错误，虚心地向别人请教学习。谦逊是古今中外名人的共同特点。在第二次世界大战之后，因为丘吉尔卓越的功勋，在他退位的时候，英国国会打算通过提案，建造一尊他的铜像放在公园里供游人景仰。一般人如果得到如此殊荣，不知道高兴成什么样子了，而丘吉尔却谦逊地拒绝了。对人类物理学贡献很大的物理学家焦耳去世前两年对他的弟弟谦逊地说，“我一生只做了两三件事，没有什么值得炫耀的”。

一位哲学家曾经说过这样一句话：“自夸是明智者所避免的，却是愚蠢者所追求的。”明智的人之所以不会自吹自擂，是因为他觉得宇宙广大、学海无涯、技艺无穷，终其一生，也不能洞悉全知其中的全部奥秘。而那些平庸之辈，只是满足于一知半解，满足于点滴的成绩，他们喜欢用富丽堂皇的话装饰自己，以得到廉价的喝彩。

人们所尊敬的是那些谦逊的人，不是那些爱慕虚荣和自夸的人。

第二节　从赞美和欣赏开始的感动力社交

那些赞美的话，反映了一个人内心的真实想法。所以，那些轻率、不真实的说话态度，很容易就会被对方看穿。那么如果你的赞美之词不是发自自己真实的内心的话，那么，你的赞美不会达到预期的功效。

赞美别人，就是发现别人的美，并且用合适、恰当的语言表达出来，赞美的语言如果稍微有些夸张是可以接受的，但是如果言过其实，过于夸大事实，别人就会怀疑你赞美的诚意和动机了。

有这样一个人，在单位里常常会赞美同事们，尤其是在见到领导的时候，赞美的话更是滔滔不绝地从嘴里流出。如果见到身材魁梧的领导，他就说："一看就知道您是有福的人！"如果见到秃顶的领导，他就说："贵人不顶重发，真可谓是聪明绝顶啊！"之类的话。这些话倒是不伤大雅，有时候还能让领导开心，只是有一次，因为他太过夸大的赞美言辞让领导对他有了重新的认识。

有位领导由于工作的原因需要应酬单位的客人，因为高兴，就喝高了，走路的时候不小心摔了一跤，这时候，这位经常赞美人的仁兄赶紧过来扶起领导，嘴里还说道："领导为了工作，连自己的身体都不顾及了，就算是喝出胃出血也没有怨言。"这时候这位喝醉了酒的领导一听这话，马山就火了，对他破口大骂："你到底会不会说话，你这是称赞我呢还是盼着我早死呢？"这次，平日伶牙俐齿的先生再也说不出任何赞美之词了。

上面例子中的这位仁兄的赞美之所以得不到听者的认可，主要是因为他的赞美之词不是发自内心的真正的赞美。在他的赞美中，带有趋炎附势、惺惺作态的成分。这样的赞美是打动不了人心的。

有的人十分吝啬对他人的赞美，认为那是阿谀奉承的表现，是不齿的做法，但是每个人都喜欢听到他人的赞美，都以得到了他人的赞美为荣。因为，如果可以得到别人的赞美，就表明自己的行为是得到他人的认可，对赞美他的人自然就会产生好感，从而可以加深彼此间的感情。无论在什么时候，赞美都是一种非常有用的万能工具。它可以帮助他人走出困境，同时也是交际中最有效而又最可靠的手段之一。请记住，发自内心的赞美，任何人都会喜爱的。

有些人在赞美别人的时候不是出自真心而是随大流，跟着别人说重复的赞美话，或者是在附和别人的赞美，这样会使得自己处境尴尬，还会无意间引起被赞美者的反感。赞美如果是伪装的，会令被赞美者认为你是在溜须拍马，盲目地追随别人的赞美更是这样。赞美是一种艺术，不但需要适当的方式加以表达，而且还需要有洞察力和创造性。

古有这样一句谚语："精诚所至，金石为开。"当称赞的话语从舌底间流出的时候，很大程度上，言语中饱含的真诚百分之百此时已经显露出来，写到被称赞者的脸上或者心中。因此，只有真诚的称赞，才可以使别人感到称赞者是在真正地发现他的优点，而不是作为一种功利性手段去称赞他，从而使他自愿地打开称赞者所需要的"金石"，或者接受称赞者在称赞背后隐藏着的不满，最终达到称赞的最终目的。

在人们之间的交往中，谁都喜欢被人赞美、奉承。其实，在面对别人对自己的赞美，相信没有人会无动于衷，只是有人会赞美他人，有人则不会赞美而已。

有一次，尼克松为法国总统戴高乐举行的宴会上，尼克松夫人花费了很大的心思布置了一个鲜花展台：漂亮的喷泉旁摆放着一张马蹄形的桌子，鲜艳的热带鲜花在阳光的照射下显得娇艳异常。

戴高乐将军进去后马上就看出这是主人为欢迎他而精心制作的，不禁赞不绝口："女主人真是用心，这么漂亮、典雅的计划与布置必定花了很长时间来进行吧。"尼克松夫人听后，非常开心。

也许在别人的眼中，尼克松夫人布置的鲜花展台只不过是她作为一位总统夫人的分内的事情，没什么值得赞美的；但戴高乐将军可以领悟到她的苦心，以此还向夫人表示了肯定与感谢，从而也使得尼克松夫人异常高兴。

可以说，赞美是打开心门的钥匙，它不仅可以把老相识、老朋友团结得更加紧密，同时还可以把互不相识的人连在一起。

戴维和法拉第二人的友谊如今仍被世人所称道。虽然有一段时间，法拉第的杰出成就引起戴维的忌妒，但这份情缘最终走向和解少不了法拉第对戴维的真诚赞美这一原因。法拉第在没有和戴维相识前，就给戴维写信："戴维先生，您的讲演真好，我听得简直要入迷了，我十分热爱化学，我想拜您为师……"

收到信后，戴维就约见了法拉第。之后，法拉第成了近代电磁学的奠基人，誉满欧洲。

无论怎样，赞美的话都必须要切合实际。赞美要看对象，比如见到爱漂亮的女孩子你就应该赞美她的打扮；见到有小孩的母亲你最好赞美她的小孩，因为慈母眼中无丑儿，赞美她的小孩聪明可爱是不会有错的；遇见工作型的女孩除了赞美她的外表之外，还可以赞美她的工作绩效；至于男人，在赞美的时候最好是从他的工作下手，比如你可称赞他的脑力、耐力。在到别人家做客的话，可以赞美房子布置得别出心裁，或赞美一个盆景的精巧，或赞美其装饰的精致，要特别注意欣赏他人的爱好与情趣。如果主人喜欢养金鱼，你可以试着去欣赏那些鱼的美丽；如果主人爱养花，你可以去赞美他所养的花草。

如果特别关注别人的某一件事物，一定可以使人在欣喜之余还觉得感激。要明白“士为知己者死，女为悦己者容”的道理。钟子期死后，伯牙不再鼓琴，原因就是子期能懂得并欣赏他的琴声，并可以给予他恰如其分的赞美而已。因此，拥有“金口玉言”的人，经常会因为一句赞美的话说得恰到好处，从而为前途打下基础。

当你在赞美了对方之后，对方表现出满意的态度的时候，这时请不要就此结束，可以适当改变表达方式，再三地赞美同一点。因为一两次的赞美会被别人认为是一种奉承，如果重复你的赞美的话，可信度就会大大提高。因此，赞美对方一定要三思，并随时注意对方态度的变化。

第三节　倾听朋友说话

倾听就是仔细认真地听，在南朝宋鲍照《登庐山望石门》诗：“倾听凤管宾，缅望钓龙子。”《太平广记》卷二八一引《河东记·独孤遐叔》：“满座倾听，诸女郎转面挥涕。”宋文天祥《跋辛龙泉行状》：“予语以山川风俗之故，君离坐倾听，若谨识之。”

据研究显示，因为人们说话比倾听的速度慢，因此听要比说更难。

据研究，人每分钟可以说 135 个字左右，但是人们思考的速度，却至少要比数的速度要快四倍。也就是说，在一定的时间里，对方能说 100 个字，你却能听 400 个字。这样一来，人就有空余时间用来胡思乱想，这也就是问题的根源所在。

能够让谈话顺利进行下去的，并不是那些会说话的人，而是那些会说又会听的人。

对于善于倾听的人，几乎是所有的人都会将这种人视为知心朋友。因为不管是谁，都希望自己在说话的时候，有人在细心聆听。可是为什么懂得倾听的人比善于言辞的人要少呢？原因大多是因为大部分的人都把重点放在研究说话技巧上，而不是如何去聆听上。另一个原因则是，说话确实比倾听要简单得多。

可以安静、认真地听他人说话，实际上是一件很不容易的事。能够耐心倾听他人说话，并不是一种被动的行为，也是要付出不少心力的主动行为，并同时要具备足够的自制能力。

我们知道人与人之间的交往离不开沟通，而沟通的方式除了说话之外还有倾听。另外，可以认真听他人说话还是有责任心、有修养的表现。

有时，倾听别人的语言还能帮助自己解决难题，创造出新的想法，发现新方向。听得越多、越清楚，就可以深入地了解别人的所思所想，知道更多的事情。

而要成为真正的一个良好的聆听者，一定要心甘情愿地静下心来，听别人说话。在谈话过程中，一定要主动、机敏地克服一些不良的习惯，避免自己的分心，认真地以对方的视角去体会事情，只有这样才可以真正听懂对方的话，使沟通进程更加顺畅。

人在特别喜悦或满腔忧愁的时候，总会想找一个可以倾诉的朋友宣泄一下。人们通过在倾诉中发泄自己的情绪，也可以在倾诉中整理自己的思绪，重新审视自己的行为。通常人们需要一个安静、理智的倾诉对象，需要对方同情和沉稳的目光。如果你的倾诉被一次次地打断，那么他的倾诉心理就会得不到满足。我们每个人都有可能成为倾诉性谈话的对象，因此，当我们担任起这一角色时，就必须懂得“聆听”。美国的女企业家玛丽·凯·阿什说：这种艺术的首要原则，就是你全神贯注地听取对方的谈话内容，其次，当别人请教你的时候，你最好的回答是：你看怎么办？她举了一个例子：

有一次，公司里的一位美容师来向她倾诉自己婚姻的不幸，并问她，自己是不是应该提出离婚。玛丽对她的家庭并不熟悉，不可能为她拿主意，只好每次在美容师问她的时候，反问一遍“你觉得应该怎么办呢？”她每问一次，美容师就认真地考虑一下，随之会说出自己应该怎样怎样。

第二天，玛丽就收到了美容师的鲜花和感谢信，一年后，玛丽又收到了她的信，信上说他们的婚姻十分美满，感谢玛丽为他们出的好主意。

其实，玛丽什么主意也没有出，只是用足够的耐心和镇静的态度感染了当事人，让她从非理智的情境转换到理智情境，像考虑别人的事那样考虑自己的事，从而找到适合她自己的解决方法。这就是“聆听”的魅力所在。

当然，上述的“聆听”只是一种情况。事实上，聆听是一种以守为攻的主动性行为，并不是始终一言不发。聆听是要有反应的，不运用语言而运用表情，比如说对谈话对方的谈话表现出惊奇有趣的表情，可以使对方的谈兴大增。更主要的是仔细聆听，从而了解对方的禀性和爱好，可以选择自己的谈话内容。有一句谚语这样说：“话须通俗方传远，语必关风始动人。”

第四节　谣言过于耳，是非留我心

对于谣言早在古代就有这样的说法：防民之口，胜于防川；众口铄金，积毁销骨。可见人的语言功能大于武器的功能。那么什么是谣言？美国社会学家G.W.奥尔波特和L.波斯特曼总结出一个谣言的公式：R=I×A。R是谣传；I是重要；A是含糊。

一个人的一生中总会遇到各种各样的逆境，如果你是一个立志高远又才能不凡的人，那么，经受冤屈、排挤，是不可避免的事情。“事修而谤兴，德高而毁来”，这几乎是社会竞争中的一条不变的定律。这样的道理古人是早已总结过：“木秀于林，风必摧之；堆出于岸，流必湍之；行高于人，众必非之。”古人曰，对付谣言的最好办法就是让他自生自灭，你越在乎这些话语，带给你的伤害就会越大。所以，在这方面我们需要的就是糊涂，让这些话穿耳而过。

渑池会后，赵王“以相如功大，拜为上卿”，从此蔺相如的官位在廉颇之上。为此廉颇心中不快，觉得自己功劳比蔺相如要大，他想：我为赵国拼死打仗，功劳难道不如蔺相如吗？蔺相如只是凭着一张嘴，地位凭什么比我还高！他越想越生气，就说：“我要是碰到蔺相如，要当面侮辱他，给他点儿难堪，看他能把我怎么样！”

廉颇的话传到了蔺相如耳朵里。蔺相如从此之后便处处留意，避让廉颇，上朝的时候称有病请假，以便回避。蔺相如还吩咐手下的人不要和廉颇手下的人争吵，要让着点儿对方。

一次，蔺相如乘车外出，远远看见廉颇的车子迎面而来，连忙叫手下人把车赶到小巷里避开。为此蔺相如手下的人极为不解。蔺相如对他们解释说：“秦国那么强大，我都不惧怕，廉将军我怎么会觉得可怕呢？我认为，今天强大的秦国之所以不敢对我们赵国轻易用兵，主要是忌惮赵国有我和廉将军两人。如果我和廉将军两人不能和睦相处的话，结果必定是秦国就会趁机侵略赵国。我之所以对廉将军避让，是因为国家的安全才是首位，不计较私人怨恨。”

此事传到了廉颇的耳里，廉颇被蔺相如宽大的胸怀深深感动，更觉得自己十分惭愧。于是负荆请罪，请求蔺相如的原谅。最后两人和好如初，成为至交，共同守卫赵国。

蔺相如不理会廉颇挑衅的话，以忍让来避免与廉颇的冲突。乍一看，我们觉得蔺相如很窝囊。让一个职位比自己低的人侮辱却不还击，还自动退让，但是蔺相如的这一做法就是在用装糊涂来维护内部团结。等大家明白后，蔺相如赢得的不仅是尊重，还有廉颇这位对手的折服。

在诸葛亮初出茅庐的时候，刘备称之为“如鱼得水”，而关、张二人却不以为然。在曹兵突然来犯的时候，兄弟俩便“鱼”呀“水”呀地对诸葛亮进行讽刺，挤兑诸葛亮。诸葛亮胸怀全局，并不在意，装糊涂一笑而过，仍然倚重他们。结果后来诸葛亮牛刀小试，刘备在新野大获全胜，使关、张兄弟佩服得五体投地。如果诸葛亮当初和他们一般见识，争论纠缠的话，就会造成将帅不和，人心分离，就不会有新野一战和以后战争的更多胜利了。

在人际交往的过程中免不了受人闲话。这些闲言碎语其实并不能伤害我们什么，就像是一阵微风吹过大树一样，最多也就是带走几片树叶，伤不到树的根本。但是如果你要斤斤计较，只是为自己平添烦恼，何必要吃这口水之苦呢？所以必要的时候要懂得装装糊涂，让不顺心的话随风而散，正所谓清者自清，浊者自浊。酒香不怕巷子深，是金子总有发光的一天，何必要斤斤计较呢？

聚在一起的人们，总要找个话题闲聊，这时不要把别人的短处作为话题，否则对自己的前程是没有好处的。

俗话说："金无足赤，人无完人。"每个人都有自己的长处，也有短处。对于如何对待别人的短处，每个人的做法都不尽相同。在职场中如果处理不好这个问题的话，不懂得说话的学问，以谈论别人的短处为乐，通常会在不经意间得罪人，为自己在职场中的前途设置障碍。

以谈论他人短处来取乐并不是件好事，不仅是一种低级庸俗的取乐方式，而且也很容易惹出事端。因为你伤害了对方的自尊心，对方一定会与你为敌，同时，这对你的职场形象也不好，你虽然博得了大伙儿一笑，但大家还是会认为你是个刻薄的人，由此会对你产生反感和戒心，长此以往，人们都会对你敬而远之。

在职场中，想要有良好的人际关系，一定要记住，"当着矮子不说短话"。人们为什么总是害怕被人揭短，说到底还是因为担心面子上过不去。因此，如果你想获得朋友或在日后少个敌人，就不要触碰别人的短处。

从前有一个叫鱼子的人，拥有十分古怪的性情，对人也尖酸刻薄，最喜欢揭人短处，并以此为乐，这样就会觉得自己聪明机智。一天，一群朋友坐在一起喝酒，有个叫吴丑的人，因为惧内，所以不敢多喝。鱼子便大声说："你们知道吴丑为什么不敢喝酒吗？我知道，因为他的妻子管得他特别严。有一回他喝醉了，回家被妻子惩罚！"吴丑被鱼子当众说出短处，顿时脸色铁青，站起来就走了，酒席也不欢而散。

我们的生活中像鱼子这样的人也并不缺乏，有些人甚至觉得，只有让别人的短处暴露出来，才可以证明自己的长处，他们会以此获得一种心理上的满足，却不知道这样做的结果会让他们的人缘变得越来越差。

人缘好的人必定不会揭他人的短处，这样的人在历史上比比皆是。

唐朝的程皓虽官任检校行部郎中，按说很有评价他人的资格，但他却不会谈论他人的不足。当有朋友说别人的坏话时，他也不参与，还会替当事人开脱，之后会说一些当事人的优点。像程皓这样做人，人们当然喜欢结交这样的朋友。

明朝的开国皇帝朱元璋因为做过红巾军，曾被当时的朝廷称为“红巾贼”，以至于在做了皇帝之后对“贼”这个字很抵触，同时也对“贼”字音似的“则”字也异常敏感。一次，林元亮写了一篇《谢增俸表》呈交朱元璋，其中有“上则垂宪”的一句话，就是这个“则”字为林元亮惹来了杀身之祸；北平府学寻到赵伯宁也是因为一个“则”字于是也被朱元璋杀死了。他的《贺万寿表》中有“垂子孙而作则”，这本来是对朱元璋的谄媚之词，意思是说朱元璋可以做后世的榜样，不曾想到朱元璋因为对“则”字敏感，以为赵伯宁在骂他是“贼”，于是就把他给杀了。

朱元璋的行为的确有些过分，但留下的启示却很深远。人人都对自己的短处很敏感，虽然有时说者无心，但是听者有意，有时说起与他短处相关的词语，他都会把无关的事主动扯到自己身上，有些时候，你随便说说的话，对方很可能会认为你是在对他讥讽、挖苦，更何况是刻意谈人短处，怎能不让人心生讨厌呢？所以，我们不仅不该谈论别人的短处，还要注意不提与对方短处有关联的事物，以免让对方产生误会。

喜欢说他人短处是一种不道德的行为，而且说出去的话，如同泼出去的水，想收也收不回来。荀子说：“与人善言，暖于布帛；伤人以言，深于矛戟。”孟子也说：“恭者不侮人，俭者不夺人。”古人的这些话是非常值得深思的。

避免谈论别人的缺点，甚至可以帮助别人“护短”，不仅可以很容易与他人建立起感情，形成融洽的交流气氛，同时还会让对方感激你，进而强化彼此的友好关系。所以，在职场中应避免谈论他人的短处，这样才可以获得良好的人际关系。

第五节　用真心换真心的人情话

人情话是虚话这确实不假，但假如你以十二分的真诚去说，以贴心的关心态度去说，人情话也能折射出浓浓的人情味，让人感动不已。

只要真正去关心别人，就会赢得别人的注意、帮助和合作，哪怕是最忙碌的重要人物也不例外，也只有在这种条件下，你说的话的分量才会越来越重。其实做到这一点并不难，可能几句真诚的关心人的人情话就能帮助你赢得别人的真心话。

有些人一辈子都在向别人搔首弄姿，目的只不过是为了引起别人的注意，但是结果是徒费力气。因为人们根本不会注意到你，人们注意的只是自己。有人曾作过这样一个调查，在人们交流的电话通话中，哪一个字是最常用到的。调查结果就是“我”字。因此，在人际交往中，你的人情话绝少不了任何一个“我”。

我们通常就忘了人与人之间最宝贵的资源，就是朋友关系。生活不断地告诉我们要保护自己，多做也许会多错，热心大多会受伤。于是，我们宁可自扫门前雪，对人被动一些，甚至对人有些漠不关心，或者只是说不痛不痒的人情话。一个人可以聪明绝顶、能力过人，但如果不懂得借真诚和积极热心来培养和谐的交际关系，他的成功就会付出比别人很多倍的努力。比如你说的话，不管你的言辞多么悦耳动听，如果别人感觉不到你的真诚，一切都会徒劳无功。

第六节　巧妙地对朋友说“不”

但凡是好事情、好愿望，你都会伸出热情的手，予以大力帮助，使之功成事就，也就是所谓的“成人之美”的“君子”行为，都是得人心、受欢迎的。但是，在与朋友交往的过程中，有时对朋友的要求我们并不能时时刻刻都能满足。

这就需要在帮助朋友时要讲究一定的技巧：

1.情理兼顾，保持二者之间的平衡

与人交往中，你总要有一点原则，有一个评判的标准。一般来说，这个标准就是一个“理”字，只要有道理的事情，就应该肯定或给予办理。

虽然说“有理走遍天下”，但更多的时候更要做到“合情合理”。因为，人是感情动物，如果不顾人与人之间的各种感情关系，只是一味地按原则按公理办事，很多时候会遭人非议或受人压制。

英国蒙多马利元帅打算在晚年退休后改建一处住房，为得到所需的建筑材料和管线，他要先找当地的政府机构申请。按照原则，蒙多马利元帅是没有理由提出这种申请的，因此，当地政府拒绝了他的要求后，蒙多马利元帅不得不因为这件小事直接找到首相托情。

按照常理，首相应该是最重“理”的，但结果还是以“情”为重，答应了他的要求。假如首相当时只顾“理”而不顾“情”，事情一旦传出去的话，不仅有损于声名赫赫的蒙多马利元帅的面子，也对首相的威望有一定的影响，因为蒙多马利元帅毕竟功勋赫赫，他个人的感情还是有必要特别照顾的。因此，人与人相处的时候，既要顾及到“理”也要顾及到“情”，情理兼顾，保持好二者之间的平衡，这才是最佳的处世策略。

2.答应别人的请求时不要把话说得太肯定

如何答应求你办事的人，也是测度办事能力的一个方面。如果认为是对的，就回答他一声："很好！"认为不对的，就告诉他："这个问题很难说。"自认为可以办到的事就这样告诉他："我去试试，但成功与否现在还很难肯定。" 自认为办不到的事就这样告诉他："这件事很难办，就目前的情况我看是没有多大的希望。"

总的来说，应答求你办事的人，不要把话说得太肯定。如果你的回答太肯定，很容易给双方造成不欢而散的结果。一切回答，一定要留有回旋的余地，如果临时不能决定，你可以说："让我考虑考虑，再答复你可以吗？"或者说："让我与某某商量后，由某某答复吧。"前者的回答表示接受与不接受各占一半，后者的回答大多是在婉言拒绝。

如果遇见求你办事的人一直在说个不停，你不愿意再听下去，也有办法可以应付。这时你可以讲些无关紧要的话，转移目标，也可以直接说："好的，今天就谈到这里吧。"然后站起身来，说声："对不起，我还有事要办，下次再谈！求你办事的人听到这样的话就会中止谈话，不再与你纠缠。

请记住：你的能力和帮人办事的诚意体现在行动上，并不是嘴上。在事情办成之前，还是保守些比较好。

3."别人投来的球"首先要决定好是接还是抛出去

通常我们的内在斗争是来自我们跳入别人问题中去的深度。就是有人投给你一个忧虑，你认为自己必须接住它，并作出反应。

我们不妨现在假设你实在很忙，这时一个朋友打电话来，用一种激动的腔调说："我的妈妈简直快让我发疯了，我该怎么办呀？"你不是说："我也很难过，但我不知道该提些什么建议。"而你是会自动接住这个球并尽力去解决这个问题。但是，你马上就会感到压力重或怨恨自己完不成计划并且所有人似乎都在向你提出要求，从而自己就陷入了被动中。

记住，"你没有必要一定要去接住这个球"是消除你生活中压力的一个非常有效的办法。当你的朋友来电话的时候，你可以把这个球放下，就是说你不必只是因为他或她在试图诱你加入，你就一定要参与进去。如果你不吞下这个诱饵的话，那个人也许就会把电话打到别人那里，看看他们是否会卷进来。

这样做并不是说你永不接球，只是能说明你这样做是出于自己的选择。这也不意味着你不关心朋友，或是说你愚钝或没有一点用处。建立起一种更平静的生活观，要求我们知道自己的极限并对此过程中我们的哪一部分负起责任来。大部分人每天很多次让球投向我们——在工作中或来自于我们的子女、朋友、邻居以及销售人员、甚至是陌生人。如果我们接住所有这些球的话，我们一定是会发疯的！关键是要知道，何时才去接另一个球，这样我们就不会感到被牺牲、怨恨，或被压垮。

舍尔德教授说：哪怕是十分简单的事，像在你忙得没时间说话时去接电话，都是抓住球的一种形式。通过接电话，你就自愿加入了一个在现在你可能没有时间、精力或思维模式去参与的社交。如果不接这个电话，你就能对你自己心灵的平静负责。这个思想也适用于被侮辱或被批评。当有人向你投出一个想法或评论的时候，你可以接住它并感到受伤害，你也可以抛掉它并继续过你的日子。

4.好友开口借钱时，你可以不答应

有一位大学的校友和小赵在同一个公司上班，虽然不在同一个部门，但是平时私交不错。有一天他邀小赵到咖啡店，要求借小赵两万块钱。

小赵想可以把存款提出来是可以凑足两万块借他，可是，小赵不想和校友有金钱上的纠葛。那么该怎样拒绝呢？以下两点原则可供借鉴：

① 不必听对方的解释

校友会向别人伸手借钱，一定有他自己的理由。这就表示把自己的拮据展现在校友的眼前，这里面的原委不用问就明白了。而且，如果听对方仔细说明原委后就更不好拒绝了。所以，不能听对方的解释。

“开玩笑，我怎么会有这么多钱？”

千万不能用这种取闹似的语气，因为校友的态度是认真的。但是，为了不伤及校友的自尊，可以安慰他说：“哎哟，要是我能帮上忙的话……”

这是种暧昧不明的说辞，如果又听了对方的说明后，再要说“不”，就不容易出口了。

“让我说出苦处，又说没钱，简直欺人太甚！”对方可能会怒气冲天地这么想。

② 一开始就明白地拒绝

只要是关于金钱的事，拒绝的时候最好一开始就把自己的态度表明。“真对不起，平常受您的照顾，真是过意不去，但对于金钱的事实在帮不上忙。”一开始的时候就应该表示自己是无能为力的。如果有这个必要的话，可以再说明自己为何无法借钱给他。同时，听对方诉苦也没关系。

只要和金钱有关的问题，无论是在什么情况下，总会留下不太好的结果。因此，个人金钱的借贷问题，要谨慎处理。但是，如果已经听完对方的诉苦，应该诚恳地和对方商量对策。

可是，你虽然说拒绝了对方，但是你又会忧虑在拒绝朋友的时候会不会得罪了对方，等等。如果您是被这种或者是其他的心理压力所迫，就有可能会点头答应，这实际上是在屈服于另一种性质的某些动机，比如需要得到朋友接受或赞扬，担心给朋友带来不快和麻烦，并希望朋友对您感恩，有朝一日得到报答，等等。如果你懂得珍惜时间，就应该学会说“不”。如果考虑到一旦答应对方的要求，可能给自己带来某些不方便，就要考虑说“不”，除非这样会给朋友带来更大的麻烦。

你也许会说：我何尝不想拒绝，但该如何拒绝呢？以下几点建议可供参考：

1.立即答复，不要使对方对你抱有希望

这时候你最好打消为避免直接拒绝而寻找脱身之计的念头。请不要说：“我再想想看”或“我看看到时候行不行”，等等。明确地告诉对方：“实在抱歉，这是不行的。”

2.如果你想避免生硬的拒绝，就提出一个反建议

假如朋友打电话问道：“今天晚上去跳舞吧！”你不想去的话，就可以这样说：“今天晚上可不行，改日我请你吧。”

3.不要认为每次都有必要说明理由

很多时候，你只需要简单地说一句：“我实在有更要紧的事要做。”就可得到大多数人的谅解。

4.转移对方的注意力

据心理学研究表明：当人的注意力专一的时候，如果有一种另外的新的刺激参与，那么人的注意力就会很容易转移到这种新的刺激上去。在社交中如果遇见对方提出自己一时难以答复的问题或难以满足的要求时，我们可以用“转移注意力”的办法，从而把对方吸引到另一件你可以办到的事情上去，这样不仅自己摆脱困境，又能在另一方面满足对方，这样对方也就因为没能解决那个难以解决的问题而怪你。

5.巧妙地表达出“不”的意思

具体可采取如下方式：

①用沉默表示“不”。比如当朋友问你“你喜欢小李吗？”你并不喜欢，这时，你可以不表态，或者一笑置之，朋友就会明白。

再比如一位不太熟识的朋友邀请你参加晚会，并送来请帖，你可以不予回复。这样就表明，你不愿参加这样的活动。

②用拖延表示“不”。例如你的同事约你星期天去钓鱼，你不想去，可以这样回答：“其实我是个钓鱼迷，可自从成家以来，星期天就脱不开身了。”

③用推脱表示“不”。比如，一位客人要求你替他换个房间，你可以说“不好意思，这得值班经理决定，他现在不在。”

④用回避表示“不”。假如你和朋友去看了一部你认为不太好的武打片，出影院后，朋友问你：“你觉得这部片子如何？”你可以回答：“我更喜欢抒情点的片子。”

⑤用反诘表示“不”。如果你和别人一起谈论国家大事。朋友问：“你是否认为物价增长过快？”你可以回答：“那么你认为增长太慢了是吗？”

⑥用客气表示“不”。如果别人送礼品给你，而你不能接受的话，你可以客气地回绝。一是说客气话；二是表示受宠若惊，不敢领受；三是强调对方留着它会有更多的用途等。

⑦用外交辞令说“不”。外交官们在碰到他们不想回答或不愿回答的问题时，总是会说“无可奉告”。生活中的我们，如果暂时无法说“是与不是”时，也可用这句话。

另外，还有一些话可以用作搪塞：“天知道，事实会告诉你的。”“这个嘛，很难说。”等等。

第七节 保持热情，人脉是需要经营的

我们都知道，钓到的鱼不用再喂食，这道出了很多人的心态。那些与人交往急功近利的人，他们肯定不知道，这样做断送的不只是刚刚建立的良好态势，更重要的是自身的声誉。

不妨想想，谁愿意和急功近利的人交往呢？社会上也是如此，如果今天偷工减料省了一块钱，那么明天可能就会少了十位顾客，这绝不是聪明人的选择。

作为一个商人，谋的当然是利，问题是你要分辨清楚是谋当前的蝇头小利，还是要今后的大量财富。那些损人利己、不讲商业道德的商人最终会被逐出生意场。

山西票商经营的一项重要内容就是存放款业务，这与现代银行经营很相似。票号的赢利就是靠存放款利息的差额，存款时票号付很低的利息，放款时则收取较高利息。对于票商来说，当时最大谋利对象是在票号存款的富户。因为这些官绅们并不把利息放在心上，只是为了安全、方便。山西票商为图长远的利益，因而在放款时也收取较低的利息，这里面以平遥帮票号为人称道，徐坷曾这样说过："试以存款论，平遥帮之存款利息至高三厘，祁、太两帮可由三厘至四厘，甚且有得四厘半者。以放款论，平遥帮放出之款，多仅六厘，至多亦仅七厘而止，甚至有仅取五厘者。若祁、太两帮，则往往多至一分，平均之数亦七八厘。此其较大也，盖山西票号向重信用，不重契据不做押款，此为各帮所同，至以博取重息，悬为大禁，则为平遥帮所独也。"

票商在存放款业务中获利最丰的机会就要数大批官款的存放了。官款存放的时候并不需要支付利息，并且往往数额巨大。但随着众多银行的创立，票号生意就受到了很大的损失，其中，来自户部银行的威胁最大。著名票商李宏龄曾说："我行存款至多不过四厘行息，而银行则得五六厘。放款者以彼利多，遂提我之款移于彼处。且彼挟国库、藩库之力，资产雄厚，有余则缩减利息，散布市面，我欲不减不得也；不足则一口吸尽，利息顿涨，我欲不增又不得也。"

以上这段话的意思是说，在户部银行创立以后，就存放款一项业务而言，山西票号已经成为户部银行的附庸，由于户部银行的实力雄厚，随行提高或降低存放款利率，山西帮票号只能应承随风倒，没办法与户部银行相抗衡，"禁用重息"的传统信条显然已不合时宜了。

这是历史向山西商人发出的一次挑战，同时也是历史给他们的一次机遇，一向善于乘势而起的山西商人可惜却错过了这一次大好时机，因为他们过于相信自己高超的经营策略。尽管李宏龄等人奔走呼号，但实力雄厚的山西商人再也没有醒来。

无数次的历史证明，只有把眼光放长远，不计较蝇头小利的人，才有可能有机会取得成功，因此，在鱼儿上钩之后也不能疏忽大意，更不可得意忘形。放长线钓大鱼这句话没错，但是钓上的鱼儿更要悉心喂养，这样才能长远地建立起你的利益关系，才能更好地达到你的目的。

第八节　失言不可怕，坦然面对不慌张

人人都会有失言的时候，失言并不可怕。有时，我们在面对失言的场景会表现得不知所措。其实，我们可以静下心来坦然面对自己所犯下的错误。因为，失言是可以得到及时补救的。

正所谓"金无足金，人无完人"，每个人都会有失言的时候。失言是一件很正常的事情。但是，如果是在关系重大的面谈或相亲时失言，可能给人造成致命的损失，而一蹶

不振。不管说错了什么话,哪怕是无伤大雅的事,一旦发现失言,大家第一个反应就是告诉自己"完蛋了!"瞬间感觉血液直往脑门上冲,说话就更加颠三倒四。

这时候,你所担心的是,对方会怎么想呢?你越是想忘掉自己的失言,可是却怎么也忘不了。对于这个问题心理学给出的答案是,想忘掉某件事,最好想想别的事情!据说日本的围棋名将石田秀芳,在胜负决赛中自己认为自己"完蛋了"时,这时候就让自己脑中浮现与棋无关的事物,比如是高尔夫球、麻将,或是房间的装饰物品等,于是很快他便恢复了镇静。

有一个故事,讲的是关于中国一代女皇武则天的事情。

武则天在李世民身边做侍女的时候,当她得知才人徐惠已经升为婕妤的消息时,不禁十分生气,心志开始动摇。徐惠和自己几乎是同时进的宫,不满一年就居高位。

一天下午,太宗骑马到玄武门附近的球场,观看驯马的情形。武则天和其他侍女太监们,都徒步跟随在后。

谁都知道太宗十分爱骏马。现在正在训练的马匹叫狮子骢,是属于马中的骏马。可是这匹马的个性特别暴躁,不接受一切调教。太宗问大伙儿有什么好的训练办法,武则天上前说:"臣必能制伏这匹马,只需要三种工具,铁鞭、铁锤和匕首。首先用铁鞭打这匹骏马,如果不服从的话,就用铁锤打马头,这样仍然不服从的话,就用匕首割断它的咽喉。"

大伙儿听后,都非常愕然地看着武则天,太宗也不例外。平时一向恭谨的、令人怜爱的、非常保守的武则天,怎么会说出如此可怕的话呢?太宗一言不发直接调转马头走了。武则天从太宗的背影中知道自己失言了,在武则天的一生中,大概这次是唯一的一次失言。

俗话说,"人有失足,马有漏蹄",失足了可以再站起来,失蹄了也可以重新振作,而人失言了可以用好的语言去弥补。只要你用心,你就可以及时弥补失言,这也是处世的一种智慧。

历史上和现实中有很多能说会道的名人,在失言后还死守着自己的城堡,因而惨败的情形也是不可避免的。

与顽固派相反的是，有“城府”的人如果被对方击中要害的时候绝不强词夺理，他们可能会点头微笑，或者是会轻轻鼓掌。这一举动，观众或听众都弄不清葫芦里卖的是什么药。有人会认为这一举动是他们服从真理的良好风范，有人会认为这是他们不畏辩解的豁达胸怀。这样的辩论家如果是要说也能说得很巧，他们会向对方笑道：“你讲得好极了！”

相比之下，里根的表现就显得很有智慧。

一次，美国总统里根访问巴西，因为旅途疲乏，再加上年岁又大，在欢迎宴会上，他脱口说道：“女士们，先生们！今天，我为能访问玻利维亚而感到非常高兴。”

这时候有人低声提醒他说漏了嘴，里根随即改口道：

“很抱歉，我们不久前访问过玻利维亚。”

其实他并未去玻利维亚，可是那些不明就里的人还来不及反应时，他的口误已经被淹没在后来滔滔的大论中了，这种将说错的地点、时间加以掩饰的方法，从而避免了当面出丑，为补救的有效手段。只是，这里需要的是发现及时、改口巧妙的语言技巧，否则要想化解难堪也是困难的。

在我们的实际生活中，遇到失言这种情况，有 3 个补救办法：

1.移植法

就是把错话移植到别人头上。你可以说：“这是某些人的观点，我认为正确的说法应该是……”这样就可以把自己已出口的某个错误纠正过来了。对方虽有某种感觉，但也认定不了是你说错了。

2.引开法

就是当你发现自己失言的时候，迅速将错误言辞引开，避免在错中纠缠。就是接着那句话之后说：“然而正确说法应是……”或者说：“我刚才那句话还应作如下补充……”这样就可将错话抹掉。

3.改义法

就是巧改错话的意义，当意识到自己失言的时候，干脆重复肯定，将错就错，然后巧妙地改变错话的含义。

第九节　社交过程中的玩笑禁忌

玩笑话虽然可以活跃气氛，融洽关系，但玩笑话也是要分时间、场合、地点的，在社会交往中，我们要避开玩笑话的禁忌，避免开十分过头的玩笑。

朋友、熟人之间适当开开玩笑，可以起到活跃气氛、融洽关系及增进友谊的作用。但开玩笑一定要适度，要因人、因时、因环境、因内容而定。

1.开玩笑要看对象

人的性格是不同的。如果和宽容大度的人开玩笑，可能会调节气氛，如果和女同学、女同事开玩笑的话，要适可而止。

2.开玩笑要看时间

有一句话叫："人逢喜事精神爽。"开玩笑最好是在对方心情舒畅的时候，或者当对方因小事生气时，通过开玩笑把对方的情绪扭转过来。

3.开玩笑要看场合、环境

例如在图书馆、医院等要求保持肃静的场合，不要开玩笑，在治丧等悲哀的气氛中，不宜开玩笑。

4.开玩笑要注意内容

开玩笑的时候，一定要内容健康、风趣、情调高雅。在社交活动中，不要开庸俗的玩笑。也千万不要拿别人的生理缺陷开玩笑，比如说不能以残疾人的生理缺陷取笑。

人际交往中，开些得体的玩笑，不仅可以松弛神经，活跃气氛，创造出一个适于交际的轻松愉快的氛围，还可以受到人们的欢迎与喜爱。但是，如果玩笑话说得不好，则会起到适得其反的效果，伤害彼此的感情，所以在开玩笑的时候要掌握好分寸。

1.内容要高雅

玩笑的内容决定于玩笑者的思想情趣与文化修养。内容健康、格调高雅的玩笑话，会给对方启迪和精神的享受，同时也是对自己美好形象的有力塑造。

著名的钢琴家波奇在一次演奏时，发现全场有一半座位是空着的，他对听众说："朋友们，我发现这个城市的人们都很有钱，我看到你们每个人都买了两三个座位的票。"于是听众都放声大笑。波奇无伤大雅的玩笑话使他反败为胜。

2.态度要友善

开玩笑的一个原则之一就是与人为善。开玩笑的过程，也是大家感情互相交流传递的过程，如果凭借开玩笑对他人冷嘲热讽，发泄内心的厌恶、不满的感情，那么除非是傻瓜才不会识破。或许有些人没有你口齿伶俐，表面上你虽然占到上风，但别人会认为你是不尊重他人的表现，从而不愿与你交往。

3.对象要分清

同样的一个玩笑可能对甲能开，不一定能对乙开。因为人的身份、性格、心情的不同，那么对玩笑的承受能力也是不一样的。如果对方性格外向，可以宽容忍耐，玩笑稍微过大也是可以得到谅解的。如果对方性格内向，有琢磨言外之意的倾向，开玩笑就应该慎重。对方尽管平时生性开朗，如果恰好碰上不愉快或伤心的事，就不要随便地开玩笑了。相反，如果对方性格内向，但正好喜事临门，此时与他开个玩笑，效果也是会很好的。

另外，玩笑或玩笑话还要注意以下几点：

1.对长辈、晚辈开玩笑的时候忌轻佻放肆，特别不要谈男女情事。几辈同堂时的玩笑要高雅、机智，解颐助兴，乐在其中。

2.和非血缘关系的异性单独相处时忌开玩笑，当然夫妻除外，即便是开正经的玩笑，也通常会引起对方反感，或者会引起旁人的猜测非议。要注意保持一定的距离。当然，也不能拘谨别扭。

3.和残疾人开玩笑，注意避讳。每个人都怕别人用自己的短处来开玩笑，残疾人尤其是这样。俗话说得好，不要当着和尚骂秃子，癞子面前不谈灯泡。

4.朋友陪客时，不要和朋友开玩笑。这时候人家已有共同的话题，已经形成和谐融洽的气氛，如果你突然介入来开玩笑，转移他人的注意力，打断人家的话题，破坏他们谈话的雅兴，朋友会觉得你扫他面子，甚至会认为你是故意的。

第12章　感动力口才让听众感动

会说话的人都知道什么时候说什么样的话，哪些话该说，哪些话不该说。

南唐的时候，京师连续很长时间大旱，烈帝问群臣："别的地方都下雨了，为何唯独京师不下雨呢？"大臣申渐高说："因为雨怕抽税，所以不敢来京师。"烈帝听后哈哈大笑，并决定减税。

可见，会说话的人，能把自己变成一个善于说话的智者，可以用最巧妙的话语说到对方的心里面去，为自己顺利办事凿开一条通道。

我们不妨看看周围，有些人一说话对方就和颜悦色，有的人还没把话说完，就让对方给"戗"了回来。这就是说话的技巧，只有说对话才会得到对方的满意以及认可。

第一节　生来没有人可以战胜恐惧

在人类的社会中，没有人一生下来就能够战胜恐惧。只有当我们对自己有了充分的认识、足够的自信的时候，恐惧才会离我们远去。

在生活中，有很多人在平时能说会道，处理起事情来也是干净利落、毫不拖泥带水，可是，一旦上台演讲的时候，就像泄了气的皮球一样，以往的那些气势，顷刻间消失得无影无踪，前后判若两人。

不论是重要会议上的演说，或亲朋好友前的意见表达，或董事会上的报告，只要是站在大众面前谈话，很多人往往就会两腿发软，高举白旗。

许多人之所以会畏惧害怕，主要是源于内心深处的自卑感，觉得自己才疏学浅，或职位卑微，或自认为自己没有站到台上演讲的资格，事实真的是这样的吗？绝对不是！请不要太低估自己的能力与存在的价值，你之所以会被邀请上台演讲，就表示你有这样的资格与才气，也正是你存在价值的肯定。

你要知道，没有谁是天生的大众演说家。其实，想要获得自信、勇气和面对公众发表演讲时冷静和清晰的思考能力，并不是想象的那么困难——甚至可能还不到你认为的困难的 1/10。

以前，演讲是一门精湛的艺术，因此就会要求演讲者必须掌握修辞法和演讲技巧。现在的演讲，说透了就是一种扩大了的交谈。它既不会要求你用如雷贯耳的声音，也不需要你必须掌握特殊的演讲方式。大众只是希望听到一些坦诚的话。

当众的演讲不用掌握修辞法和多年训练去美化声音。其实，当众演讲是一件十分容易的事情，你只需要掌握一些简单而重要的原则就可以了。

哥尔特是一位成功的企业家。他在卡耐基的培训班中学习了一段时间后，有一天他与卡耐基共进午餐。吃饭的时候他说："卡耐基先生，我曾经有许多在公众面前说话的机会。但在潜意识中，我总是试图躲避与人的正面交流。可现在我是大学的董事会主席，这个职务要求我必须经常地主持各种会议。你看我已这么大年纪了，能学好吗？"当时在班上有许多像他这样的人，卡耐基向他们保证：经过一段时间的训练，他们一定会成功，结果真是这样。

3 年之后，在一次企业家俱乐部吃饭的时候，他们意外相见。当时他们说起之前的话。当卡耐基问他自己的保证有没有实现的时候，他微笑着从口袋里掏出一个小笔记本，上面安排着最近一段时间来他的演讲日程。他边让卡耐基看，边自豪地说："我现在最高兴和满足的事就是：我已经有能力获得演讲的成功，并且能为社会做更多有意义的事了。”同时,他还很得意地告诉卡耐基,他所负责的教区已经成功邀请英国首相前来公开演讲了,而负责向所有听众介绍这位杰出政治家的人就是他自己。

3年的变化多大。哥尔特能够取得如此的成功,是不是有什么秘诀?不,没有,像哥尔特先生这样的成功事例还有许多许多……

前几年的时候,劳伦斯大夫到佛罗里达州度假。度假地离著名的巨人棒球队的训练场地很近,他是一位铁杆球迷,由于常常去看他们练习,渐渐地就和球员们成了好朋友。一天,他被邀请一起参加一次球队的宴会。吃饭前,一些著名的客人被相继请上台讲话。在没有任何心理准备的情况下,他听见宴会主持说:“今晚有一位医学界的朋友在场,我们欢迎劳伦斯先生就棒球队员的健康问题谈一谈自己的想法。”

劳伦斯是专门研究卫生保健的,他行医也有30多年的历史。本来,主持人提到这个问题的时候,他不需要任何的准备,就可以侃侃而谈。可是,遇见这种场合,他还是第一次经历。当听到主持人提到自己的名字的时候,他开始心跳加速、不知所措。他努力想让自己镇静下来,可是于事无补,他的心脏就像要跳出胸膛。这时参加宴会的人都在鼓掌,都在注视着他。怎么办呢?思虑再三后,他摇摇头,表示拒绝。但却引来了更加热烈的掌声,很多台下的听众也自发地呼喊起来:“劳伦斯大夫,演讲!演讲!”

劳伦斯心里非常清楚,在这种极其沮丧的情绪支配下,自己如果站起来演讲,必定会失败,很有可能连五六个完整的句子都讲不出来。他无奈只好站起来,背对着朋友,默默地走了出去,心中充满了无限的难堪和耻辱。

回到布鲁克林,他立刻就来到了卡耐基的培训班。他说,他再也不想陷入这种哑口无言的困境中了。

我们都知道,老师最喜欢求知欲高的学生,就像劳伦斯一样。因为他非常希望提高自己的公众演讲能力。正是这种迫切性,使他没有任何怨言地刻苦学习。当一个月的训练结束的时候,他的紧张情绪也就消失了。等到两个月后,他已成为班上的演讲名家,并开始接受人们的邀请,到各地去进行演讲。

劳伦斯后来告诉别人,他十分喜欢演讲的时候的那种感觉以及所获得的荣誉,最让他高兴的是在演讲中,结交了很多的朋友。纽约市共和党竞选委员会的一名委员,在听过他的演讲后，立刻就邀请他到各地为共和党发表竞选演讲。假如这位政治家知道一年前，劳伦斯在那次宴会上的表现，不知道会有怎样的感想？

能够自信地站在台上面对很多听从，同时可以清晰而又逻辑性强地公开演讲并不太难。这就像人们打高尔夫球一样，只要有信心和恒心，每个人都能发挥出自己的潜力。

只要你积极进取、不断努力，一定会取得成功。你一定要对自己在大众面前说话的努力结果持轻松乐观的态度。要在每个句子，哪怕是每个词语上都要烙上决心的印记，并且尽最大努力来培养这种能力。不管是什么样的人，如果他希望迎接语言的挑战，自己可以变得言简意赅地讲话，就一定要具备坚强的决心。

克劳莱斯·毕拉德在读大学的时候，一次老师在上课的时候规定5分钟演讲，可他还没讲到一半的时候，脸色就开始发白，于是匆匆走下讲台。这是他人生中的第一次公开演讲，结果以失败而告终。但他并不甘心被这次失败所击倒，于是他下定决心，一定要做一名优秀的演讲家。他没有失言，最终他成为美国政府的经济顾问，受到世人的仰慕。他在《自由的信念》一书中，讲到了他当众演讲的情形：“我的演讲时间安排得非常紧。要参加商务部、商协会、基金募捐会、校友会以及其他团体举办的各种集会。我曾在密执安州的艾斯肯纳发表爱国演讲，让自己慷慨激昂地投身第一次世界大战；我曾和米吉·劳尼下午做慈善演讲、与哈佛大学校长詹姆斯·布朗特·柯南和芝加哥大学校长罗伯特姆·侯欣斯下乡宣传教育；我甚至还以极糟糕的法语，做过一次演讲。我想，我十分了解听众想要听什么，也知道他们喜欢听到它被如何讲出来。我之所以知道这些，是因为我更知道：只要自己愿意去学，就没有学不会的。”

确实如此，演讲成功的关键就是要有成功的决心。要想获得演讲的成功，一定得有强烈的欲望保持你的热忱，有坚定的毅力可以解除困难；最重要的就是相信自己一定可以成功。

当恺撒由高卢而来，穿过海峡，带领他的军团登上英格兰的时候，他把军队带到多佛海峡的白空悬崖上，让士兵看一看脚底下海中燃烧的船只。置身敌国的士兵们，知道他们与大陆的最后的一点联系已经没有了，用来后退的船只已被烧毁。那么，他们能做的只有一件事，那就是：征服，在征服中前进！事实上恺撒和他的士兵真的这样做了，他们最终成功了。这就是古往今来一直广为流传的恺撒精神，当你面对观众而心生恐惧的时候，就应该想一想这种精神。把任何一点的消极情绪都投入到熊熊烈火中，并且把退路的门紧紧关上。如果可以做到这点的话，那么你就一定能成功。

一个人一定可以靠他学到的语言表达能力和信心，来提高自身处理事务的能力。如果一个人能够在多年前就战胜当众演讲的恐惧，那么现如今他肯定会获得更多的成功，也拥有更多的快乐。对于我们自己的那些恐惧，我们必须立即采取行动。

第二节　给人好印象从学会说开场话开始

开场白的态度是十分重要的，如果你的开场白真诚的话就会在无形中拉近彼此之间的距离，而那些过度的不适当的寒暄就很有可能会引起对方的反感，从而把彼此的距离拉得很远。

“寒暄”这个词中，“寒”是寒冷的意思，“暄”是温暖的意思，连在一起的话，就是问寒问暖的意思。我们知道大家进行谈话的目的是沟通情感，增加双方的交流。初次见面的朋友，或很久未见的朋友在见面的时候难免要寒暄几句，以示礼貌和关心。寒暄是人们交谈的润滑剂，它可以在两个人的谈话之间架起一座友谊的桥梁。因为寒暄可以产生认同心理，从而满足人们的亲合要求。所以，寒暄是人际交往中必不可少的一部分。

很多时候我们与人见面，通常会陷入无话可说的尴尬场面。这时我们不妨以一些寒暄语为开头，比如“天气似乎热了点”或者“最近忙些什么呢?”，等等。虽然这些寒暄语并不重要，然而，这些话可以使初次见面者免于尴尬的沉默。以下几种方式可供大家参考。

1.从天气说起

愉悦的态度会给别人留下良好的第一印象。从无关紧要的天气谈起可以拉近两个人的距离。

2.询问对方的工作进展和身体状况等

比如说：这一阵工作忙吗？快毕业了吧？你看起来神清气爽的，是不是有什么喜事呢？

3.从对方的行为谈起

比如：看到对方下班，可以问一句“下班啦”。寒暄语的运用就像一把打开话匣子的钥匙，它可帮助你和对方顺利地谈话。

寒暄可以当作是交谈的准备活动，作为“暖场”出现。适当的寒暄能够帮助我们拉近彼此间的距离。但是寒暄不能过长，创造出交流的气氛就可以了。在开场白中，我们必须要避免过度的寒暄，以免对方因太多的客套话而觉得你对他不真诚，从而使得你们的距离拉开。

那么，如何寒暄才能产生积极的效果呢？其实，寒暄并没有什么固定的模式，主要是要以具体的交谈对象和交谈环境而定。我们可大致归纳为以下几点：

1.要保持积极姿态

在与别人相遇的那个瞬间，要快速地培养自己的愉快情绪，要争取主动，可以充分体现出自己的良好愿望和真诚，要使对方感到你的问候是发自内心的，要使对方从你的言行中可以感觉到自己的存在，使对方受人尊重的心理需要得到完全满足。与此同时，积极的姿态也是富有自信、易于合作的外在体现，这样就有利于融洽人际关系。交谈的时候语调要和缓，声音要洪亮，尽量要面带微笑。

2.集中注意力

在开场白中与人寒暄的时候，要集中你的注意力，任何漫不经心的言行都会让对方感到被人轻视。

小刘与小乔是同事。有一天，小乔夫妇逛商场的时候巧遇到小刘，小乔把丈夫小张介绍给小刘。短暂的握手介绍后，小刘本打算再聊几句以表示自己的友好态度，可小乔的丈夫小张却不停地在左顾右盼还时不时同小乔谈些闲话，将小刘“晾”在了一旁，小刘感到有些尴尬，心中有些不愉快，觉得小张实在是没礼貌，就在那一瞬间就对小张失去了好感。如果小张在握手之后，再继续和小刘聊几句，小刘的这种想法就不会产生了。

3.内容要适当

与陌生人见面后的4分钟内，只可以有3个回答往复的过程，最好是作一般性的寒暄，比如问候，互通姓名，谈论一些无关痛痒的话题，应一定要避免使对方感到尴尬、触及对方隐痛、引发对方不愉快的回忆及易于引起争议的话题，当然也不可漫无边际地说下去。

最近，小宁刚刚离婚，情绪十分低落，下班途中碰见了同事小丽和她丈夫。小丽的丈夫在小丽介绍完小宁后脱口就说道：“啊，你就是刚刚离婚的小宁啊，这么好的人怎么你丈夫不懂得珍惜呢。”本来小丽丈夫的初衷是想夸奖小宁，但他忘记了初次见面就触及对方痛处，让对方尴尬是不好的。

彼此寒暄的内容还要根据对方的心情而决定，要对对方的心情进行分析后再决定开场白的内容和表情。例如对方家里刚发生了一件不愉快的事，你从对方的面部表情上就可以分析出来，所以，在此时的开场白，声音就不要太大，语言也不要太热情，要比平时低八度，或者也可以用询问式的语言，同时用安慰的语气来招呼对方。如果对方脸上喜气洋洋，你就可以热情地开场，使对方感到温暖，进而展开彼此的话题。

男士和女士见面时的寒暄，语言尽管要热情一些，但要适度，不能开过分的玩笑，使对方感到你太轻薄。

寒暄时候的语言的长短、内容的复杂和简短、往复的次数多少要同交谈双方关系的亲密程度成正比。

4.要注意场合、时间、季节

假如在公众场合经别人介绍结识了新的朋友，比如在影剧院、咖啡厅、会场、阅览室等，需要有礼貌地寒暄，同时要注意不能打扰周围的人，避免大声喧哗。如果说话音量过大，言语夸张，大呼小叫的，也属于一种无礼的行为。另外，在比较正式的场合，言谈举止不能过于随便，更要注意不要用“口头语”。

此外，在寒暄的时候还要因“地”而异，不能千篇一律，如果你稍加留意周围的环境，就可以发挥得很好。比如在校园遇见同学，可以说：“您是去上课吗？”或“下课了！”在书店的时候可以说：“您也来买书吗？”还可从季节的角度来确定寒暄的内容，如：“天很凉，感觉到冷吗？”“您好，外面现在很冷吧！”这样的寒暄方式可以让初次见面的人感到热情、亲切和温暖。当你与很多陌生人打交道的时候，不要只看着一位说话，而是应该面带微笑，眼睛要环视在场的所有人，应带“你们”、“两(几)位”字样，这样就不会冷落别人。

总的来说，初次见面的时候，寒暄要适度，不仅要热情亲切，还要不能阿谀奉承，要做到温和有礼。这样做的话，才可以使对方乐于接近你，从而产生与你交往的愿望。

我们都知道，第一印象对人际交往产生着十分重要的意义，所以，我们努力地给他人留下一个美好的第一印象。

当你来到陌生的一个环境，与素不相识的人初次见面，一定会给对方留下某种印象。这就是“第一印象”。我们从第一印象中可以获得的主要是对方的表情、仪表、相貌、服饰、语言、眼神等方面的印象。虽然第一印象很零碎，也很肤浅，但却是非常重要的。因为，在先入为主的心理影响下，第一印象通常可以对人的认知产生关键作用。据科学研究表明，人们在初次见面的最初4分钟，是印象形成的关键时期。

那么，如何才能给他人留下一个美好的第一印象呢？从根本上来说，第一印象离不开提高自己的文明程度和修养水平，也离不开进行经常的心理锻炼。为此心理学家对我们提出下面几条建议：

1.不要表现出咄咄逼人的气势

与素未谋面的人第一次见面的时候，一定要表现得谦和一些、低调一些。比如，有一个叫李佳的女孩，她为搞一个奥运会竞猜活动去一个企业联系赞助相关的事宜，进门后首先就看到一个影视明星坐在那里。李佳跟主人没说几句话，这位明星就开始插嘴，谈一些别的话题，大发议论，结果给李佳和同去的人留下很坏的印象。

2.尽早弄清名字

通常情况下，即将要会见什么人，你自己是很清楚的。在这种情况下你必须要准备好，别的不知道没关系，可是名字一定要弄清楚。我们在电影或者电视剧中经常会看到高级领导人面对一群士兵，竟然可以叫出其中几个人的名字。如此一来，这位领导在士兵中的第一印象就一定是正面的而且还不差。对我们一般人来讲也是一样的。如果你见到一个人的时候，可以叫出对方的名字，对方一定是非常高兴的。高兴的背后就会是一种积极的良好印象，至少对方知道你的记忆力很好。

3.脸上常带微笑

我们都知道，眼睛是心灵的窗户；我们微笑的核心是眼睛，真正的微笑会通过眼睛到达心灵。发自内心的微笑不仅会给别人留下美好的印象，还会让自己显得魅力十足。还有这样一种人，他们不管是在什么时候见到什么样的人，总是面沉似水，好像他人欠他多少钱似的。我们要知道，人与人交往本来是值得高兴的事情，谁也不愿意给自己找不痛快。如果你总是这样一副脸孔的话，那么注定不会给别人留下什么好印象。还有一点我们也要注意，对第一次见面的人，不可哈哈大笑，你要知道笑得过分了也是不好的。

4.请用眼神沟通

与陌生人第一次见面，特别对方是异性的话，千万不要总是盯着人家看个没完没了，否则对方很容易会对你产生误解。不管是第一次见面，还是第二次、第三次，等等，与他人面对面交谈的时候，应该用眼神平视对方的眼睛，这样你会给对方留下十分强大的印象。

5.杜绝没用的动作

当你与他人见面的时候，一定要集中注意力，不要有什么小动作。假如你一边跟人家说话，一边做着各种小动作，比如整理衣服、剪指甲等，这就会说明你对对方缺少起码的尊重。如果你真的有急事的话，需要打电话或者发短信，你可以提前告诉对方一下，说一声“不好意思”。对方一定会理解你的。

6.保持积极态度

你与别人交谈的时候的态度是可以说明许多问题的。谈论“第一印象”的人都强调拥有正确的态度是有多么的重要，可是有很多人不能真正明白积极态度对一个人的第一印象意味着什么。哪怕是在特殊的情况下，诸如你心情焦急、紧张的时候，你的积极态度也会给身边的人产生良好的影响。遇事冷静且不烦躁会使大家给你打分不少。生活中我们也会有这样的经历，如果与你说话的人一直保持着一种积极向上的态度，那么你是不是就会觉得好感大增、信心百倍呢？

7.主动向对方打招呼

俗话说得好："一回生，二回熟。"对于陌生人来讲，当你先开口向对方打招呼的时候，同时也就意味着你将对方置于一个较高的位置。你以谦恭热情的态度去对待对方，一定可以叩开交际的大门。如果你可以用自信诚实的目光正视对方的眼睛的话，会给对方留下十分深刻的印象。

8.报姓名的时候要简要说明

记忆术中有一种被叫做"记忆联合"的方法，指的是一种把一件事与其他事连在一起的记忆方法，初次见面的人可以利用这种方法从而加深他人对你的印象。例如你姓张，就可以这么说："我姓张，张飞的张，不是文章的章。"这样对你的姓名加以说明的话，对方会认可你的幽默风趣，也会很容易把你记住。

9.注意自己的表情

人的心灵深处的想法都会在表情上显露无遗。很多人在到达见面的地点时，通常只会注意"领带正不正"、"头发乱不乱"等着装打扮方面的问题，往往忽略了"表情"的重要性。倘若你想给别人留下一个美好的第一印象，那么在见面之前要多照照镜子，检查一下自己的面部表情是不是跟平时不一样，如果很紧张的话，最好先对着镜中的自己傻笑一番。

在这里值得提醒的是，万事万物重在坚持，如果你可以真正地坚持下去的话，你一定会发现意外的惊喜。要知道即便是再好的方法用不上 3 天就抛弃了，那么你永远得不到轻松。坚持按方法一直去做，就像自己的工作一样，业务熟练的时候自然就变得得心应手。轻松谈话，也会轻松地打动对方。

第三节　以情动人，说话要有说服力

人类是有血有肉的高等动物，人人都会被真情所打动。在说服他人的时候，一定要注意以情动人，这样说话才会有说服力。

郭沫若先生曾经在游览普陀山的时候意外捡到一本笔记本，扉页上写着一副对联："年年失望年年望，处处难寻处处寻"，横批："春在哪里"。再翻一页，竟然是一首绝命诗，署着当天的日子。后来，郭老终于找到了这位神色黯然的姑娘，原来这位姑娘考大学连续3年未中，生活上又遭受各种挫折，感到悲观失望，准备"魂归普陀"。郭老听后，只是称赞对联有文采，接着微笑着问："我替你改一改，你看如何？"然后深情地吟道："年年失望年年望，事事难成事事成"，横批是"春在心中"。听了郭老改过的对联，姑娘体会到长辈的关怀，最后向郭老倾吐了心中的郁闷。郭老邀她同游普陀，边走边热情地与她交谈。当姑娘知道面前这位和蔼可亲的长者就是一代宗师郭沫若时，十分惊喜与感激，于是吟诗谢恩师指点迷津，重新鼓起了生活的勇气。

以上的故事教给我们一个说服人的好方法，就是以情感人。由此可见，晓之以理可以成功地说服人，"动之以情"也同样可以说服人。

战国时期，秦国攻打赵国，赵国没办法就向齐国求援。齐国要求赵国送太后的小儿子长安君来齐国做人质，否则就不会发兵救赵。可是赵太后太爱自己的小儿子了，她执意不肯。满朝文武都极力劝谏，可是没有一点用处。最后，赵太后干脆宣布："谁要是再来劝我这么做，我就把唾沫直接吐到他的脸上。"

后来左师官触龙希望觐见太后，太后明白他也一定是来规劝的，于是就怒气冲冲地等着他来。触龙一路小跑着来到宫中，向太后谢罪道："太后请恕罪，我的脚有毛病，不能走得很快，因此好久没有来看太后您了，心里十分惦记，所以今天特来拜见您。”太后道：“我现在也是要靠车子才能行动。”触龙接着又询问了赵太后一些饮食、饭量等其他情况，这个时候太后的怒气才有一些缓和。

之后，触龙又向赵太后请求希望可以允许他的小儿子在王宫卫队里当一名侍卫。赵太后答应了下来。“他今年多大了？”赵太后问道。“今年 15 岁了，虽然他现在年纪还小，我却希望在我有生之年就把他托付给您，为他安排好立身之处。”赵太后问道：“难道男人也会疼爱自己的小儿子吗？”触龙答道：“比起女人来，有过之而无不及。”

太后笑着说道：“女人是特别疼爱自己的小儿子的。”触龙说：“我私下里认为您对您的女儿燕后的疼爱已经超过了对长安君的疼爱。”太后说：“那你可是说错了，我对燕后的爱远远赶不上对长安君啊！”触龙说：“父母疼爱自己的孩子，就一定会为他考虑长远的利益。”接着，触龙又说到当年燕后远嫁，赵太后与她依依惜别，难舍难分的情景。但每次祭祖的时候却祷告让燕后留在燕国，不要回来，这样便可以让自己的子女世世代代为燕王。

触龙接着说道：“这也许就应该叫做：近一点呢，祸患落到自己身上；远一点呢，灾祸就会殃及子孙。难道是那些人君之子一定都不好吗？但他们虽然地位尊贵，可是无功于国；俸禄虽然优厚，却没有一点功绩，而他们却可以持有许多珍宝异物，这样他就处在了危险之中了。现在您让长安君地位尊贵起来，把肥沃的土地封给他，赐给他那么多的宝物，可是如果不趁着现在使他有功于国，假以时日您不在了，长安君凭什么可以在赵国安身立命呢？我觉得您为长安君考虑得有些短浅了，所以我觉得您对他的爱比不上对燕后啊！”

到现在为止，赵太后完全接受了触龙的劝说，说道：“好吧，就按照你的意思把他派到齐国去吧。”于是，为长安君准备了上百辆车子，到齐国去做人质。齐国也就马上发兵救赵，从而退了秦国的大军。

上面的故事，我们可以看出，触龙很理解太后的心情，他也对当时的情形作了比较深入的分析。所以，他努力制造出一种和谐的谈话气氛，刚见太后时，“太后盛气而揖之”。如果触龙在这个时候开口谈让长安君作为人质的事，也许就会落入太后唾其脸面的尴尬境地，因为人在生气的时候，是很不理智的，不但听不进他人的意见，还有可能把他人当作发泄的对象。触龙对长安君的事情避而不谈，先是用“缓冲法”，从请安和询问太后饮食生活方面入手，谈论自己如何调养弱体、增进饮食的经验。这时候太后就会产生一种错觉，认为触龙是来探望、安慰她的，从而使太后由“盛气而揖之”到“色稍解”，既而“笑曰”，到了这个时候，和谐的谈话氛围就形成了，那么此时触龙谏说的第一道障碍就巧妙地克服了，那么陈述自己意见的条件也就成熟了。然后触龙又用“引诱法”，以父母疼爱儿女的人之常情为切入点，先从自己疼爱少子，想为他谋差事扯入，随后慢慢地引入太后爱自己的女儿胜过自己的儿子，当太后告诉触龙自己更爱儿子时，触龙便说出许多实例来证明太后很爱自己的女儿，知道为女儿的将来着想，可是对于自己的儿子就不是如此。经过双方的一番陈述比较后，太后终于明白了触龙的良苦用心，同时也接受了他的游说。最后，太后答应将自己的儿子送往齐国当人质。赵国就这样很快得救了，触龙在这里面的功劳也是很多很大的。

由此可见，以情动人，的确是一件有力的武器，如果运用得好的话，可以为自己赢取很多的利益，减少不小的障碍。没有一个人是完全的冷血无情，没有人是真正的铁石心肠，只要是人都会有渴望与人亲近的心理，只要你真诚地与别人进行沟通，双方就一定可以化解那些不愉快的情绪，和睦相处在一片蓝天之下。

第四节 幽默风趣散发出的无穷魅力

说话的最高境界就是可以把巧妙的语言运用自如，虽然只是轻描淡写的话语，却可以起到化腐朽为神奇的力量，从而让人捧腹大笑或是忍俊不禁，产生幽默的效果。

一句名言："怀着一颗快乐的心，更胜于拿着一只药囊，可以治疗心中的百病。"

幽默、逗趣的语言，能够让敌人哑口无言，也可以化解尴尬的局面，同时也可以舒缓身心的压力，还可以赢得他人的掌声。很多时候，人与人之间的交往不能太过严肃，如果一直让精神保持紧绷的状态，那么彼此相处的乐趣就会减少很多。

有一个公司经理接待一位来访者。

来访者问经理："您是一位很有魄力的领导吗？"

经理回答："那是当然，我在公司里是头，在家里也是头。"

对方又问："那您的妻子呢？"

这时，经理幽默地回答："我妻子啊，她是'脖子'呀，'头'想往哪儿转，都得听'脖子'的嘛。"

话说到这里，大家都开怀地笑了，彼此间的陌生感马上就消失了。

身为领导，由于工作事业上的需要，很多时候都一定要与各种各样的人打交道，所以说一些幽默的话是十分有必要的。那么，如何说话才算幽默呢？

1.自我解嘲

自嘲所做的，就是能够客观地评价自己的所作所为，采取完全不在意的态度，这样一来，幽默的言语自然就会脱口而出了。

例如，“我昨天在老板面前真是出尽洋相，迟到不说，还打翻了老板的水，还有在老板面前说错了话。”犯错后，适当适时地进行自我解嘲，可以获得别人的同情，也可以自我放松心情。

2.夸张的态度

因为夸张的语言本身就带着幽默的味道，就很容易博人一笑。

例如，“从早上到现在，我已经给你打了将近100个电话了！”、“你让我站在这里等了半天，你看，我起码瘦了5斤！”

3.主动寻找笑料

在日常生活中，和他人在对话的过程中，随机应变开句玩笑，不失为应对突发状况的好办法。言之有物的幽默，通常更具有喜剧效果，更能打动人心。

总的来说，幽默的语言一定要做到真实而又形象，这样可以引人联想，让人回味无穷。

第五节　说好赞美话并不简单

人就是很奇怪的动物，明明不喜欢听到那些不符合实际的话语，却很爱听别人对自己说的赞美话，但是，在说赞美话的时候也有好坏之分，说好了，对方会很高兴，说不好的话，就可能激怒对方。

人人都爱听赞美的话，你对人说赞美话，如果恰如其分，适合其人，这个人一定十分高兴，对你也会有好感。生活中最奇怪就是，越是傲慢的人，就越喜欢听赞美话，越喜欢受你的赞美。

有的人义正词严，告诉别人说自己不受赞美，喜欢听批评，这其实是他的门面语，你如果信以为真的话，并且毫不客气地对他的缺点进行批评的话，他心里一定会不高兴,虽然表面上没有什么表示,内心却十分不安,对于你的感情,只有降低,而不会增进。例如,汲黯是汉朝出了名的直人,武帝是汉朝出名的贤君,汲黯曾对汉武帝说“内多欲而外施仁义”,武帝深觉不欢,就因为这句话,汲黯终生不得意,因此善说赞美话,是处世的本领,是发达的因素。

人人都有一定的希望,年轻人希望寄予自身,年老人希望寄在子孙身上,年轻人自认为前途无量,你如果举出几点,证明他的将来,大有成就,他必定会十分高兴,把你当作知己也未可知,你如果说他父亲如何了不得,他未必感到多少兴趣,那么如果你说他是将门之子,把他与他的父亲一齐称赞,才配他的胃口。

但是老年人则不是这样的,他自己已经是历尽沧桑的年纪,几十年的光阴,并未曾达到预期的目的,他对现在的自己,已经不抱有很大的希望了,他所希望的,是他的子孙,你可以说他的儿子,不论是学问还是能力,都胜过他,虽然你是抑父扬子,他不但不会怪你,而且会很感激你,口头会这样说,你说得好,未必,未必,太夸奖了,可是在他的内心,却认为你是慧眼识英雄!

在与人交往的过程中,要想受人欢迎,就要注意给对方留情面。因为只有给人留情面,才可以为自己争得更多的人缘。

我们都知道,大多数的情况下,“忠言”都是不给人留面子的,正是由于“忠言逆耳”,历史上才有许许多多的忠臣良将得不到好下场。即使像唐太宗那样的仁君,也数次被魏徵的“忠言”气得发抖,拂袖回宫,甚至有好几次想要杀了这个可恶的“魏老道”。如果不是长孙皇后及时劝阻,恐怕十个魏徵也早就没命了。

偶尔直言不讳一针见血地说出对方的弱点及短处,的确是会有另一番效果。对方也许会认为这个人挺正直,值得一交。但是,前提是对方有一个能撑船的大肚子。

所以,不论是直言还是警语,在说真话之前,都必须事先考虑对方的容忍和发言时机。再者,就是对于初次见面或是不常见面的人,不能贸然向对方说些直言不讳的真话,因为你的真话可能正好犯了对方的忌讳,对你从此不理不睬,连个解释道歉的机会都没有留给你。请记住,祸从口出,少讲一些令人不悦的话,总是对你有好处的。

现实生活中,有很少的人因为说过直言、令人不悦的话,而使自己获得好处,这是成功处世的经验之谈。哪怕想要说的都是为对方着想的忠告之言，但是对方通常在听了之后，不是感谢你而是对你不喜欢。而那些会说假话的人通常会得到人们的认同，毕竟假话要比真话动听得多，也容易打动人。

请不要质疑，当作礼貌性的赞美时，你的最佳策略就是“认真的表情”。最好是在以认真的表情来用假话赞美对方的时候，能够把既干脆又果断的说法及语气派上用场。例如，在与他人打招呼寒暄“你看起来容光焕发，神采奕奕”之后，马上再补上一句“看起来比你的实际年龄年轻多了”，相信对方听到这样的话后必然会洋溢一股飘飘然的满足感，对你更是具有良好的印象。因为喜欢被人赞美年轻，是人之常情。

通常来讲，大多数的人都十分重视自己给人的第一印象。因此，想要令别人对自己产生良好的第一印象，在首次见面的时候，不妨将对方的年龄按实际年龄打上 7 折，这是最佳的策略。因为打 9 折所产生的作用不是很大，而打 5 折别人会觉得你很虚伪，所以折中下来，7 折是最佳的运用程度。

比如，你与一个 60 岁的人见面，你就要说：“你看起来像 40 多岁的样子！”当然，对方一定会吓一跳。这时候为了避免让对方产生被愚弄的不悦感，在赞美对方年轻的同时，你必须要先奠定对方的确是 40 多岁的“心理准备”，然后以认真的表情向对方赞美。这样循序渐进、按部就班地确切实施，哪怕是对方很清楚这仅是礼貌性并非真实的赞美，他也会被你的诚意打动而深感愉悦。

由此我们知道，在赞美他人、给对方面子的时候，除了要有认真的表情外，认真的心情也是不可缺少的。但是，这里要提醒你，以假话赞美对方的时候，最最重要的是不要犯了对方的忌讳，因为一旦犯忌的话，即使你的态度再认真，表情再诚恳，也起不了什么效果。例如你对一个相当在意自己塌鼻梁缺陷的人说：“你的鼻子很好看！”对方听后肯定会极度不悦。

第六节 多讲良言，少说恶语

与人辩论的时候，虽然我们很想在气势上压倒对方，但如果我们使用礼貌语言，就会让人感到“良言一句三冬暖”，使感情瞬间亲切融洽起来。反之，倘若言语蛮横过激就会让人感到“恶语伤人六月寒”。

古语有云：“口能吐玫瑰，也能吐毒液。”通过一个人的谈吐，最能看得出这个人的学识和修养。那些善良智慧或者温厚博学的语言，可以融冰化雪，排除障碍直抵对方的心灵。在现实生活中，真正能够伤害人心的并不是刀子，而是比刀子更厉害的东西——语言。请看下面一则寓言故事：

从前，有一个樵夫在经过森林时救了一只小熊，母熊对樵夫十分感激。

有一天樵夫迷路了，遇见了母熊，母熊给他安排了住宿，还拿丰盛的晚宴款待了他。第二天，樵夫对母熊说：“你招待得很好我也十分满意，但我唯一不喜欢的地方就是你身上的那股臭味。”母熊听了心里闷闷不乐，说：“作为对你的补偿，你用斧头砍我的头吧。”

樵夫按母熊说的做了。几十年过去了，一次樵夫又遇到了母熊，他问：“你头上的伤口好了吗？”母熊说：“好了，伤口是痛了一段时间，不过伤口愈合后我就忘了。可是那次你说过的话，我一辈子也不会忘记。”

有时候，一句简单的抚慰人心的话语，就可以照亮你无助的心灵，甚至会影响你一辈子的生活态度。所以，在我们的生命中，总有一些人、一些事让我们深深地感动着，总有一些话会温暖我们冷漠的心。

第二次世界大战将要接近尾声的时候，盟军准备发动一次大规模的进攻。

盟军统帅艾森豪威尔来到莱茵河畔散步的时候，一个神情沮丧的士兵迎面向他走来。艾森豪威尔随即打招呼道:“你还好吗,孩子?”青年士兵告诉他自己很烦。

艾森豪威尔说:“我们两个真是难兄难弟,因为我也心烦得很,这样吧,我们一起散步把,这对你我都有好处。”

艾森豪威尔的平易近人和富有人情味的语言,让这位青年士兵很感动,并因为有这样的统帅而振奋,后来这位青年士兵在战场上表现得十分英勇,多次立功。

俗话说得好:“一句话能把人说跳,一句话也能把人说笑。”言语是我们思想的衣裳,谈吐是我们行动的羽翼。它可以表现一个人的高雅,也可以表现一个人的粗俗。言谈高雅也就是行动的稳健,说话轻浮也就是行动的草率。

老杨拿着一只酒瓶请营业员帮他打黄酒,在营业员接酒瓶的时候,酒瓶忽然掉下来打破了。那位营业员随即马上道歉说:“老同志,对不起!是我没有接好,这是我的过失。”说完,他立即掏出钱来要赔偿。老杨见营业员连声赔礼,不但没有发火,反而自责说:“没关系,是我没有递好!我回去重新拿来一个就好了。”就这样,一件很容易引发争吵的事,比较圆满地解决了。

在这个故事中,眼看就会有一场战争爆发了,聪明的营业员只是凭借着短短几句话就使得顾客心里暖烘烘的。这并不表示他比顾客低一等,相反,正是从这样的小事中,可以看出他独特的智慧,最终化解了可能的纠纷。这个故事告诉我们说话时要注意分寸,多讲良言。

小丰骑着马来到一个陌生的地方,一下子就不知道该往哪里走了。于是,当他看到有一个老农从身边路过的时候,便在马上高声喊道:“喂,老头,这里离旅店还有多远呀?”老人回答:“五里!”小丰随即策马飞奔,向前跑去。可是,他一口气跑了十多里后,仍然连个人影都没有看到。他心想,这老头可真是可恶,非得回去整整他不可,并自言自语道:“五里,五里,什么五里呀!”

突然,他醒悟过来,这“五里”的谐音不就是“无理”吗?于是马上调转马头往回赶。那位老农还在路边等候,他赶忙翻身下马,亲切地叫了一声:“老大爷。”话没说完,老人就说:“天色已晚,如不嫌弃,可到我家住一宿。”

倘若你要接通情感的热线,让交际畅通无阻,就应该得体地使用礼貌语、称呼语和禁忌语。在谈话的过程中，习惯用礼貌语言，就会让人觉得“良言一句三冬暖”，使感情马上亲切融洽起来。反之，如果言辞蛮横过激就会让人觉得“恶语伤人六月寒”。因此，我们在与人交往的时候要分场合，要有一定分寸，更要得体。利用语言的艺术，采用不卑不亢的态度来说话，优雅的肢体语言，活泼俏皮的幽默语言，并且熟悉地使用这些语言艺术，这样才可以使你的人际交往更成功！

第七节 循序渐进，说服别人要有耐心

说服一个人并不是三言两语就可以搞定的事情，说服别人首先需要的就是耐心，所以，我们在说服别人的时候要循序渐进，耐心地以此来一步步地说服别人。

作为一个说服者，不到最后的时机，不要放弃你的说服目标。如果达不到自己的目的，你也不会有别的损失，你仍然会取得你已经取得的说服成果。

1928 年，著名的松下公司急需一笔项目的建设费用资金。当时的松下公司还在起步阶段，因此公司账面上的钱根本不够。这时的松下公司只能向银行贷款。

松下和有联系的银行负责人见面，说明了公司的项目要求贷款。银行经理详细询问了项目的整个细节，决定和总行协商后再作出答复。3 天后，总行答复说：同意贷款，但要以土地、建筑物以及松下的“信誉”作担保。

尽管贷款的问题得到了解决，但并不是松下所希望的那种方式。对银行的做法，松下心中不是很满意：让松下的“信誉”作担保，让人总感觉很不舒服，倘若在投资上真的遇到了风险，那么把松下的“信誉”赌了出去，接下来松下公司将怎么发展呢？松下认为，信誉是无价的。最后松下考虑，最理想的结果就是无担保贷款。于是松下向银行方面作出如下表示：“对贵行的决定，我公司表示衷心感谢。但倘若以不动产作担保的话，

可能会影响到企业的形象，不仅对我公司不利，将来对贵行也许也会有所影响。所以，我公司冒昧地请求，贵行能否可以提供无担保贷款？”

银行方面在得知松下的意见时，显得有些犹豫不决。松下接着说：“对于偿还贵行的贷款，我们公司用两年时间就足够可以还清了，请贵行一定放心。我公司的土地权利书和建筑物权利书，都可以暂由贵行保管。我公司很希望贵行能给松下公司这样一次机会。”

经过松下坚持不懈地耐心说服，银行方面终于同意了松下的请求，答应再和总行联络。几天后，银行通知松下，总行已经答应了对松下公司提供无担保贷款。

如果你的观点是正确的，一时说服不了人家，这时候就很可能会犯过分心急的毛病。当然，假如人家听了你的一番劝说后，立刻点头叫好，并称赞你“一言惊醒梦中人”，这自然是最好不过的事情了。事实上，这样的情况并不是很多见。你要知道别人的看法、想法、做法，并不是一天就可以形成的。正所谓“冰冻三尺，非一日之寒”，所以，要对方改变看法也不是一日之功。相反，即便是他当时表示了心悦诚服，你还要让他回去好好考虑。由于积习难改，虽然当面服了，回去细想可能还会出现反复。如果真是如此的话，也不能指责对方是“当面一套，背后一套”。由此可见，说服别人的时候要循序渐进，要有耐心。因为很多时候，说服本来是可以取得更好效果的，但因为说服人觉得已经达到了说服的目的，早早地放弃了说服，使得本来有可能对自己很有利的局势毁于一旦。因此，要想说服他人，要遵循下面 3 个步骤：

1.了解对方的想法与凭据来源

想让对方同意你的意见，第一步就是要先明白对方的想法与凭据的来源。许多人为了说服对方，就精神十足地拼命说，说完了七成，只留下三成让客户进行“反驳”，这样怎么能够顺利圆满地说服对方呢？因此，要尽可能地将原来说话的立场改变成听话的角色，去了解对方的想法、意见，以及对方想法的来源或凭据，这才是最重要的。

2.先接受对方的想法

当你能够感觉到对方仍然对他原来的想法坚信不疑的时候，这时最好的办法就是先接受他的想法，甚至是要先站在对方的立场发言。先接受对方的立场，然后说出对方想讲的话。为何要这么做呢？因为当一个人的想法在遭到别人眼中的否决时，有极大的可能会为了维持尊严或咽不下这口气，反而会变得更加倔犟地坚持已见，排斥反对者的新建议。

有一个家庭电器公司的推销员挨家挨户推销洗衣机，当他来到一户人家的时候，正巧看见这户人家的女主人正在用洗衣机洗衣服，这位推销员就忙说："哎呀！这台洗衣机太旧了吧，其实用旧洗衣机是很费时间的，太太，您家该换新的啦……"

结果，没等推销员说完，这位女主人就马上驳斥道："你在说什么呀！这台洗衣机非常耐用的，用了这么多年了到现在都没有故障呢，新的也不见得能好到哪儿去，我目前才不会换新的呢！"

几天以后，又有一名推销员来拜访这位女主人。他说："这是很令人怀念的旧洗衣机，因为十分耐用，所以对您有很大的帮助。"

这位推销员首先是站在这位女主人的立场上说出她心里想说的话，所以在女主人听到以上的话的时候非常高兴，于是她说："是啊！这倒是真的！我家这台洗衣机的确是已经用了很久了，是太旧了点，我最近倒是想换台新的洗衣机。"

于是这位推销员马上拿出洗衣机的宣传小册子，以供这位女主人作参考。这种推销说服技巧，确实是对人们很有帮助的，因为这位女主人已被动摇而产生购买新洗衣机的想法。至于推销员能否说服成功，这只是个时间长短的问题了。

由此可见，善于观察与利用对方的微妙心理，是帮助自己提出意见并说服别人的重要要素。通常来说，被说服者之所以会感到忧虑，主要担心在"同意"之后，会发生意料不到的后果；如果在此过程中你能洞悉他们的心理症结，并加以防备，试问他们还有不答应你的理由吗？

3.让对方充分了解说服的内容

有时候，虽然有可行的计划，但在向对方说明时，对方却不能完全了解其内容，他还有可能马上予以否定。另外还有一种情形是，对方根本就不知道我们说什么，却已先采取拒绝的态度，摆出一副不会被说服的态势；或者我们说什么他根本不会去听。如果你遇到以上这些情形的话，一定要很有耐心地一项项按顺序加以说明。务求对方了解我们的真心实意，这也是说服这些人首先要解决的问题。

第八节　根据自身的身份说话

与人交往时，每个人总是在以一定的身份向他人表达自己的思想感情。倘若你想让彼此的交流达到预期效果的话，不仅需要有对象意识，还要有自我身份意识，简单来说就是说话要得体，言语形式的选择要符合自己的身份，保持自己的本色。

古时候，有这样一个故事：

一天，卫国有户人家在迎娶新媳妇过门。那新媳妇走出娘家门刚上了花轿，就马上向赶车的车夫问："两边拉套的马是哪里来的？" 车夫说："租的。" 媳妇随即叮嘱车夫："那，一定要好好照顾它们，别把它们累坏了。"花骄来到丈夫家门口，新媳妇刚被扶下车，又叮嘱伴娘说："快去灭掉灶膛的火，以防火灾的发生。"当走进堂屋的时候，看见地上有块石头，又对身边的人说："快把石头搬出屋里，放在这里会妨碍人来回走路。"婆家的亲戚朋友听了之后，都不禁哑然失笑。

事实上，新媳妇说的以上三句话，本身就没什么毛病，那为什么会引得贻笑大方呢？问题的根源就在于新媳妇本身，新娘子第一天嫁入人家，家事还不了解，她说以上这些话，一副一个主事多年的家庭主妇的口气，以上的这些话语，不符合她的"新娘子"的身份，所以显得有些不得体，以致让他人嘲笑。

以上这个故事告诉我们，在与人交谈的时候，一定要注意自己的身份，说话的时候只有符合自己的身份才能收到良好的效果。否则，哪怕说得再有道理，也只会让谈话以失败而告终。甚至，还会像这位新娘子一样受到他人的嘲笑。

那么，我们到底应该如何根据自己的身份说话呢？

当你以下级的身份向上级汇报工作的时候，一定要以敬重的态度，注意措辞的严肃性和应有的礼节性。当你与同辈亲友交谈的时候，应该表现得亲切、自然一些，不要一本正经的样子，否则就会给人以故作姿态之嫌。说话不得体，不注意自己的身份，听的人总会感到不是滋味，甚至会引起一定的反感，这就一定会影响到交际效果。

说话形式的选择一定要符合自我角色身份，应做到以下两点：

1.角色身份要与称谓、口吻相适合

身份在语言的交际过程中首先表现为称谓，可以分为对人、对己两种。身份在交际过程中还表现在说话的语气上面。

2.说话形式的选择要与场合相适应

一位湘籍著名歌星应邀在长沙作嘉宾主持“情系三湘”的赈灾义演节目串联时，只见她手持话筒脱口而出，朗声说道：“那次中央电视台举行青年歌手电视大奖赛，我给‘娘屋里’的参赛选手打了最高分，下次‘娘屋里’的粉丝妹子到北京参赛，我还要给他们打最高分。”

这位歌星的话不无失体之嫌。假如是在私下场合对“娘屋里”的歌曲说说私情乃人之常情是可以理解的，可是在这种义演的严肃场合，说的又是严肃庄重的大奖赛评委打分问题，如此的偏重于“情感”就会显得“理智”有些问题，人们不禁会问，作为评委的你，公正在哪里？

由此可见，无论在什么时候、什么场合下，说话的时候都要注意自己的身份。

在与他人交往的过程中，我们常常会讲到的一个字就是“我”字。如果“我”字讲得太多，过分强调的话，就会给人突出自我、标榜自己的印象，无形中就会在对方和你之间筑起一道防线，形成障碍，影响交往的深入。

所以，会说话的人，在语言传播中，一定掌握“我”字运用的分寸。如何才能做到这一点呢？

1.尽量用别的词代替“我”

在很多情况下，可以用“我们”一词代替“我”。就是以复数的第一人称代替单数的第一人称，这样可以缩短双方的心理距离，从而促进彼此情感的交流。

例如：“我建议，今天下午……”可以改成“我们……好吗？”

2.可以省略“我”字的时候，就不必说出

例如：“我对我们公司的员工最近作过一次调查统计，(我)发现有40%的员工对公司有不满情绪，(我认为)这些不满情绪来自奖金的分配不公，(我建议)是不是可以……”

在第一句的时候已经用了“我”，主词已经十分明确，那么后面几句中的“我”就可以全部省去。这对句子意思的表达也没有任何的影响，而且可以使句子显得更简洁，避免了不必要的重复，还可以让“我”字不至于太突出。

3.尽量以平稳和缓的语调谈化“我”字

在讲到“我”的时候，“我”字尽量不要读成重音，语音不要拖长，目光不要咄咄逼人，表情也不要眉飞色舞，神态不要得意扬扬，语气要平淡。应该把表达的重点放在事件的客观叙述上面，而不要突出做这件事的“我”，更不要使听者觉得你高人一等，是在吹嘘你自己。

第九节　摆出“第三者”，让话说得更有信服力

很多难堪的事经由“我听人说”开头，事情就会变得不再尴尬；有风险的话，通过别人传过去，我们就有了进退的余地；如果有不想或不便直接面对的人，也可通过第三者从中周旋，可以穿针引线，以此来化解矛盾。

借用第三者说的话，比如说：“我常听人说……”，借此种方法表达“不是我自己这么想”，使得说出来的话听起来比较客观一些。借别人的口，说自己的话，是找寻借口的时候重要的技巧。下面是列举此类借口的方法：

1.找个“媒婆”传信息

从前社会上有这样一种人，叫“媒婆”，主要是从事介绍男女相识、牵线搭桥的事

情。古时候的男女授受不亲，成婚前不能恋爱约会，有什么要求和愿望都要靠媒婆来传递！如果你在求人的时候，可以找到这样一位人才，让他尽其所能，从中撮合，传递信息，论理说情，真是很好的事情。

2.拉出“婆婆”来垫背

几个青年妇女的丈夫都参军走了，此刻她们的共同心理是十分想念自己的丈夫，都很想去军营里面探望一下。但是，因为害羞，不好意思当着大家的面直接说出来，就会各找一个借口来表达自己的意思，仿佛到军营去的理由是十分充分的，非去不可，这就委婉地说出了自己的意愿。这种假借别人之口的表达方式，经常是从侧面切入，暗中说明自己要说的最主要的意思。

3.借个“幌子”唬一唬

有一个人为了推销百叶窗帘，他知道有一家公司的经理与某局长是老相识，于是便打听到经理的住处，提一袋子水果前去拜访，彼此寒暄过后，这位推销员就说出了几句这样的话：“这次能找到您这里，是得到了王局长的介绍，他还让我替他向您问好……”“说实在的，第一次见面就使我十分高兴……听王局长说，你们的公司好像没有装百叶窗帘……”

第二天，百叶窗帘就顺利成交了。这位推销员的高明之处就是有意撇开自己不说，用“得到了王局长的介绍”这种借他人口中言，传我心腹事，借他人之力的迂回之法，最终令对方很快就接受了。

4.让对方主动说出口

如果同一句话，自己难以出口，那么就可以由对方先开口，这样说出来就可以自然而然。这时诱导对方让对方先开口无疑是上上策。

王某最近准备借助于好友赵某的关系做笔生意，可就在他将一笔资金交给赵某的第二天，赵某便暴病身亡了。这样一来王某马上就陷入了两难的境地；如果开口追款的话，会刺激到赵某的未亡人；如果不提这件事的话，自己目前的局面又难以支撑。在帮忙料理完后事，王某这样对赵夫人说：“哎，真没想到赵哥走得这么匆忙，我们的合作才开始呢。要不这样吧嫂子：赵哥的那些关系户你也熟悉，你就出面把我们这笔生意继续做下去吧！需要我跑腿的话尽管说，吃苦花力气的事情我无所谓的。”看他，没有一点追款的意思，却还豪气冲天，义气感人，其实他在说这话的时候明知赵妻没有能力也没有心思接手这笔生意。结果呢？结果就是赵妻反过来安慰他道：“这次出了这样的事让你生意上受损失了，你看现在这样我也没这个心情干下去，你还是把钱拿回去再找别的机会吧。”

很多时候，拉个“第三者”只是为了表面而已，可是如果少了第三者的话又断然不行，比如说问一些敏感的话题，想必不会有人回答这个问题。但市场调查的问卷里面涉及的会一定问到年收入、地位、学历等很难获得回答的事项。这时候就可以借用“第三者”的口吻来表述自己要说的话。这是因为在大多数人的观念里，总是会认为“第三者”说的话比较具有客观性，也比较公正。所以，在进行这类调查的时候，询问者有时可以改变询问的方式，使对方容易回答。